KB252975

이론 · 구상 · 전략

한반도 평화

이론 · 구상 · 전략

한반도 평화

장영권 지음

KSI 한국학술정보㈜

우리는 왜 평화를 말해야 하는가?

"평화가 함께하기를 빕니다."

평화라는 말은 일상생활에서 널리 사용되고 있다. 종교적 차원의 평화는 '마음의 평온'을 뜻한다. 누구나 소망하는 것은 근심·걱정 없이 마음이 평온한 삶이다. 우리말 인사에서 "진지 잡수셨습니까?"라는 말은 평화의 기본조건이 '밥'에 있음을 나타낸다. 밥을 제대로 먹지 못하는 사람들에게 있어서 '평화는 곧 밥'인 것이다.

평화에 대한 접근을 확장하면 그 개념이 더욱 다양해진다. 경제적 차원의 평화는 착취나 약탈이 없는 상태를 의미한다. 시장은 보통 수요와 공급에 따라 가격이 결정되지만 독과점에 의해 가격이 왜곡되기도 한다. 이것은 경제평화의 부재를 의미한다. 정치적 차원의 평화는 '권위적으로 공정한 배분이 이루어지는 상태'를 뜻한다.

평화가 가장 중대한 의의를 갖는 것은 국가 간의 관계에 있다. 국가 간의 평화는 국가의 정책 수행을 위해 무력 수단이 사용되지 않고, 전쟁이나 분쟁이 없는 상태를 의미한다. 즉, 인간 집단(종족·씨족·국가·국가군) 상호 간에 무력충돌이 일어나지 않은 상태를 말한다.

그러나 국가 간의 역사는 전쟁으로 점철된 전쟁의 역사라고

해도 과언이 아니다. 평화라는 것도 전쟁의 부재상태가 아닌 전쟁의 준비기간에 불과하였다고 말한다. 국가와 국가와의 관계에서 가장 중요한 문제가 전쟁과 평화의 문제이다. 그만큼 국제사회는 무력에 의해 규율되어 온 무질서의 상태라고 할 수 있다.

그렇다면 국제사회에서 이러한 혼돈과 전쟁, 폭력을 종식하고 영구평화를 정착시킬 수는 없을까? 국가와 국가와의 관계를 연구하는 국제정치학자에게 있어서 가장 중요한 과제는 전쟁을 막고 평화를 실현하는 방안을 강구하는 것이다. 필자는 이와 같은 측면에서 일종의 사명감을 갖고 그동안 평화문제를 천착해 왔다.

평화에 대한 역사적 고찰을 해 보면 고대 그리스에서의 전쟁은 대부분 제한적·부분적 전쟁이었다. 직접적인 전쟁 피해자의 평화요구에 대한 발언권도 강하지 못하였다. 오히려 플라톤·아리스토텔레스와 같은 철학자들은 전쟁을 가리켜 '도시국가의 생명력을 시험하는 건강한 시련' 또는 '인간사회에서의 자연적 현상'이라고까지 표현하였다.

유럽에서 인류평화에 대한 요구를 최초로 강력히 제기한 것은 원시 그리스도교였다. 그리스도교는 절대평화주의의 입장에 서서 전쟁 자체를 부인하였다. 현재에도 퀘이커교도들은 이러한 입장을 강하게 견지하고 있다. 폭력을 배제한 순수한 종교적 믿음과 내적 정신력을 통해 생활을 영위하며 평화와 화해를 증진시키기 위해 노력한다.

그러나 그리스도교가 로마의 국교로 되면서 국가체제에 순응하여 전쟁을 일부 긍정적으로 평가하기도 했다. 초기 기독교 교회의 대표적인 교부철학자인 아우구스티누스(Aurelius Augustinus)는 모든 전쟁에 반대하였지만 '도덕적 율법(그리스도교적 교리)'의 침범자를 제재하는 전쟁은 허용하였다. 즉, 전쟁을 '정의의 전쟁'과 '불의의 전쟁'으로 구별함으로써 '정전(正戰)'의 경우에는 전쟁을 할 수 있다는 최초의 시도가 나타났다.

이에 따라 11~13세기에 편성된 '십자군(crusades)'은 이교도에 대하여 정전이라는 명분으로 모두 8차례에 걸친 전쟁을 감행하였으며, 모든 그리스도교 국민의 전쟁 참가를 촉구하였다. 이러한 정전론은 그리스도교가 전쟁을 제한하려는 본래의 목적을 상실하고 전 인류를 그리스도교로 교화시킬 때까지 정전을 계속하여야 한다는 종교적 의무를 고취함으로써 도리어 광신적 호전주의로 전락하게 하였다.

오늘날의 국제관계에서도 이미 종교화된 이념 간의 적대적 대립은 어느 진영에서나 십자군적·광신적 이미지를 쉽게 찾아볼 수 있다. 종교적 신념과 정전론으로 무장한 미국에 의해 개전된

이라크전쟁이나 아프가니스탄전쟁도 이의 유형으로 볼 수 있다. 앞으로도 호전적 국가나 지도자들이 정전론을 내세워 얼마든지 전쟁을 감행할 수도 있을 것이다.

그러나 인간은 다른 한편에서 전쟁의 잔혹함을 극복하고 영구 평화를 실현하기 위해 다양한 평화 정착 방안을 모색해 왔다. 프랑스의 성직자 생 피에르(Abbé de Saint-Pierre)는 1713년에 『영구평화 초안』(Projet de paix perpétuelle) 3권을 썼다. 생 피에르는 이 책에서 평화의 실현을 위한 구체적 방안으로서는 최초로 '국제연맹계획'을 밝혔다.

생 피에르의 평화실현 계획은 루소(J. J. Rousseau)에게 계승되었고, 그 뒤 칸트(Immanuel Kant)에 이르러 한 걸음 더 발전하였다. 칸트는 1795년에 발표한 『영구평화론』(Zum ewigen Frieden)을 통해 각국은 자신의 막중한 주권의 일부를 양도함으로써 국제조직을 만들어 전쟁을 방지하여야 한다고 강조하였다.

특히 칸트는 인류 본래의 도덕적 소질에 의한 전쟁 폐지의 요망으로부터 자신이 제창한 평화연맹이 창설되리라고 확신하였다. 나아가 칸트는 '영구평화'의 조건으로 '공화정체'를 들었다. 그는 공화정이 평화 지향적인 국민의 의사를 정치에 반영시킬 수 있는 최상의 제도라고 보았다. 또한 일방적 침략보다 상호 무역을 유리하다고 보는 이성의 판단과 일체의 비밀조약을 비판하는 공개적 저널리즘을 강조하였다.

현대의 국제연맹이나 국제연합이 칸트가 제창한 국제평화기구의 현대판이긴 하지만, 그 목적은 전쟁을 제한 내지 방지하는 데 있다. 그러나 이들 국제기구들은 일단 전쟁이 발발하면 제한 없는 전쟁으로 발전하더라도 속수무책이라는 데 문제가 있다. 여기에는 '자위의 전쟁'은 '정의의 전쟁'이라는 신념이 깔려 있기 때문이다.

이와 같이 평화의 문제에 대해서는 이전부터 계속 연구되어 왔지만 그것은 아직 구상의 단계이고 실질적인 평화 확보의 보증은 없다. 국제연합(UN)의 전쟁금지 조항도 전쟁을 금지하기는커녕 오히려 침략자의 낙인을 회피하려는 '선전포고 없는 전쟁'만을 증대시킬 뿐이다.

근래에 세계정부이론이나 연방주의이론이 등장하였다. 각국이 상대방을 신뢰하고 자국의 주권을 세계정부에 양도할 정치적 결의를 하여야 한다. 이 이론에 의한 세계정부는 하나의 이상은 될 수 있으나 현실화되기는 어렵다. 많은 평화주의자들은 평화 문제가 단순히 핵무기의 폐지 내지는 군비 축소의 문제가 아니라, 그것을 사용하는 인간의 이기적 폭력성의 문제임을 도외시한다.

마르크스(Karl Heinrich Marx)는 민족국가 내부에 잠재한 계

급적 대립이 전쟁을 일으키는 최대의 원인임을 지적하였다. 물론 마르크스가 자본주의 분석을 통하여 계급투쟁과 전쟁과의 관계를 밝힌 계급적 대립이 전쟁의 한 원인이 될 수 있을 것이다. 그러나 전쟁의 원인은 단순하지 않다.

인류사회의 영구평화의 문제는 전쟁과 함께 계속 연구되어 왔다. 칸트 등의 영구평화론은 아직 구상의 단계이고 현실적인 평화 확보의 보증은 없다. 그러나 필자가 창안한 '평화복합체론(Peace Complex Theory)'에 의한 지속 가능한 평화의 실현 방안은 현실적인 대안이 될 수 있을 것이다.

평화복합체론의 핵심은 전쟁의 원인이 정치군사적·경제적·문화적 요인 등 세 가지 요인에 의해 발발하며, 이를 단계적으로 해결해 나가야만 지속 가능한 평화를 실현할 수 있다는 이론이다. 평화는 존재론적으로 정치군사적·경제적·문화적 요인 등 세 요인으로 구성된 복합구성체이고, 지속 가능한 평화를 실현하기 위해서는 경제적 평화, 문화적 평화, 정치군사적 평화를 단계적으로 실현해 나가야 한다.

평화의 실현에 있어서 가장 중요한 것은 평화이론보다는 평화운동이다. 대다수의 국민이 평화의 중대성을 깨닫고 평화운동세력을 형성하여 평화를 정착해 나가는 것이 필수적이다. 평화는 사상이나 이론으로만 강조되는 것이 아니라, 국제적인 평화운동 세력의 연대와 실질적인 정착이 중요하다.

이 책은 필자가 2000년 이후 평화운동과 평화연구를 하면서 집필한 논문들의 일부를 모아 하나의 책으로 엮은 것이다. 몇몇 논문은 학술지에 발표된 것이지만 일부 논문은 완성도가 낮아 보완이 필요하다. 그러나 이를 방치하기보다는 우선 책으로 엮어 지속적으로 수정하는 것이 보다 정교한 평화이론을 정립할 수 있다고 판단하여 미흡하지만 책으로 내게 됐다.

끝으로 인류의 평화미래가 매우 중요한 문제임에도 불구하고 평화연구와 평화운동이 약화되고 있다. 매우 안타까운 현실이다. 학문적으로도 평화문제의 본질을 연구하기보다는 지엽에 치우치는 경향도 있다. 남북 대립으로 한반도 평화운동이 절실함에도 조직화·체계화되지 못하고 있다. 이 책의 발간을 계기로 평화연구 및 평화운동이 다시 활발해지기를 간절히 기원한다.

평화는 인류의 미래이다. '평화를 준비해야 평화가 찾아온다'는 사실을 명심해야 할 것이다.

2011년 7월 1일
관악산 평화의 산실에서
장영권

차 례

평화의 남북

평화의 섬 · 들판

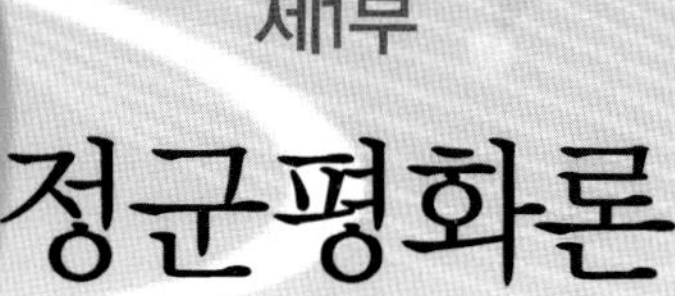

제1부

정군평화론

평화의 국가

⟨1⟩ 상생평화국가와 차기정부의 대외정책 과제

− 2007 대선 각 정당의 통일 · 외교 · 안보공약 비교[1]

---

1) 이 글은 (사)평화연대의 기관지인 〈평화와 통일〉(2007년 11월)에 실린 논문이다. 2007년 12월 19일 실시된 제17대 대통령 선거를 앞두고 쓴 글이다.

제1장

'평화냐 반평화냐' 한 표에 달린 한반도

2007년 12월 19일 실시되는 제17대 대통령 선거에 모두 12명의 후보들이 출마했다. 17대 대선은 노무현 정부의 실정에 대한 국민들의 보수화 내지는 정권교체론의 영향으로 특정 정당에 대한 지지도가 50% 안팎으로 요지부동하는 등 대선판도가 고착되는 양상을 보이고 있다.

이에 따라 17대 대선은 각 후보들의 정책적 차별이 부각되지 않고 있다. 후보난립과 정치공방으로 TV의 정책토론 역시 위력이 약화되고 있다. 그럼에도 불구하고 17대 대선에 출마한 후보들의 통일외교안보분야 공약들은 크게 '평화'와 '반평화'로 양분되는 양상을 보이고 있다.

2007년 12월 소중한 한 표로 '평화국가'를 창출하기 위해서는 차기정부의 통일외교안보정책의 목표와 과제, 각 후보들의 통일외교안보 공약 평가 등에 대하여 살펴보는 것은 중요한 의미가 있다. 급변하는 국내외 정세 속에서 '대한민국호의 차기 선장'으로서 대외정책에 관한 비전과 전략은 국가의 명운이 달린 문제이기 때문이다.

제2장

차기정부의 대외정책 목표: 상생평화국가

21세기 들어 인류는 여러 가지 복잡하고 다양한 평화위협에 직면해 있다. 더구나 한반도 및 동북아 차원에서도 정치군사적 · 경제적 · 문화적 갈등이 나타나고 있다. 이로 인해 인류는 매우 불안정하고, 불확실한 시대에 살고 있다.

우리 인류가 보다 평화롭고 안정된 가운데 공동번영을 누리려면 새로운 평화의 발명이 필요하다. 새로운 평화 발명품으로서 '상생평화'와 '상생평화국가론'을 제시하고 이를 통해 한반도 및 동북아의 평화비전을 적극 모색해야 할 것이다.2)

상생(相生)은 동양사상에서 천지만물을 구성하고 생성 · 변화하게 하는 힘(기운)의 원천인 음양오행 중에서 '서로(相) 도와주고 생명을 살게 해 주는 것(生)'이다. 이는 서로 억제 · 저지 · 대립 · 갈등하여 싸우는 '상극(相剋)'과 반대되는 것이다.

상생은 생태학에서 파생된 개념인 '공존(co‒existence)'이나 '공생(symbiosis)'보다 더욱 포괄적이고 적극적인 의미를 갖는다. 상생의 원리는 갈등과 대립의 연속이던 지난 세기의 인류사를 21세기에는 상생과 평화의 시기로 전환시킬 열쇠가 될 수 있다. 미래학자들

---

2) '(상생)평화국가론'은 장영권이 용어를 명명화하고 이론화한 것이다. 장영권, 『상생평화국가론과 한국외교강국론』(서울: 늘품플러스, 2008), 45~56쪽 인용 및 보완한 것이다.

은 상생의 원리가 21세기 인류의 미래를 이끌 지침이 될 것으로 기대하고 있다.

평화는 흔히 전쟁의 부재 상태를 의미하는 '소극적 평화'와 전쟁과 폭력의 구조적 요인을 제거해야 한다는 '적극적 평화'로 구분하기도 한다. 그러나 빈곤, 환경 문제 등만 해결하였다 하여 지속 가능한 평화가 보장되는 것은 아니다. 평화가 항구적으로 구축되려면 각 국가들이 '상생'과 '평화'를 통해 '지속 가능한 평화체제(sustainable peace system)'를 구축해 나가야 한다.

그러므로 상생평화란 "인간과 자연, 인간과 인간, 민족과 민족, 국가와 국가, 동양과 서양, 종교와 종교 등 사회 모든 분야에서 이해, 협력, 화합, 나눔, 베풂 등을 통해 상생하며 항구적 평화를 실현해 가는 것"이라 할 수 있다. 상생평화는 기존의 적극적 평화를 보다 구체화하고 화합성, 협력성, 일체성을 강조한 개념이다.

그리고 상생평화국가는 "국가이념이나 국가목표로 상생평화를 설정하고 이의 실현을 위해 적극적인 대내외 활동을 하는 국가"로 정의된다. 상생평화국가는 단순히 평화를 지향하는 평화국가보다 모든 구성원이나 구성요인들이 상생할 있도록 국가의 운영원리를 헌법에 명시하고 이를 구체적으로 추진해 가는 적극적인 평화국가이다.

제3장

차기정부의 대외정책 과제

2008년 2월에 출범하는 차기정부는 숱한 대외정책 과제가 도전하고 있다. 먼저 북한의 핵폐기에 대한 태도에 따라 한반도 및 동북아 질서 재편의 방향이 크게 영향을 받는다. 북한이 '전략적 결단'을 내려 핵을 폐기한다면 남북관계를 비롯해 동북아 질서는 본격적으로 평화협력 관계로 급속 재편될 것이다.

그러나 북한이 핵 포기를 거부한다면 한반도 및 동북아 지역이 또다시 큰 위기에 직면할 것이다. 특히 차기정부의 대통령이 누가 되느냐에 따라 북한은 핵폐기 여부에 대해 전략적 사고를 할 가능성이 높다. 대북 강경정부가 들어설 가능성이 높다면 핵폐기를 거부할 수도 있을 것이다.

또한 중국과 일본은 역내 패권경쟁을 본격화할 가능성이 높다. 중국이 2008년 8월 베이징 올림픽을 성공적으로 개최한 이후 강대국의 지위를 확보하기 위해 한반도문제 등 개입정책을 확대할 가능성이 크다. 중국이 패권주의적 대국행세를 하기 시작할 경우 일본도 주도권을 강화하기 위해 힘겨루기에 돌입할 가능성이 있다.

이처럼 한반도 및 동북아의 대외정책 환경은 경제적 협력의 심화와 함께 국익이나 국가위상의 확대전략에 따른 경쟁과 갈등이 강화될 전망이다. 이에 따라 역내 국가의 상생평화가 매우 중요한 이슈가 되고 있다.

한 나라가 군사력이나 경제력을 무기화하여 자국의 이익만을 확대하려 한다면 '충돌'이 일어날 가능성이 높다. 이러한 국가 간의 충돌을 완화하기 위해서는 상생평화국가를 적극 지향해 나가야 한다. 차기정부를 이끌 대선후보들의 공약은 이를 가늠해 볼 수 있기 때문에 냉정한 평가가 요청된다.

제4장

각 당 대선후보들의 통일외교안보 공약 평가

1. 대통합민주신당 정동영 후보

대통합민주신당의 정동영 후보는 통일부 장관 등을 역임하여 통일외교안보 정책에 남다른 애착을 갖고 있다. 정 후보가 내걸고 있는 통일외교안보 공약은 궁극적으로 남북 평화협정을 체결하여 '위대한 한반도시대'를 열겠다는 구상으로 압축된다.

정 후보는 통일부 장관 시절인 2005년 6월 북한 김정일 국방위원장을 면담하여 한반도 비핵화의 핵심인 9 · 19 공동성명의 기초를 마련했다. 그는 9 · 19 공동성명의 기초로 북핵문제를 해결하여 향후 '남북평화선언 → 4자 간 평화협정 체결 → 북 · 미, 북 · 일 수교 → 남북 간 군사적 신뢰 구축을 바탕으로 한 평화체제 구축'의 단계로 진행시켜 나가겠다는 한반도 평화체제 구축 로드맵을 제시했다.

정 후보는 특히 평화경제론을 통해 개성공단을 확대하여 평화경제공동체를 구축하겠다는 공약도 발표했다. 그는 개성 - 해주 - 인천을 잇는 삼각 자유경제지역 발전, 남북정상회담 연례화 등도 추진하겠다고 밝혔다. 정 후보는 북핵폐기와 평화협정의 병행을 주장했다.

그러나 정 후보는 통일부장관 시절 첫 삽을 뜬 개성공단사업이 진척이 더디고 성과도 미흡해 남북 모두로부터 비판을 받고 있다. 북한도 개성공단을 위해 '통큰 결단'을 내렸지만 아직 2단계도 제대로 추진되지 않았다고 불만을 토로하고 있다. 이와 같은 상황 속에서 정 후보가 추가로 공약한 해주, 신의주 등 특구조성은 말 그대로 '공약(空約)'으로 끝날 가능성이 크다.

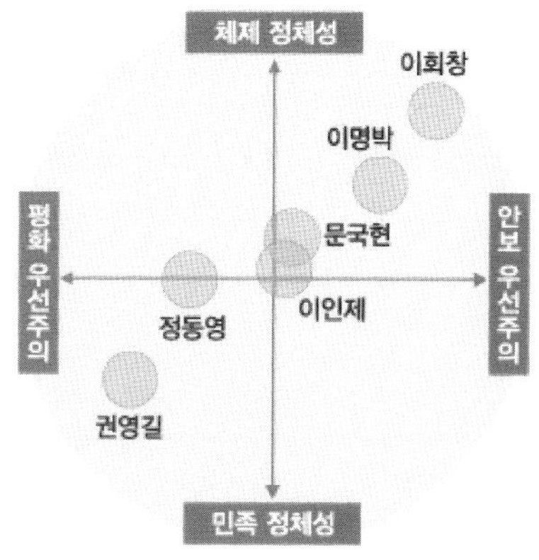

출처: 『세계일보』, 2007년 11월 19일

〈그림 1-1〉 정책기조로 본 이념좌표

2. 한나라당 이명박 후보

한나라당 이명박 후보는 자신의 영문 첫 글자를 딴 'MB(엠비)독트린'이란 명칭의 외교안보정책 구상의 핵심인 '비핵·개방·3000 구상'을 발표했다. 북한이 핵을 완전히 폐기하고 자발적으로 개방할 경우 국제공조를 통해 1인당 국민소득을 10년 내에 3,000달러로 올려놓겠다는 것이다.

이명박 후보의 대북정책은 다분히 독재·개발시대의 한강신화를 떠올리게 한다. 그가 제시한 '포괄적 대북패키지 지원방안'은 일종의 '북한판 마셜 플랜'으로 북한 내 300만 달러 이상 수출기업 100개 육성, 400억 달러 규모의 국제협력자금 조성 등 경제 지원이 주축을 이루고 있다. 그러나 이러한 이명박 후보의 '장밋빛 공약'은 북한이 '선 핵폐기'를 했을 때만 유효하다.

<표 1-1> 17대 대선 각 후보별 정책기조와 핵심 정책

후보	정동영	이명박	권영길	이인제	문국현	이회창
햇볕 정책 평가	긍정적	부정적	긍정적	긍정적	부정적	부정적
핵심 대북 정책	한반도 평화공동체 실현	비핵 · 개방 · 3000 구상	한반도 비핵화 3단계 로드맵	남북평화공영 프로젝트추진	환동해 · 환서해 경제협력 벨트	상호주의 원칙과 국제공조로 북핵 폐기

이명박 후보는 '경제적 당근'으로 북한의 핵폐기를 가져올 수 있다고 믿고 있다. 이른바 '북핵폐기를 위한 인센티브 시스템'이다. 그러나 한반도 비핵화 문제는 기본적으로 북 · 미 간의 정치적 결단의 문제이다. 이를 경제적 비전제시로 풀겠다는 접근은 북핵문제의 본질을 모르는 순진한 발상이다. 나들섬 구상이나 비핵 · 개방 · 3000, 이산가족 해법 등도 북한에 대한 인식 및 정보 부족에서 기인한 '아마추어적 환상'에 가깝다는 비판을 받고 있다.

3. 민주노동당 권영길 후보

민주노동당 권영길 후보의 대표적인 통일외교안보 공약은 '코리아연방공화국'을 국가비전으로 제시한 것이다. 권 후보의 대북 공약은 종전선언, 평화협정 체결, 한반도 비핵지대화 등 한반도 평화체제 실현을 위한 3단계 로드맵이 중심이다.

코리아연방공화국은 2009년까지 통일국가 준비기를 거쳐 2010년 코리아연방공화국을 출범시키고 2013년 통일국가를 완성하는 방안이다. 특히 한미 군사동맹의 해체를 통해 한반도 평화를 확보하고, 2008년까지 남북한과 미국의 종전선언, 2012년까지 평화협정 체결을 달성하겠다는 구상이다.

권 후보는 이를 위해 한미 정상회담을 통한 한미동맹 해체의 동력 마련과 한미상호방위조약의 폐기, 주한미군 3단계 철수 및 기지반환 등으로 한반도 평화모드를 만들어야 한다고 강조했다. 또 남북정상회담을 정기적으로 개최, 차기정부 임기 중 통일국가를 선포하는 것을 목표로 하고 있다.

권 후보의 공약은 다분히 북한식 접근법과 유사하다. 연방주의 통일론이나 주한미군철수론은 남북관계나 동북아 상황을 이상적으로 보는 접근법이다. 더구나 권 후보의 공약은 정작 내부에서 비판에 부딪히며 정파 간 갈등양상까지 보였다.

4. 민주당 이인제 후보

민주당 이인제 후보는 생산적인 햇볕정책과 연미선린외교를 통해서 남북의 평화공영과 획기적인 국제협력관계를 열어 나가겠다는 공약을 발표했다. 생산적 햇볕정책을 바탕으로 하고, 정경분리의 원칙 하에서 남북평화공영 프로젝트를 추진하여 남북 평화협력시대를 창출하겠다는 것이다.

이인제 후보는 특히 통일 지향적 대북 정책 추진을 위해 대북 지원 총예산을 전체 예산의 1%로 늘리고, 5년 내 3%까지 확대할 것을 약속했다.

남북 상생의 공간 확장을 위해 서해평화공영특구(WSPCP) 건설,

남북평화공영특구(PCP) 플랜 추진을 위한 북한개발프로젝트(NKDP)
의 남북 공동수립 및 추진이 필요하다는 입장이다.

5. 창조한국당 문국현 후보

창조한국당 문국현 후보는 6자회담의 북핵 불능화 프로그램과 10·
4정상선언의 합의를 확대·발전시켜 러시아와 일본이 참여하는 '환
동해 경제협력벨트' 구축을 핵심 공약으로 제시했다. 문 후보의 구상
은 러시아의 천연자원, 미국의 시장, 일본의 배상금 자본, 북한의 인
적 자원을 한국의 경영능력과 결합하는 것이다.

이와 함께 북미수교를 이끌어내 한반도 평화체제를 조기 정착시키
고, 임기 내 한반도 비핵화 달성 및 동북아 다자 간 안보협의체인
'동북아평화협력기구(가칭)'를 구축한다는 구상이다.

6. 무소속 이회창 후보

무소속 이회창 후보는 집권 시 전시작전통제권 단독행사 및 한미연
합사 해체 재검토 등을 골자로 한 공약을 제시했다. 이 후보는 모든
방법을 동원해 북핵 폐기를 주장했다. 일단 대화와 협상을 중시하고
있지만 경우에 따라서는 강경 제재책도 강구해야 함을 시사했다.

이회창 후보는 북한을 여전히 적대적인 주적관계로 파악하고 있다.
NLL에 대해 영토한계를 물 위까지 연장한 것으로 영토선 개념이라
고 주장했다. 10·4남북정상선언과 총리회담 합의에 대해서도 '대못

을 빼겠다'며 재검토 의사를 분명히 했다.

이회창 후보의 전반적인 대북기조는 '외압'을 통해 북한의 변화를 유도하겠다는 의도가 강하다. 출마 후보들 중 가장 보수적이며 북한과의 대결적 색채가 강하다. 그가 집권한다면 남북 간에 '힘 대 힘', '강 대 강'의 대결양상이 불가피할 전망이다.

반기문 유엔사무총장에 국제평화 당부
장영권 한국평화미래연구소 대표(오른쪽 두 번째)가 2006년 10월 24일 오후 국회를 예방한 반기문 유엔사무총장을 만나 선임을 축하하고 국제평화 활동에 역점을 둘 것을 건의했다. 장 대표가 인사를 나눈 후 반기문 총장과 함께 기념사진을 찍고 있다.

제5장

결론: '당신의 선택이 평화국가를 만든다'

21세기 인류의 미래는 상생평화를 지향하며 상생평화국가로 나아가느냐 아니냐에 달려 있다. 각 국가는 패러다임을 전환하여 상생평화를 토대로 한 상생평화국가로 나아가야 할 것이다. 한 국가만을 위한 '절대 안보'는 주변국을 위협하여 결과적으로 자국의 안보도 위협받게 된다.

한국은 세계 11위의 경제력과 인구 5,000만 명을 가진 결코 작지 않은 국가이다. 더구나 세계평화를 이끌어야 할 유엔사무총장을 배출한 나라이다. 한국이 먼저 평화외교력을 확대하여 상생평화국가가 국제사회의 신질서가 되도록 해야 할 것이다.

"당신의 선택이 대한민국을 상생평화국가로 만들 수 있다." 2007년 12월 대선을 앞두고 우리가 명심해야 할 과제이다.

평화의 조건

〈2〉 한반도 평화체제의 구축 방안: 평화조약 · 함의 · 조건[1]

---

1) 이 논문은 미발표 논문이다.

제1장

전쟁 없는 한반도 그리고 인류의 꿈

한반도는 아직도 법적으로 전쟁이 완전히 끝나지 않았다. 전쟁을 일시 중단한 휴전상태, 즉 정전 중이다. 그리고 이를 규정하는 것이 '정전협정'이다. 한반도는 1953년 7월 한국전쟁을 완전히 종식하지 못하고 정전협정을 체결하여 정전상태로 50여 년을 유지해 왔다.

한반도의 전쟁을 완전히 종식하고 재발되지 않도록 영구적인 평화체제를 구축하는 문제는 매우 중요하고 절박하다. 멀지만 반드시 가야 할 길이 한반도 평화체제를 구축하는 일이다.

다행히 남·북한과 미국, 중국, 일본, 러시아 6개국은 2005년 9월 19일 중국 댜오위타이(釣魚臺)에서 2단계 제4차 6자회담 전체회의를 열고 북핵문제 해결 및 한반도 평화체제 관련 문구가 포함된 6개 항의 공동성명을 채택했다. 소위 '9·19베이징 공동성명'을 채택함으로써 북핵문제의 평화적 해결과 한반도 평화체제 구축을 본격적으로 모색하게 됐다.

4차 6자회담에서 채택한 베이징 공동성명은 "한반도 비핵화를 실현하기 위해 북한은 모든 핵을 포기하고 다른 참가국들은 이에 대한 상응조치로 안전보장과 중유 및 전력 지원, 각종 제재 해제, 관계 정상화에 나선다"는 내용을 담고 있다.

"북한이 핵무기비확산조약(NPT)에 가입하고 국제원자력기구(IAEA)의 안전협정을 준수하는 등 국제사회의 신뢰를 얻게 되면 평화적 핵 이용권을 가질 수 있다"는 취지의 내용과 경수로 관련 문구도 공동성명에 포함되었다.

베이징 공동성명은 또 한반도의 평화체제 구축과 관련하여 4항에서 "6자는 동북아시아의 항구적인 평화와 안정을 위해 공동 노력할 것을 공약하였다"고 밝혔다. 직접 관련 당사국들은 이와 관련 "적절한 별도 포럼에서 한반도의 영구적 평화체제에 관한 협상을 가질 것"이라는 내용도 명시했다.

나아가 6자회담 참가국들은 "동북아시아에서의 안보 협력 증진을 위한 방안과 수단을 모색하기로 합의했다"고 밝혔다. 6자회담의 베이징 공동성명의 채택은 한반도 평화체제의 구축에 중요한 전기가 될 것으로 보인다.

그러나 한반도 평화체제의 구축은 북핵문제 해결 못지않게 매우 복잡한 문제이다. 한반도의 평화를 정착하기 위해선 상호 신뢰 회복과 군사적 긴장 완화를 실천하는 문제가 중요하기 때문이다. 또한 이 과정에서 다양한 의제가 제기되고 이해관계의 대립으로 상당한 진통이 따를 것으로 보인다.

본 연구는 대안적 측면에서 먼저 한반도 평화체제의 개념과 구성 형식, 방법을 살펴본다. 그리고 평화체제 구축을 위한 실제적인 평화조약의 체결 및 내용, 한반도 평화체제의 의미와 조건에 대하여 논해 보고자 한다.

한반도 평화체제의 개념과 형식

1. 평화체제의 일반적 개념

1) 체제의 의미

평화체제(peace regime) 구축방안을 모색하기 위해서는 먼저 평화체제에 대한 개념을 규정할 필요가 있다. 평화체제는 평화를 위한 체제이다. 즉 평화체제는 평화를 회복(restoring), 유지(keeping), 조성(making), 구축(building)을 위한 체제이다.

평화체제에서 말하는 '체제'라는 용어에 대하여 일반적으로 수락된 정의는 아직 없다.[2] 그러나 체제를 학자에 따라 '사회적 기구(social institutions)' 또는 '사회적 구조(social structures)'라고 정의하기도 한다.[3]

일반적으로 체제의 핵심은 권리와 규칙의 집합의 형식인 조약이나 협정으로 이루어진다. 그러므로 국제체제는 국가와 국가 간 또는 국

---

2) Eckart Klein, "International Regime", in Rudolf Bernhardt, ed., *Encyclopedia of Public International Law*, Vol.9(Amsterdam: North‒Holland, 1986), p.202.

3) Oran R. Young, "Interginal Regimes", in Paul F. Diehl, ed., *The Politics of International Organizations*(Chicago: Dorsey Press, 1989), pp.28~29.

가와 국제기구 간에 조약이나 협정으로 형성하게 된다.[4]

2) 평화체제의 일반적 개념

평화체제에 있어서 평화는 '평화의 보호(safeguard peace)'를 의미하며, 평화의 보호는 '평화의 회복(restoration of peace)'과 '평화의 유지(maintenance of peace)'의 방법에 의해서 이루어진다.[5]

즉 평화는 전쟁의 발발 방지에 의하여 보호된다. 만일 전쟁이 시작된 경우의 평화는 적대행위의 종식에 의하여 보호된다. 전자는 평화의 유지이며, 후자는 평화의 회복이다.[6]

국제연합헌장 제39조에서 국제연합 안전보장이사회는 '국제평화와 안전을 유지하거나 이를 회복하기 위하여(to maintain or restore international peace and security)' 권고하거나 어떤 조치를 취할 것인가를 결정한다고 규정한 것은 국제연합 안전보장이사회가 평화의 유지와 평화의 회복을 포괄하는 평화의 보호의 권능을 가졌음을 명시한 것이다.[7]

국제연합헌장 등 현실 국제체제 속에 나타난 평화체제는 평화의 보호를 위한 체제, 즉 평화의 유지와 평화의 회복을 위한 체제를 말한다. 이 중 평화의 회복을 위한 체제를 광의의 평화체제라고 부르고, 평화의 유지를 위한 체제를 협의의 평화체제라고 부르기로 한다.

일반적으로 평화체제란 협의의 평화체제인 평화의 유지를 위한 체제

---

4) 김명기, "평화체제 구축에 관한 이론적 개관", 곽태환 외, 『한반도 평화체제의 모색』(서울: 경남대학교 극동문제연구소, 1997), 15쪽.

5) J. G. Stark, *An Introduction to the Science of Peace*(Leyden: Sijthoff, 1968), p.88.

6) 김명기, "평화체제 구축에 관한 이론적 개관", 15쪽.

7) Stark, *An Introduction to the Science of Peace*, p.88.

를 말한다.8) 그런데 평화조약의 문제는 평화의 회복으로서 이는 광의의 평화체제의 범주에는 속하나 협의의 평화체제에는 속하지 않는다.

따라서 평화체제는 일반적으로 평화의 유지를 위한 체제를 뜻하며, 평화의 유지는 '평화의 파괴를 방지하는 것을 의미하는 것(to maintain international peace means to prevent a breach of the peace)'이므로, 결국 평화체제는 평화의 파괴를 방지하는 체제를 의미하게 된다.9)

3) 한반도 평화체제의 개념

한반도에서 평화체제의 개념은 보다 다의적 · 유동적 의미로 사용되고 있다. 그것은 한반도의 평화체제는 당사자 간의 '정전협정' 해체 문제가 먼저 해결되어야 하고, 그 후 평화를 회복하고 유지하기 위한 평화체제 구축문제를 논의해야 하기 때문이다.

한반도의 평화체제를 구축하기 위해서는 정전체제 해체 방안을 고찰한 후 이를 기초로 한반도의 특수한 상황 속에서의 한국적 평화체제의 개념을 파악해야 한다. 이를 통해서 한반도의 평화체제 구축에 대한 구체적 대안과 실천 전략을 수립할 수 있다.

한반도에서 평화체제를 구축하기 위해서는 먼저 1953년 7월 27일에 체결된 '정전협정'을 해체하여야 한다. 그런데 현재 한반도의 평화체제의 구축과 관련하여 '정전협정'을 어떤 식으로 해체하고, 전환하느냐에 따라 의미가 보다 구체적으로 정의될 수 있다. 이에 따라 한반도의 평화체제의 개념 정의는 크게 세 가지 방향으로 모색되고 있다.

첫째, 평화체제란 '정전협정'을 그대로 둔 상태에서 단순히 적대행

---

8) 김명기, "평화체제 구축에 관한 이론적 개관", 16쪽.
9) 김명기, "평화체제 구축에 관한 이론적 개관", 16쪽.

위의 재발만을 방지하는 체제를 규정하여 체결하는 경우의 의미로 사용될 수 있다. 이 경우의 평화체제는 엄밀한 의미에서 '평화의 회복'뿐만이 아니라 '평화의 유지'도 의미하지 않는다. 왜냐하면 '정전협정'이 그대로 존속하고 있기 때문에 온전한 의미의 평화상태로 볼 수 없기 때문이다. 적대행위만 정지되어 있는 평화상태의 유지는 '준평화의 유지'라고 할 수 있을 것이다.

둘째, 평화체제란 '정전협정'을 대체하여 평화조약처럼 평화를 회복하는 체제를 문서로 규정하여 체결하는 경우의 의미로 사용될 수 있다. 이 경우의 평화체제는 '전쟁상태의 종료'를 명시하는 것이기 때문에 '평화의 회복'만을 의미한다고 볼 수 있다. 그러므로 '평화의 유지'에 대한 규정이 없기 때문에 불완전한 평화체제라고 볼 수 있다.

셋째, 평화체제란 '정전협정'을 평화조약 등으로 대체하고 여기에 적대행위의 재발을 방지하는 체제를 규정하여 체결하는 경우의 의미로 사용될 수 있다. 이 경우의 평화체제는 '평화의 회복'뿐만이 아니라 그 이후의 '평화의 유지'도 의미하게 된다. 이러한 의미의 평화체제가 평화를 완전히 보장하는 체제라고 볼 수 있다.

한반도의 평화체제는 평화의 회복과 평화의 유지를 의미하는 가장 포괄적인 개념이라고 정의할 수 있다. 다시 말하면 전쟁의 종결을 뜻하는 소극적 평화와 평화의 유지를 통해 남북 간의 화해와 통일, 번영을 지향하는 내용을 명시하여 조약 또는 협정 등의 형식으로 체결한 총괄적 체제라고 규정할 수 있다.

즉 한반도의 평화체제는 넓은 의미로 남북한 간의 군사적 대결상태, 즉 전쟁 상태를 종식시키고, 화해·공존과 협력의 남북한 관계를 지향하여 평화적 민족통합과 같은 방향으로 발전을 유도하기 위해 국가 간 체결한 문서의 총체와 보장 체제라고 할 수 있다.

2. 한반도 평화체제의 구성 형식과 방법[10)]

1) 평화체제의 구성 형식

협의의 평화체제, 즉 '평화의 유지' 체제에는 평화에 대한 위협의 방지 및 제거와 침략 행위 기타 평화 파괴의 진압을 위한 체제의 구성형식은 여러 가지가 있을 수 있다.

논자에 따라 조약, 협정, 선언, 의정서, 교환각서, 양해각서 등을 들기도 한다. 법적 성격을 띤 문건 이외에 규범, 규칙, 기구 등을 들기도 하지만, 이러한 것들은 구속력이 약하기 때문에 일단 대상에서 제외하기로 한다.

(1) 조약(treaty)

조약(treaty)은 국가 간의 외교형식에서 가장 격식을 따지는 것이다. 보통 정치·외교적 기존 관계나 지위에 관한 실질적 합의를 기록한 것을 말한다.

(2) 협정(agreement)

국가 간의 협정(agreement)은 비정치적인 전문적·기술적 주제를 다루는 경우에 사용한다. 그 예로 1995년에 체결된 '한·중 원자력 협정' 등이 있다.

---

10) 이와 관련해서는 김명기 교수와 이장희 교수 등의 논문을 많이 인용 참고했다.

(3) 선언(declaration)

국가 간의 선언(declaration)은 보통 국제법적 구속력이 없고, 정치적 의지를 표명하는 데 많이 사용된다. 남북 간의 평화문제는 중요성에 비추어 볼 때 '선언'만으로는 미흡하다.

(4) 의정서(protocol)

국가 간에 체결한 의정서(protocol)는 기본적인 문서에 대한 개정 또는 보충적인 성격을 띠는 조약에 사용된다. 의정서에 대한 예는 한국 · 프랑스 이중과세방지협약 개정의정서(1992)가 있다. 이는 한국 · 프랑스 친선우호조약을 보충시킨 조약이다.

(5) 교환각서(exchange of notes)

국가 간에 주고받는 교환각서(exchange of notes)는 조약의 서명절차를 체결 주체 간의 각서 교환 형식으로 간소화함으로써 기술적 성격의 합의에 있어 폭주하는 행정수요에 대응하기 위해 사용된다. 이에 대한 예로 한 · 인도네시아 EDCF 차관공여 교환각서(1995)가 있다.

(6) 양해각서(memorandum of understanding)

국가 간에 주고받는 양해각서(memorandum of understanding)는 이미 합의된 사항 또는 조약본문에 사용된 용어의 개념을 명확히 하기 위해 당사자 간의 외교교섭의 결과 상호 양해된 상항을 확인 · 기록하는 경우에 사용된다.

최근에는 독자적인 전문적·기술적 내용의 합의에도 많이 사용된다. 그 예로 한·호주 취업관광사증 양해각서(1995)가 있다.

향후 남북 간의 구체적인 평화체제를 위한 평화문서를 채택해야 할 것이다. 이 문서는 관련 당사국 간의 철저한 약속이행이 담보되어야 하기 때문에 조약, 즉 평화조약의 형식으로 체결되는 것이 바람직하다.

평화조약은 단순히 남북 간만의 문제가 아니라 정전협정의 당사자인 미국과 중국이 참여하는 다자적 보장의 성격의 성격을 띠어야 실질적인 의미가 있다.

2) 한반도의 평화체제 구성 방법

좁은 의미의 평화체제, 즉 '평화의 유지' 체제에는 평화에 대한 위협의 방지 및 제거(prevention and removal of throats to the peace)와 침략행위 기타 평화 파괴의 진압(suppression of acts of aggression other breaches of the peace)을 위한 체제의 구성방법으로서 '안전보장조약'을 체결하는 방법, '불가침조약'을 체결하고 그의 이행보장조약을 체결하는 방법이 있다.

이러한 두 개의 방법은 선택적인 것이 아니라 선택적·경합적인 것이다. 즉 전자 또는 후자의 방법 중 어느 하나만을 선택하는 것이 아니라, 전자 또는 후자의 방법 중 어느 하나만을 택할 수도 있고, 전자 또는 후자의 방법을 모두 택할 수도 있는 것이다.[11]

---

11) 김명기, "평화체제 구축에 관한 이론적 개관", 16~24쪽 재인용 및 참조. 김명기, 『분단한국의 평화보장론』(서울: 법지사, 1988) 145~148쪽 참조.

제3장

한반도 평화체제 구축을 위한 평화조약

1. 한반도 평화조약의 의미와 성격

'휴전상태'인 남북한 사이에 단순히 전쟁을 종결하는 전형적인 '평화조약(peace treaty)'의 체결보다는 평화의 회복과 평화의 유지, 그리고 '평화 체제의 구축(peace regime building)'을 위한 평화조약을 체결해야 한다.

앞에서 언급한 것처럼 평화조약은 전쟁에서 발생한 문제를 해결하기 위해 교전국 사이에 전시상태를 종결하고 정상적 우호관계를 회복하기 위해 체결하는 조약이다. 특히 평화조약에는 보통 영토조항, 전범처벌조항, 손해배상조항 등이 포함되며 전승국과 패전국을 명백히 해야 한다.

그러나 한반도 평화조약은 전형적인 평화조약을 체결할 수 없다. 그것은 한국전쟁이 과연 누가 전승국이고 누가 패전국이며, 대한민국은 과연 한국전쟁에서 어떠한 지위에 서는가 하는 한국전의 법적 성격을 묻는 기본적이고 복잡한 문제가 제기된다.

더구나 남북 사이에 전범처벌조항, 손해배상조항, 확정적인 국경선 조항 등을 평화조약에 삽입하는 것이 현실적으로 불가능하며 합리적이지도 않다.

그러므로 한반도의 평화조약은 단순히 전쟁의 법적인 종결을 의미하지 않고, 한반도의 항구적이고 안정적인 평화가 보장되도록 평화체제를 구축하는 것이어야 할 것이다. 한반도 평화체제의 구축에는 당사국 사이의 군사적 신뢰 구축을 통한 군축을 포함한 광의의 평화를 보장하기 위한 제도화가 이루어져야 한다.

2. 한반도 평화조약의 형식과 명칭

1) 한반도 평화조약의 형식

한반도 평화조약은 국제법상의 전형적인 평화조약체결보다는 평화체제를 구축할 수 있는 것이 되어야 현실적이고 합리적이다. 그 유형은 교환공문형이나 공동성명형보다는 조약형이 바람직하다고 본다.

한국전쟁의 남북한 사이의 교전에서 시작하여 다수의 국가가 참전한 국제전쟁의 성격을 띠고 있기 때문에 최소한도 주변 관련국들의 국제적 보장이 필요하다.

특히 한반도 평화조약의 체결에 있어서 단순히 남북한만이 참여해서 체결하는 것은 한반도의 평화체제 구축에 한계가 있다. 왜냐하면 그동안 남과 북이 한반도평화를 위한 여러 가지 합의나 선언을 했지만 성실히 이행되지 않은 사례들이 많기 때문이다.

가령 남과 북이 1991년 12월 13일 무력충돌을 막고 평화를 보장하기 위해 '남북기본합의서'를 채택했지만 대한민국의 국회비준 동의가 이루어지지 않았고, 그 뒤 서해교전 등이 발생하여 사실상 사문화된 실정이다.

그러므로 남북을 포함하여 최소한의 관련 당사국인 미국과 중국이 참여해서 평화를 보장해야 평화체제의 유지 가능성을 높일 수 있다. 일부에서 남북의 관계를 '잠정적인 특수관계'로 규정하고 남북 간에 평화조약체결이 부적합하다고 주장[12]하고 있지만, 남북 간만의 평화합의문서를 채택하는 것은 선언적 성격의 문서가 될 가능성이 크다. 그러므로 남북한 간의 평화보장문서는 실천이 중요하므로 법적 관련 당사국인 미국과 중국 등이 참여하는 다자조약의 형식이 되어야 한다.

2) 한반도 평화조약의 명칭 '한반도평화보장조약'

한반도 평화조약의 명칭은 '한반도평화보장조약'으로 하는 것이 타당하다고 본다. 한반도 평화체제를 구축하기 위해서는 전형적인 격식을 갖추고 국제적인 구속력이 있는 외교적인 문서가 되어야 하기 때문에 '조약'이라는 명칭을 붙여야 한다.

한반도 평화조약은 남북한을 포함하여 미국, 중국 등이 조약 체결의 당사국이 되는 국제법적인 다자 평화조약이 되어야 한다. 나아가 한반도 평화조약은 단순히 전정협정의 종결로 인한 한반도의 평화 회복뿐만이 아니라 평화의 유지, 조성, 구축을 담보하는 순수한 평화보장적 성격을 지녀야 한다.

그러므로 과거 중심의 전형적인 평화조약과 달리 미래의 평화까지

---

12) 이장희 한국외국어대학교 교수는 남북 간의 평화문서는 남북 간에 채택해야 할 것이므로 그것은 남북합의서 제5조를 구체화하고 보충하는 문서이어야 하기 때문에 '의정서' 명칭이 타당하며, 그 명칭은 '남북기본합의서 평화의정서'라 하는 것이 적합하다고 주장했다. 이장희, "한반도 평화체제에 대한 국제법적 검토와 그 해결방안", 이장희 편저, 『북미관계정상화와 한반도 평화체제 모색』(서울: 아시아사회과학연구원, 2001), 42~43쪽.

'보장'한다는 의미에서 평화보장조약이라고 하는 것이 바람직하다. 평화보장 지역도 남북한을 아우르는 한반도이어야 하기 때문에 한반도라는 지역성을 강조하는 것이 좋을 듯하다.

'남북'을 넣으면 단지 남과 북의 평화를 의미하기 때문에 실질적인 평화보장에는 한계가 있을 수 있다. 주변 상황의 안정성이 보장되어야 실질적인 남북의 평화, 한반도의 평화가 보장될 수 있기 때문이다.

3. 한반도 평화체제의 구성 방법과 평화조약의 내용

1) 한반도 평화체제의 구성 방법

한반도 평화체제를 구성하기 위한 방법은 안전보장조약을 체결하는 방법, 불가침조약을 체결하고 그의 이행보장조약을 체결하는 방법 등 두 가지가 있다.[13] 한반도 평화조약의 경우 안전보장조약을 체결하고 이의 철저한 이행을 위해서 동시에 불가침조약도 추가하는 것이 바람직하다.

즉 한반도 평화체제를 확고하게 구축하기 위해서 평화보장 규정과 불가침 규정을 모두 명시해야 한다. 한반도 평화조약은 평화보장조약이며 동시에 불가침조약이 되도록 해야 한다.

그런데 평화체제 구축을 위한 안전보장조약은 일반적으로 동맹조약, 일반적 집단안전보장조약, 지역적 집단안전보장조약 등 세 가지

---

13) 김명기, "평화체제 구축에 관한 이론적 개관", 16~24쪽.

유형이 있다. 이들 중 한반도 평화체제에 가장 적합한 유형은 지역적 집단안전보장형이다.

지역적 집단안전보장형은 일정한 지역의 국가를 단위로 하여 관계국 전부가 상호 불가침을 약속하고 만일 침략이 발생하면 관계국 전부가 제재를 취하는 것으로서 한반도의 경우에 가장 적합한 조약으로 평가된다.

동맹조약은 일반적으로 외부의 침입에 대하여 방어나 공격을 목적으로 체결하는 것이므로 교전당사국인 남북 간에 체결하는 것이 현실적으로 불가능하다. 또한 일반적 집단안전보장조약은 보다 광범위한 다수의 국가들을 대상으로 하는 것이므로 단기적으로 한반도에 적용하기에는 부적절하다.

불가침을 보장하는 불가침조약의 경우도 평화조약과 그 유형은 비슷하다. 불가침조약은 일반적으로 동맹조약형, 지역적 안전보장형, 보장조약형, 교차불가침조약형 등 네 가지 유형이 있다.[14]

한반도의 경우 불가침의 유형으로 피침 시 '집단적 자위권'을 행사하는 동맹조약형을 제외하고 유연하게 접근할 수 있다. 다만 평화보장조약이 지역적 안전보장의 유형이 가장 바람직하므로 이와 병행하여 불가침보장도 지역적 안전보장형으로 체결하는 것이 합리적이다.

보장조약형의 경우는 불가침을 보장하는 보장국이 보장조약을 체결하여 불가침조약의 당사국의 불가침을 '보장국이 보장'하는 유형이다. 이것을 한반도에 적용하려면 남과 북이 동맹국이 없고, 주변 안보환경이 안정적이어야 유효하다.

한반도를 둘러싸고 있는 동북아의 안보가 유동성과 불안정성이 고조되고 있는 상황에서는 쉽게 깨질 우려가 있다. 더구나 한반도의

---

14) 김명기, 『분단한국의 평화보장론』(서울: 법지사, 1988), 145~148쪽 참조.

경우 남과 북이 사실상 주적 내지는 준주적의 위치에 있고, 미국과 중국의 경우도 서로 잠재적인 적으로 규정하고 있어 '보장국의 보장성'이 강하지 못하다.

교차불가침조약형의 경우는 불가침조약의 당사국이 각기 상대방 당사국을 지원할 수 있는 강대국과 불가침조약을 체결하여 불가침조약의 상대방의 침략배경의 약화를 시도하는 유형이다. 이 유형을 한반도의 경우에 적용시켜볼 때 한국과 중국, 미국과 북한 간에 각각 남북상호불가침을 보장하는 조약을 체결하는 것인데 현실적으로 가능[15]하다.

그러나 그것보다는 남북을 포함한 미국, 중국 등 4개국이 동시에 지역적 안전보장형 불가침조약을 체결하는 것이 보다 실질적이고 효과적이다. 왜냐하면 한반도의 평화는 동북아의 평화와 직결되므로 남과 북 간의 평화가 실질적으로 보장되려면 미국과 중국과도 적대성이 해소되어야 하기 때문이다.

2) 한반도 평화조약의 내용

한반도 평화체제를 구축하고 평화를 구체적으로 보장하기 위한 평화조약이 되기 위해서는 다음과 같은 내용들이 명시되어야 할 것이다.

첫째, 남북한의 전쟁상태(또는 정전상태)를 법적으로 종결하고, 상대방에 대한 상호 체제를 인정하는 기초 위에서 수복 및 혁명노선을 포기[16]해야 한다.

---

15) 이장희, "한반도 평화체제에 대한 국제법적 검토와 그 해결방안", 45~46쪽.

16) 남북기본합의서 제1장(남북화해) 1조(남과 북은 서로 상대방의 체제를 인정하고 존중한다) 내지 4조(남과 북은 상대방을 파괴·전복하려는 일체 행위를 하지 아니한다)를 적용한다.

둘째, 남북한이 상호 불가침의 보장 및 이행을 확약하고, 제도적으로 실천해야 한다.17) 한반도 평화조약 위반 시 위반국에 대한 집단 제재조치 및 참여, 협력할 의무도 필수적이다. 또한 침략에 대한 보호, 독립과 영토의 보존, 갈등과 분쟁의 평화적 해결 등의 규정도 명시해야 한다.

셋째, 불가침을 보장하기 위해 비무장지대(DMZ)에 남북한 미국, 중국 그리고 UN 등 5자가 참여하는 '한반도평화감독위원회'를 설치한다.

넷째, 경제·사회·문화·인도 등 다방면의 교류협력이 본격적으로 추진18)한다.

다섯째, 평화의 국제적 보장규정을 명기하고, 군비 축소 및 군비통제를 추진한다.

마지막으로 이로써 한반도에서 실질적인 의미의 평화가 회복(소극적 평화)되고, 공고하게 구축·유지되는 상태(적극적 평화)가 되도록 한다.

4. 한반도 평화조약의 작성 시 고려 요소

한반도 평화조약을 체결함에 있어서 고려해야 할 요소들은 다음과 같다.

1) 평화체제의 보장성

한반도 평화조약의 체결에 있어서 가장 중요한 요소는 '평화체제

---

17) 남북기본합의서 2장(남북 불가침)을 적용한다.
18) 남북기본합의서 3장(남북 교류·협력)을 적용한다.

의 보장성'이다. 남과 북은 그동안 무력충돌 방지와 평화를 위한 여러 가지 합의나 선언을 채택했지만 대부분 선언적·정치적 성격이 강했다.

한반도 평화체제가 강하게 유지되려면 보장국들이 가능하다면 많이 참여할 수 있는 것이 바람직하다.[19] 이것은 한반도의 평화는 동북아의 평화와 직결되고, 동시에 동북아의 불안정은 한반도의 불안정으로 영향을 미치기 때문이다. 한반도의 평화가 동북아의 평화로 확대되기 위해선 평화체제의 유지가 강하게 보장되어야 한다.

2) 평화체제의 국제성

한반도 평화조약의 체결에 있어서 고려해야 할 둘째 요소는 '평화체제의 국제성'이다. 남북관계는 국제법상 독립된 두 국가이고, 한국전쟁 역시 다수의 국가가 참전한 국제전적인 성격을 지니고 있다.

그러므로 한반도 평화체제가 실질적으로 구축되려면 평화조약이 국제적 성격을 띠어야 한다. 한반도 평화조약은 국제적으로 다자간에 보장되어야 실천력이 강한 문서가 될 수 있다.

3) 평화체제의 단계성

한반도 평화조약의 체결에 있어서 고려해야 할 셋째 요소는 '평화체제의 단계성'이다. 한반도 평화체제의 구축에 있어서 다수의 국가가 참여하는 것은 보장성과 국제성을 높여 준다. 그러나 동의를 받아야 할 국가들이 많아지면 합의 도달이 어려워질 수 있다.

---

19) 이장희, "한반도 평화체제에 대한 국제법적 검토와 그 해결 방안", 45쪽.

그러므로 남북이 중심이 되어서 자주적으로 한반도의 평화체제에 담보하기 위한 조약을 합의한 후에 관련국들의 참여를 단계적으로 확대하는 것이 바람직하다.

특히 한반도 평화체제의 구축은 단순히 남북만의 불가침이나 평화체제가 아니라 동북아 평화체제의 구축으로 단계적으로 확대되어야 실질적인 평화체제가 보장될 수 있다.

4) 평화체제의 항구성

한반도 평화조약의 체결에 있어서 고려해야 할 넷째 요소는 '평화체제의 항구성'이다. 한반도 평화조약은 한반도의 항구적인 평화체제를 구축하기 위한 조약이 되도록 해야 한다. 한반도 평화조약은 단순히 정전협정을 평화협정으로 대체하고, 통일국가로 가는 과도기적 상황을 규정한 것이 되어서는 안 된다.

한반도 평화조약은 통일 전 단계인 평화협정단계, 국가연합단계와 통일 후 단계인 통일국가단계에도 한반의 평화를 지속적으로 보장하는 체제가 되도록 해야 한다. 한반도 평화조약을 체결하여 평화체제를 구축하고, 이것이 한반도의 통일과 평화를 가져오는 실질적인 동력이 되어야 한다.

5. 한반도평화조약 체결 회담형식 · 서명자 · 당사자 문제

1) 한반도 평화조약 체결 회담형식 문제

한반도 평화체제를 구축하기 위한 회담형식은 평화체제 전환과 국제적 보장을 분리하여 접근하는 방식과 이들을 동시에 해결하는 방식으로 대별할 수 있다.[20] 분리접근 방식은 남북한이 평화협정을 체결하고 이를 관련국들이 보장하는 방식이다.

어떤 국가들이 참여하여 보장하느냐에 따라 '2＋2(남과 북, 미, 중)', '2＋4(남과 북, 미, 중, 러, 일)', '2＋UN(남과 북, UN)' 등의 방식을 고려할 수 있다. 동시 해결방식은 남북한과 관련국들이 대등한 당사자로 동시에 참여하여 평화체제 전환과 국제적 보장을 받는 방식이다.

참여국들에 따라 3자회담(남과 북, 미, 중), 4자회담(남과 북, 미, 중), 5자회담(남과 북, 미, 중, UN), 6자회담(남과 북, 미, 중, 러, 일), 7자회담(남과 북, 미, 중, 러, 일, UN), 20자회담(1954년 제네바 회담 형식: 남과 북, 중, 러, 참전 16개국) 등이 있을 수 있다.

원칙적으로 분리접근 방식을 취하는 것보다 동시 해결방식이 바람직하다. 분리접근 방식은 남과 북이 평화조약을 체결하였다고 해도 주변국과의 역학관계 때문에 실질적으로 보장되기 힘들다. 또한 정전협정의 법적인 당사자가 북한 · 중국과 미국이기 때문에 법리적으로도 타당하지 않다.

그러므로 최소한 실질적인 당사자인 남북한이 참여하고 법적인 당

---

20) 이장희, "한반도 평화체제에 대한 국제법적 검토와 그 해결방안", 47쪽.

사자인 미국과 중국이 동시에 참여하는 것이 타당하다. 즉 남과 북을 포함하여 다자적으로 동시에 평화조약을 체결하는 것이 평화체제보장을 보다 강화시킬 수 있다.

일각에서 회담형식과 관련하여 '2+2 협정'이나 북미 간의 분리협정 또는 2개의 협정을 동시에 체결하는 것이 필요하다고 주장하고 있지만 절차상으로도 복잡하고 효과 면에서도 한계가 있다.

남북한이 서명 당사자가 되고 미국과 중국이 보장하는 '2+2 방식'을 취하면 한국전쟁을 남북한 전쟁으로 규정하는 것이고, 남한과 북한이 평화협정을 체결했다고 하여 한반도의 평화가 완전히 보장되는 것은 아니다.

또 북한과 미국 간에 별도의 협정을 체결하여 미국이 북한에 대한 체제보장으로 명시했다고 해도 한반도의 평화보장에는 한계가 있다. 왜냐하면 한반도는 실질적으로 남한, 미국, 일본, 대만과 북한, 중국이 동맹관계 내지 준동맹관계로 연결되어 있어 어느 한 곳에서 분쟁이 발생하면 확대될 가능성이 크기 때문이다.

그런데 남북한과 미국, 중국 등 4개국 이외에 러시아와 일본, UN 등의 참여 확대를 어떻게 하느냐 하는 문제가 남아 있다. 러시아와 일본은 지역적으로 집단평화보장체제에 매우 필요한 국가들이지만 다수의 국가가 참여하면 성사가 어려워질 수 있다.

그러므로 일단 4개국을 중심으로 하여 합의하여 이를 러시아와 일본 등으로부터 추인받아 단계적으로 참여시키는 것이 조약의 성사를 보다 용이하게 할 수 있다.

특히 북한핵문제를 해결하기 위한 6자회담의 틀이 형성되어 있는데 여기에서 북한핵문제가 원만하게 해결된다면 한반도 평화체제를 자연스럽게 논의할 수 있을 것이다. 이 경우 6자회담을 통해서도 한

반도 평화체제의 구축을 보장하기 위한 한반도 평화조약을 체결할
수 있을 것이다.

2) 한반도 평화조약 체결 서명자·당사자 문제

평화조약은 서명자(signatory)와 당사자(parties)는 구분된다. 조약
의 서명자는 실제로 조약에 서명을 하는 자를 말하고, 당사자는 서
명자가 서명한 법적 효력이 귀속되는 국제법의 주체이다.

한국전쟁 정전협정의 경우 서명자는 북측은 북한과 중국이고, 남측
은 남한을 포함한 한국전 참전 17개국을 대신해 서명한 유엔군사령부
이다. 그런데 정전협정이 체결될 당시와 현재의 상황이 크게 변화된
현실에서, 협정 당사자문제를 현실적으로 변경하지 않으면 안 된다.

한국전쟁 정전협정은 유엔군 총사령관을 일방 당사자로 하고, 조
선인민군 최고사령관과 중국인민지원군 총사령관을 다른 일방으로
하여 체결되었으며, 실제적으로는 미국·북한·중국이 당사자 역할
을 해 왔다.

그러나 정전협정 체결 당시의 이 같은 당사자 논리는 이제 더 이
상 현실성이 없다. 첫째로 남한이 정전협정의 체결 당사자가 아니라
하더라도 남한을 배제한 채 한반도 평화나 평화협정 문제를 논의하
는 것은 비현실적이다.

둘째로 중국이 유엔군 측의 적대적인 당사국으로 존속하는 것은
이제 비현실적이다. 중국은 유엔 안보리 상임이사국이 되었으며, 남
한과 중국 간에 국교가 수립되는 등 당시와는 상황이 크게 달라졌다.

셋째로 유엔군이 정전협정의 당사자로 존속하는 것 역시 현실을
도외시한 것이다. 평화조약의 당사자 문제와 관련하여 이러한 문제

들이 어떤 식으로든 해결되지 않으면 안 된다.

그러므로 정전협정을 평화조약으로 대체하는 남측의 당사자는 주 교전국이자 최대 피해국인 남한이므로 남한이 당사자가 되고, 북측의 당사자도 주 교전국이 북한이므로 북한이 당사자가 된다.

또한 정전협정의 실질적인 당사자는 남한과 북한이 되어야 한다. 정전체제를 종결하는 한반도평화조약 체결의 당사자는 실질적으로 남북한과 미국, 중국이다.

그런데 한반도 평화조약 체결과 관련하여 북한은 평화협정의 당사자로 남한을 배제하고 북·미 간이라고 주장하여 남북한 간에 심한 의견 대립을 보여 왔다. 즉 남한은 남북한 당사자론을 주장해 온 반면, 북한은 북한과 미국이 당사자라는 입장에서 북미 평화협정 체결을 주장해 왔다.

북한이 미국과의 평화협정 체결을 고집해 온 이유는 미국과 평화협정 체결을 통해 미국으로부터 북한체제의 안전을 보장받는 데 있었다.

그러나 북한은 최근 이러한 주장에서 한발 물러나 남한의 참여 허용을 시사해 실질적인 한반도 평화체제의 구축 가능성을 확대시켰다. 북한 조명록 특사가 2000년 10월 방미 시 북미 간에 발표된 '북미공동코뮤니케'는 평화협정 체결문제와 관련해 밝은 전망을 시사했다.[21]

북한과 미국 간에 정전협정을 평화협정으로의 전환 필요성에 인식을 같이하면서 4자회담 방식을 유용성을 거론하고 있는데, 이는 북한이 4자회담 방식을 받아들일 수 있음을 시사하는 것으로 보인다.

따라서 북한에 대한 체제보장이 전제된다면, 남한이 주장해 온 이른바 '2＋2 방식'이나 4자회담의 방식을 받아들일 수 있음을 시사하

---

21) '북미공동코뮤니케'는 평화협정문제와 관련하여 "쌍방은 한반도에서 긴장상태를 완화하고 1953년의 정전협점을 공고한 평화보장체계로 바꾸고 한국전쟁을 공식 종식시키는 데서 4자 회담 등 여러 가지 방도가 있다는 데 대하여 견해를 같이하였다"고 밝히고 있다.

는 것으로 해석된다. 결국 당사자 문제를 해결하며 평화체제 전환과 동시에 한반도평화를 실질적으로 보장할 수 있는 국제적인 방안은 동시해결 방식으로 4자회담을 추진하는 것이다.

따라서 한반도 평화조약의 체결에 있어서 문제가 되는 것은 당사자 국가 간의 적대관계를 종결하는 것이다. 남한과 중국은 1991년 국교가 수립되어 정상적으로 평화관계가 유지되고 있다고 보인다. 가장 문제가 되는 것은 북한과 미국과의 적대관계 종결 문제이다.

북한은 미국에게 적성국 법령의 폐지 및 테러국가 명단에서의 삭제를 요구하고 있어, 북미 간의 평화협정 체결 및 정상적인 국교 수립이 쉽지 않다. 북한과 미국 간에 거론되는 평화보장체제는 반드시 전형적인 평화협정만을 의미하지 않는다.

북한은 한반도 평화와 관련하여 미국에 두 가지를 요구하고 있다. 하나는 미국의 북한에 대한 적대관계를 법적으로 종결시켜 줄 것과 다른 하나는 남한의 북한에 대한 불가침으로 보장하여 달라는 것이다.

전자는 미국이 국내법인 '적성국가 법령(enemy act)'의 폐지와 동시에 북한의 일방적인 미국에 대한 전쟁종결선언으로 가능하다. 후자는 4자에 의한 한반도 평화조약의 체결로 가능하다. 북한이 미국에 우선적으로 원하는 것은 북한의 생존과 체제의 보장이다.

그리고 미국이 북한에 대해 요구하는 것은 핵문제와 미사일 등 대량살상무기 문제에 대한 투명성 보장이다. 따라서 미국이 북한에 대한 생존과 체제를 보장하고, 북한은 핵문제와 미사일문제 등에 대한 투명성을 보장하면 북한과 미국 간의 적대관계는 의외로 쉽게 해결될 수 있다.

6. 한반도 평화조약 체결의 법적인 문제

1) 국내법과의 관계

한반도 평화조약은 그 법적 성격이 국제조약이므로 남과 북은 물론 참여국들도 반드시 국회의 비준 동의를 받아야 한다. 국회의 비준 동의를 받는 조약은 국내법상 법률과 같은 구속력이 있다.

남과 북은 평화조약의 내용에 따라 적대관계를 종식하고 평화 분위기를 조성하기 위해 과거 냉전적인 국내법령을 정비하여야 한다. 그리고 유엔헌장 102조에 따라 유엔사무처에 등록해야 하며, 유엔을 비롯한 관련 국제기구에서 원용이 가능하도록 한다.

2) 국제법적인 문제

한반도 평화조약이 체결되면 정전협정이 자동 소멸되고 정전협정의 서명자 및 당사자도 그 자격을 잃는다. 이에 따라 여러 가지 국제법적인 문제가 제기된다. 우선 한국전쟁 정전협정의 서명당사자인 유엔군사령부(United Nations Command: UNC, 유엔사)의 해체문제, 비무장지대의 관리문제, 주한미군철수문제 등이 제기된다. 그리고 한반도 평화조약의 체결은 남북한 및 당사자들이 이전에 체결한 양자 및 다자조약과의 충돌문제가 야기될 수 있다.

(1) 유엔군사령부(UNC)의 해체문제

유엔군사령부의 해체문제는 1991년 9월 17일 남북한의 유엔 동시

가입과 함께 가장 먼저 제기되었다. 북한의 유엔 가입은 북한을 평화 애호국으로 인정한 것이 된다. 이것은 유엔군사령부 설치의 법적 토대인 북한이 평화파괴자임을 전제로 한 1950년 7월 7일 유엔 안보리 권고 결의의 존재의의에 대한 문제를 가져오게 했다.

북한은 이에 따라 유엔 가입 후 유엔군사령부의 해체문제를 더욱 강하게 제기했다. 북한은 1954년 제네바회의 이래 유엔사는 창설부터 유엔과 무관한 불법적인 국내문제 간섭의 도구라는 입장을 견지해 왔다.

특히 1973년 국제연합 한국통일부흥회(UNCURK) 해체 이후 유엔사의 해체에 총력을 기울여 왔다. 1975년 11월 18일에는 유엔총회에서 유엔사의 해체 및 유엔 깃발하의 주한외국군 철수를 주장하는 결의(3330‒B)를 통과시키기도 했다.

그리고 1991년 9월 유엔 동시가입 후 북한은 그들의 논거가 더 확실해지자 정전협정의 미·북한 간 평화협정으로의 대체, 주한미군 철수 논리로 강하게 발전시키고 있다.

반면 남한은 1970년대 초반까지는 유엔사의 유지 입장을 견지해 왔으나, 1970년대 중반부터는 정전협정체제를 유지한다는 전제 아래 유엔사를 대체할 기관이 마련된다면, 이를 대체할 용의가 있다는 쪽으로 선회했다. 1975년 11월 18일 유엔총회 결의(3390‒A)는 이러한 입장을 반영하고 있다.

그리고 1991년 9월 유엔 동시가입과 1991년 12월 남북기본합의서 채택 이후 남한은 더욱 유엔사의 해체 대안 마련과 정전체제를 평화협정체제로 전환하는 방안을 다각도로 검토해 왔다.

그러나 유엔사의 해체문제는 정전협정 존속 여부의 문제를 제기한다. 정전협정의 존속과 유엔사의 해체는 정전협정의 이행과 관련된 중요한 내용의 수정에 해당되므로 이의 대체기관에 대해서는 정전협정 제61항에 의거 양측의 합의를 필요로 한다.

그래서 유엔사의 해체는 군사정전위원회에서 유엔사를 승계해서 남한 측을 대표할 대체기관만 합의되면, 정전협정체제를 유지하면서 개별적으로 처리할 수 있는 문제이다.

따라서 유엔군사령부의 해체에 대체할 국제법적 대책이 필요하다. 여기에는 유엔 안보리가 정전협정의 남측 당사자를 유엔군사령부에서 남한으로 위임·교체라는 새로운 결의도 생각해 볼 수 있다.

이 결의를 통해 과거 정전협정 당사자에 구속됨이 없이 남북한은 새로운 평화조약의 실질적 당사자로서 부상하게 될 것이다. 이 방안은 한반도의 정치·군사문제의 당사자를 법적으로 남북한으로 정상화시켜 평화공존의 제도화에 기여할 수 있을 것이다.

북한 판문점 대표부는 2004년 9월 16일 대변인 담화를 통해 "유엔본부 대변인이 7월 27일 남조선 주둔 미군은 유엔군이 아니라 미군 주도하의 연합군이라는 입장을 표시했다"면서 유엔사 해체 및 주한미군 철수를 요구했다.

이에 대해 유엔사는 2004년 9월 17일 현재 16개 회원국에 의해 지원되고 있으며 지속적인 평화가 한반도에 오고 유엔 안보리가 임무종결을 선언할 때까지 유엔안보리에 의해 합법적으로 설립된 유엔평화유지군으로서의 역할을 계속 수행해 나갈 것이라고 밝혔다.[22]

유엔사는 또 (한국전쟁 개전 직후) 유엔 안보리 결의로 북한에 철수를 요구하고 회원국에 한국을 지원하라고 요청한 데 이어 '미국 주도하에 있는 연합평화유지 사령부(a unified peacemaking command under the USA)'를 지원하라고 요청하고 현재까지 유지하고 있는

---

22) 『연합뉴스』, 2004년 9월 17일.

유엔기 사용을 인정했다면서 유엔 안보리 결의 82－84호를 합법적 존재의 근거로 제시했다.

유엔사는 정전협정을 이행하고 한국민의 평화보호를 위한 효과적인 안전우산으로서의 비무장지대의 보전을 계속하고 있다. 북한에 의해 만약 정전협정이 깨지고 적대행위가 재개된다면 1953년 합의서(정전협정)에 서명한 16개국은 연합을 위해 재편성될 것이라고 밝혔다. 이는 한반도 유사시 유엔군의 자동개입을 분명히 한 것으로, 유엔사의 해체를 요구하는 북측의 주장과 상치된다.

그러나 유엔사는 정전협정이 평화조약으로 대체되는 과정에서 해소될 수 있다. 다만 유엔사 해체의 경우 일본에 있는 주일미군기지 반환문제 등이 발생할 소지가 있으므로 미국은 유엔사의 해체 시 별도의 규정을 마련하여 재조정해야 할 것이다.

(2) 비무장지대(DMZ)의 관리문제

유엔사를 해체하면 비무장지대 관리체계 대안의 마련이 필요하다. 이미 남북기본합의서는 제12조에서 '남북군사공동위가 비무장지대의 평화적 이용문제를 협의 추진'하기로 규정하고 있다.

또 남북기본합의서의 '제3장 남북교류협력' 부속합의서 제15조 3항은 "남과 북은 흩어진 가족, 친척들의 상봉면회소 설치문제를 쌍방 적십자단체들이 협의, 해결하도록 한다"고 규정하고 있다.

여기서 상봉면회소 장소로 비무장지대 안의 판문점을 상정하고 있다. 비무장지대의 관리 주체나 구체적 평화적 이용방안 등에 따르는 법제도적 지원조치가 강구돼야 한다.23)

---

23) 이장희, "비무장지대의 평화지대건설시 국제법적 문제", 탈분단의 DMZ, 한림대학교 개교기

불가침보장 및 비무장지대를 감독하기 위해 5자(남북한, 미국, 중국, 유엔) 평화감시위원회의 설치(중립국감독위원회 대체)나 혹은 동아시아 군소국으로 구성된 평화유지군(PKO)도 그 대안으로 고려해 볼 수 있다.

(3) 주한미군철수의 문제

한국전쟁 '정전협정' 제60항은 "한국문제의 평화적 해결을 보장하기 위하여… 쌍방의 한 급 높은 정치회담을 소집하고, 한국으로부터의 모든 외국군대의 철거 및 한국문제의 평화적 해결 등 문제를 협의"한다고 규정하고 있다.

따라서 당사자들은 정치회담의 개최를 통해 외국군대의 철거와 한반도 평화문제를 논의하기로 약속하고 있으며, 이 같은 문제들에 대해 논의가 불가피하다.

남북 및 미·중의 4자회담 또는 남북 및 미·중·일·러의 6자회담은 '정전협정'이 규정하고 있는 '한 급 높은 정치회담'의 재개라는 성격을 지니고 있다고도 볼 수 있다.

정전협정이 규정하고 있는 외국군대인 주한미군의 문제는 논의를 통해 합리적으로 해결해야 한다. 더구나 남북관계 및 한반도정세가 급변하는 상황에서, 주한미군의 지위 변경과 장래문제에 대한 논의는 더 이상 미룰 수 없는 문제이다.

이제 주한미군문제를 거론하는 것은 단순히 주한미군범죄에서 비롯되는 '반미감정'과 같은 감정의 문제이거나 또는 외국군 주둔이

념 국제학술회의 논문집[1](200년 5월 13일), 108~115쪽 참조. 제성호, 『한반도 비무장지대론』(서울: 도서출판 서울 프레스, 1997년), 167~178쪽 참조.

치욕적이라는 민족주의적 감상의 문제가 아니다. 한반도 평화문제의 핵심은 군사안보문제이며, 그 핵심 고리는 주한미군문제이다.

따라서 주한미군의 장래는 한반도 평화와 관련해 남북한과 미국 3자 간에 어떤 식으로든 협상과 합의를 통해 재정립이 불가피하다. 북한이 주한미군으로부터 군사적 위협을 느끼는 한, 한반도 평화체제와 남북 간 군축을 위한 협상에 적극적으로 응하려 하지 않을 것이다.

현실적으로 주한미군문제가 해결되지 않고는 남북한의 균형군축도 불가능하다. 주한미군에 대한 북한의 입장 변화는 이 문제를 해결할 수 있는 호기를 제공하고 있다.

북한은 주한미군의 역할이 대북억제에서 한반도 전체의 안정자와 균형자로서 중립적인 입장으로 바뀔 수 있다면 용인할 수 있다는 입장인 것으로 보인다.

제네바 북미핵협상의 북한 측 강석주 수석대표는 "평화체제 아래에서 주한미군은 북한의 남침을 방지하는 역할뿐만 아니라 남한의 북침도 방지하는 한반도 전체의 안보보장자 역할을 할 수 있다"고 밝혔다.

북한의 이 같은 주한미군에 대한 인식 변화에는 이 밖에도 몇 가지 배경이 있는 것으로 분석된다. 남북한 군비경쟁과 체제경쟁에서 이미 남한에 뒤처지기 시작한 북한으로서는 주한미군이 역설적으로 북한의 안보를 보장해 주는 역할을 할 수 있다는 판단이다.

또한 주한미군의 철수가 미국의 대외정책 및 군사전략상 상당한 변화가 수반돼야 비로소 가능하므로 현실성이 없다는 판단도 한몫을 한 것으로 보인다. 미국과 관계 개선이 최우선적인 과제인 북한으로서는 주한미군문제에 대한 현실적인 접근과 미국과의 타협이 불가피하기 때문이다.

결국 북한은 주한미군을 '북한에 위협적이지 않은 미군'으로 변화시키는 선에서 존재를 묵인할 가능성이 있다. 실제로 북한도 1989년부터 단계적 철수론을 주장하기 시작했고, 그 이후 주한미군에 대한 구체적 언급은 하지 않고 있다.

그런데 북한은 유엔사의 해체와 주한미군철수가 불가분의 관계에 있는 것으로 주장한다. 그러나 이는 법적 근거가 없다. 남한에 주둔하고 있는 미군은 한·미상호방위조약에 근거하여 주둔하고 있으며, 유엔사와는 무관하다.

한·미상호방위조약은 한국과 미국의 합법적인 주권의 행사로 체결된 군사동맹이기 때문에 제3국은 이에 대해 개입할 권리가 없는 것이다. 남북기본합의서 '제1장 남북화해'의 이행과 준수를 위한 부속합의서 제6조는 "남과 북은 상대방의 대외관계에 대해 간섭하는 행위를 하지 아니한다"라고 합의한 바 있다.

통일 이후의 주한미군은 법적 근거인 한·미상호방위조약이 국제법상 조약 승계에 해당되므로 지속적으로 주둔할 수 있다. 1978년에 체결된 조약의 국가 승계에 관한 비엔나조약 제12조 3항에 의하면, 원칙적으로 외국군대기지협정은 자동적으로 승계할 의무는 없다. 그러나 남한에 의한 흡수통일일 경우 한·미상호방위조약은 그대로 통일한국에 효력을 갖고 승계된다.

따라서 통일한국은 통일 당시 달라진 국제정세를 고려하여 미국과 재협상을 통해 한·미상호방위조약의 개폐문제 등을 포함하여 주한미군문제를 전면 재조정해야 한다.

주한미군은 궁극적으로는 철수해야 하지만, 현재 '동북아 다자간평화기구'라는 대안이 마련될 때까지 한반도 통일 이후에도 주한미군의 철수문제는 동북아에서 일본과 중국의 패권주의를 야기할 우려를 고려하여 신중하게 다루어야 한다.

주한미군의 주둔문제가 과거에는 북한의 군사적 위협에 대한 대처였지만 동북아의 군사적 불안정성이 상존하고 있는 만큼 동북아에서의 균형자 또는 안정자의 역할로 전환되는 것이 필요하다.

그러나 주한미군의 성격이 확대되어 미국의 패권주의에 따라 운용되는 지역기동군화로 전환되지 않도록 할 필요가 있다. 동북아 지역군화로 성격이 변환되면 주한미군은 한반도 및 동북아의 전쟁을 억제하는 것이 아니라 오히려 전쟁의 위험성을 높일 것이다.

특히 미국의 부시군사독트린이 선제공격을 내세우고 있기 때문에 이라크전 침공처럼 확증 없이 미국의 전략에 따라 전쟁에 참여할 가능성도 있게 된다.

(4) 한반도 평화조약과 다른 조약과의 충돌 문제

한반도 평화조약을 체결하면 한·미상호방위조약, 한·일기본조약, 조·중우호조약, 조·러조약 등 남북 쌍방이 맺고 있는 동맹적 성격의 조약을 조정해야 한다. 물론 이러한 조약들의 조정은 간단한 문제가 아니다.

그러나 한반도의 실질적인 평화체제를 구축하기 위해서는 반드시 조정되어야 한다. 이 같은 문제를 논의하기 위해서는 먼저 평화조약을 다자적으로 체결하고 그러고 나서 양자 조약을 조정해야 한다. 가장 바람직한 것은 양자 조약을 모두 다자 평화조약으로 체결하는 것이다.

동서독 기본조약 제9조는 동독과 서독이 과거 각기 직접 체결한 조약 또는 양국에 관계되는 2국 간 조약 및 다자간의 조약은 기본조약의 저촉을 받지 않는 데 합의하였다. 물론 동서독은 남북한처럼 전쟁을 치르지 않았고, 한반도처럼 안보환경의 불안정성이 그리 크지 않았기 때문에 이러한 합의는 그리 큰 문제가 되지 않았다.

그러나 남북한과 동북아의 경우 이러한 합의는 자칫 정치적 선언으로 끝날 가능성이 있다. 그러므로 한반도 평화조약 체결과 동시에 양자 조약이 조정되기 어렵다면 단서조항을 두어 단계적으로 추진하는 것도 검토해볼 수 있다.

(5) 동서 해상경계선 문제 합의

정전협정 당시 합의를 보지 못한 동서 해상경계선문제를 해결하여야 한다. 정전협정상에 군사분계선은 육상에만 설정되어 있으며 해상에는 군사분계선이 설정되어 있지 않다.

단지 유엔군사령부는 일방적으로 서해에 '북방한계선(NLL: Northern Limited Line)'을, 동해에 '군사분계선연장선(Extention Line of the Military Demarkation Line)'을 각각 설정했다. 북한은 1973년 12월 1일 제346차 '군사정전위원회'에서 서해 5도의 주변지역이 북한의 해역임을 밝힌 이래 이 지역에 대한 영유권을 주장해 왔다.[24]

2000년 6월에는 북한 경비정의 '북방한계선' 침범으로 인하여 남북한 간에 군사적 충돌사태까지 빚은 바 있다. 동서 해상경계선문제는 '남북기본합의서'의 '부속합의서' 제10조에서 "남과 북은 해상불가침 경계선은 앞으로 계속 협의한다"고 합의하고 있어, 남북한 간에 어떤 식으로든지 협상을 통해 합의를 이루어야 한다.

---

24) 북한은 군사정전위원회에서 "남조선 해군은 근래에 와서 해상침범을 자행하고 있는데 정전협정 제13항(ㄴ)에는 백령도 · 대청도 · 소청도 · 연평도 · 우도 5개 도가 북한 통제히에 있는 해역에 위치하고 있으므로 이들 우리 측 연해에 있는 5개 도에 출입 시는 사전 승인을 얻어야 하며, 위반 시는 응당한 조치를 받을 것이다"고 주장하였다. 『군사정전위원회 제246차회의 회의록』(1973년 12월 1일).

제4장

한반도 평화체제 구축의 함의와 조건

한반도 평화체제의 완전한 정착은 단순히 1953년 7월 27일에 체결된 정전협정을 평화조약[25]으로 대체하는 것을 의미하지 않는다. 한반도 평화체제 구축의 함의는 다음 3가지 의미를 포괄하고 있는 개념으로 사용되어야 타당할 것이다.

한반도 평화체제는 정전협정의 평화조약 대체뿐만 아니라 이를 토대로 한반도에서 냉전구조를 해체하고, 한반도 평화에 대해 국제적인 보장을 확보하는 것을 의미한다. 한반도 평화체제 구축의 함의는 이같은 3가지 의미가 지니고 있는 연결 조건들을 충족해야 해야 된다.[26]

1. 정전협정의 평화조약 대체

한반도의 정전협정을 평화조약으로의 체결 및 대체는 한국전쟁의 법적인 종결, 정전협정의 당사자 문제의 해결 등을 내포한다. 한국전

---

25) 일반적으로 정전협정의 종결 용어로 '평화협정'을 사용한다. 그러나 법적인 측면에서의 정전협정의 종결 형식은 '평화조약'이다. 그러므로 여기서는 평화협정이라는 표현보다는 평화조약이란 용어를 사용하기로 한다.

26) 이철기, "한반도 평화체제와 정치·군사적 방안 모색", 이장희 편저, 『북미관계정상화와 한반도 평화체제 모색』(서울: 아시아사회과학연구원, 2001), 5~10쪽.

쟁은 정전협정이 조인되고 전쟁이 사실상 종전되었음에도 불구하고, 전쟁 당사자들의 관계는 아직도 법적으로 휴전상태이다. 그러므로 한국전쟁을 종결하고 당사자들 간의 관계를 재정립하기 위해서는 우선 정전협정을 평화조약으로 대체해야 할 것이다.

한반도의 정전협정을 평화조약으로 대체하는 것은 다음과 같은 점을 의미한다. 첫째, 정전협정은 군사적 적대행위의 일시적 정지를 의미하나 평화협정은 법적인 측면에서 전쟁의 완전한 종결을 의미한다. 둘째, 정전협정은 군사적 적대행위를 정지하는 단순히 군사적 의미의 조약인 반면 평화협정은 보다 포괄적인 정치적 의미의 조약이다.[27]

셋째, 1953년 체결된 정전협정의 체결권자가 군사령관이었던 데 비하여 평화조약은 국가원수가 된다. 넷째, 정전협정은 비준을 필요로 하지 않으나, 평화조약은 반드시 비준을 필요로 한다. 더욱이 현행 정전협정이 북한의 무력화 시도에 의해 사실상 그 효력을 상실하고 있는 상태[28]이기 때문에 정전협정을 대신할 평화조약의 체결이 매우 중요하다.

---

27) '휴전협정' 전문은 "…규정의 의도는 순전히 군사적 성질에 속하는 것이며…"라고 선언하고 있다. 또한 제60항에서는 정치문제의 해결을 위해 정치회담을 개최하기로 합의하고 있다. 이에 따라 1954년 4월 26일부터 6월 15일까지 제네바정치회담이 열렸다.

28) 북한은 1994년 4월 28일 '군사정전위원회'에서 북한 측 대표를 철수시켜 '군사정전위원회'를 무력화시켰을 뿐만 아니라, 1995년 2월 28일 '중립국감독위원회'를 폐쇄시키기도 했다. 또한 북한은 1995년 6월 25일에 일방적으로 정전협정의 파기를 선언하고, 1996년 4월 5일에는 비무장지대(DMZ) 의무포기를 선언하였다. 이에 따라 정전체제의 2대 기관이 이미 그 기능이 정지되고 정전협정이 사실상 사문화되어 있다.

2. 한반도의 냉전구조 해체

한반도에 항구적인 평화체제를 구축하기 위한 핵심적인 과제는 분단 이후 지속되어 온 냉전구조를 해체하는 것이다. 한반도의 냉전구조를 해체하기 위한 정치·군사적 조건으로서는 북한체제의 안전에 대한 보장, 주한미군문제의 합리적 해결, 군사적 긴장 완화와 군축의 추진 등을 들 수 있다.

한반도에서 냉전구조를 해체하기 위한 선결조건은 체제생존에 불안을 느끼고 있는 북한체제의 안전을 보장해 주는 것이다. 북한체제의 붕괴나 불안정은 한반도에 엄청난 혼란과 내전으로까지 이어질 수 있고, 주변국들의 군사적 개입과 군사적 충돌을 불러올 가능성이 크다.

또한 북한의 안보딜레마를 해결해 주어야 한다. 북한이 안보적 위협을 느끼는 한 '생존전략'의 차원에서 군사적 대결정책을 지속할 수밖에 없기 때문이다. 북한의 핵무기 등 대량살상무기 개발과 1998년 8월 대포동미사일 로켓 발사는 그 대표적인 예이다.

한반도에서 냉전체제를 해체하기 위해서는, 남북 간에 군비 내지는 강화29)를 종식시키고 군비의 안정화·균형화를 통해 군사적 불안정과 불균형을 제거하는 구체적인 조치가 필요하다. 이는 군사적 신뢰 구축조치의 마련과 남북 간에 실질적인 상호 군축의 단행을 통해 달성할 수 있다.

지난 반세기 동안 지속돼 온 군비강화와 과도한 군비의 보존은 남북 간에 긴장을 고조시키고 군사적 대치를 구조화하는 역할을 해 왔

---

29) 남북한 간의 군비경쟁은 1980년 이후 사실상 종식됐다고 볼 수 있다. 남북한은 서로의 군사정책에 따라 상응하는 조치(action 또는 reaction)가 이루어져야 한다. 그런데 북한은 경제난, 에너지난 등으로 남한의 군비강화에 상응하는 조치를 취하지 못해 왔다. 다만 북한은 핵무기 개발 등 대량살상무기를 전략적으로 추진해 왔다.

다. 따라서 군축을 통한 과도한 군비의 해체는 한반도 냉전체제 해체와 평화를 위한 핵심적 조건이다. 상대방을 침략하거나 공격하기 위한 대규모 군비를 그대로 둔 채로 한반도 평화를 구축하는 것은 불가능하다.

남북의 군축은 군사적 불안정 및 불균형의 제거, 군비경쟁의 종식, 무력통일의 배제를 통해 한반도 평화에 이바지할 수 있어야 한다. 한반도에서 군축의 목표는 군비의 단순한 수량적 균등화의 문제가 아니라, 남북한의 군사력을 얼마나 안정적이고 비공격적으로 재편하는가의 문제로 귀결된다. 이를 위해서는 군비의 공격적 성격을 방어적 성격으로 전환하고, 대규모 군비를 적정 수준으로 감축하며, 군사활동의 투명성 및 예측 가능성을 확보해야 한다.

'군비의 방어적 성격으로 전환'은 군사전략의 방어적 성격으로의 전환, 군구조를 비롯한 군사태세의 방어 지향적 재편, 공격형 무기 및 대량파괴무기의 감축 등을 수반한다.

'대규모 군비의 적정수준으로 감축'은 대규모 공격능력의 제거와 함께 '방어적 충분성(defensive sufficiency)' 원리에 따른 적정 수준의 군비보유를 의미한다. 그리고 '군사활동의 투명성 및 예측 가능성 확보'는 '군사적 신뢰안보구축조치(CSBM: Confidence and Security Building Measures)'와 일치한다.[30]

특히, 한반도의 군축은 남북 모두 현재의 공세적인 안보정책 및 군사전략을 방어적 성격으로 전환하는 것을 필수 조건으로 해야 한다. 남북한이 지금과 같이 '억지론'과 '공세적 전략'에 기초하고 있는 한 남북 간의 첨예한 군사적 대립과 군비경쟁은 계속될 수밖에 없기 때문이다.

---

30) 이철기, "한반도 평화체제와 정치·군사적 방안 모색", 8~9쪽.

그 대안적인 정책 및 전략으로서 '헬싱키선언' 이후 '유럽안보협력기구(OSCE)'를 통한 유럽에서 다자안보협력의 이론적 배경이 된 '협력안보론(cooperative security)'과 '유럽재래식군축조약(CFE)'의 전략적인 배경 역할을 한 '비공세적 방어(non-offensive defense)' 전략에 대한 한반도 적용 가능성을 검토하는 것이 필요하다.

3. 한반도 평화에 대한 국제적 보장

한반도에서 평화체제를 구축하고 유지시키기 위해서는 한반도 평화에 대한 국제적 보장이 전제되어야 한다. 한반도 평화에 대한 국제적 보장은 남북한과 주변 강대국들 간의 관계 재정립 및 교차승인의 완성, 한반도 평화에 대한 주변 강대국들의 보장, 동북아질서의 안정화·균형화를 통한 한반도 주변 안보환경의 안정화를 조건으로 한다.

우선 한반도 주변정세의 변화와 현실에 맞게 남북한과 주변 강대국들 간의 관계를 재정립해야 한다. 한반도와 동북아의 안정 및 평화를 위해서는 미국과 북한 그리고 북한과 일본 간의 적대관계를 청산하고 비정상적인 미수교관계를 해소해야 한다.

북한·미국과 북한·일본 간의 관계정상화를 통한 교차승인의 완성은 북한을 국제사회의 책임 있는 일원으로 만들고 남북관계를 균형화함으로써 한반도의 안정과 평화에 기여할 것이다.

북미 간의 적대관계 청산과 관계 개선은 한반도의 안정을 기하고 남북관계를 발전시키는 촉진제 역할을 한다는 점에서 중요하다. 남북관계 개선과 북미관계 개선은 상호 보완적이며 상호 작용적이다.

북미관계 개선은 1994년 '북미기본합의문'상의 합의사항이다. 북한과 미국은 "양자 간의 현안문제가 해결됨에 따라 대사급 수교관계로 발전"시키기로 합의한 바 있다.

특히 한반도의 평화를 위해서는 한반도 또는 남북한에 대해서 각기 영향력을 행사하거나 그러한 잠재성을 지니고 있는 주변 강대국들에 의한 명시적인 보장이 전제되어야 한다.

우선 평화조약(협정)에 대한 보장이 주변 강대국들에 의해 이루어져야 할 것이다. 정전협정에 대체하는 평화조약은 한반도문제에 깊이 관여되어 있는 미국과 중국에 의한 보장이 필요하다.

현시점에서 미국의 북한에 대한 북한체제의 안전 보장은 한반도문제를 푸는 데 매우 중요한 열쇠이다. 미국은 이미 1994년 10월 '북미기본합의문'을 체결하고 3조 1항에서 "북한에 대해 핵무기를 사용 및 사용위협을 하지 않겠다"는 '소극적 안보보장(NSA: negative security assurance)'을 했다.

이제 북한의 안보에 대한 미국의 보장은 기존의 핵 위협으로부터의 안전보장뿐만 아니라, 주한미군과 재래식 무기로부터 제기되는 위협에 대한 안전보장을 포함하여 보다 포괄적으로 이루어져야 한다.

한반도 주변 동북아질서의 안정화·균형화는 '협력안보(cooperative security)'에 기초하여 동북아에 다자안보협력체를 창설할 필요가 있다. 다자안보협력체를 통해 지역차원의 재래식군축을 이룩하고 아울러 동북아에 비핵지대와 '대량파괴무기금지지대(WMDFZ: Weapons of mass destruction free zone)'를 설정해 동북아의 평화체제 구축으로 확대해 나가야 할 것이다.

제5장

결론: 평화는 의지와 행동을 요구한다

한반도 평화는 멀지만 반드시 이루어야 할 우리의 최대 과제이다. 한반도에서 더 이상 전쟁의 참혹함이 되풀이 되어서는 안 된다. 한반도의 지속 가능한 영구평화체제가 구축되어야 하는 당위성과 필연성은 여기에 있다.

그렇다면 한반도의 지속 가능한 영구평화체제를 어떻게 구축해야 할 것인가? 한반도 평화는 정전협정을 평화협정이나 평화조약으로 체결한다고 해서 곧장 이루어지는 것은 아니다. 평화조약의 체결은 하나의 필요한 요건이지만 충분한 요건은 되지 못한다.

그러므로 한반도의 필요 충분한 평화를 위해서는 평화조약을 체결하고 이를 토대로 평화의 조건을 이행해 나가야 한다. 다시 말하면 국민 모두가 평화의 주체가 되어 평화행위자로 적극 나서야 한다. 이를 위해서 우리가 해야 할 일은 세 가지이다.

하나는 강한 평화의지를 키우는 일이다. 한반도 평화체제 구축의 관건은 '평화에 대한 강한 의지'의 문제이지 정전체제를 여하히 평화체제로 전환시킬 것인지의 '방안'의 문제는 아니라는 점이다.

미국 등 주변국의 평화의지도 중요하지만 가장 중요한 것은 남한과 북한의 평화구축 의지이다. 특히 남한의 평화의지에 따라 한반도 평화체제 구축은 크게 영향을 받는다. 남한의 정부, 정치권뿐만이 아니라 시민사회의 평화의지가 강조되어야 한다.

다음은 적극적인 평화행위자로 나서는 일이다. 그동안의 평화체제 구축 논의가 지나치게 정전협정 대체문제에 초점을 맞추어 진행되어 마치 정전협정을 평화조약으로 대체하기만 하면 평화체제가 구축된다는 식으로 이해되어 왔다. 영구평화는 관련 당사국 사이에 몇 장의 문서를 주고받으면 이루어지는 것은 아니다.

반전반핵평화 동아시아 국제대회 참석
장영권 한국평화미래연구소 대표(현수막 '아'자 위)는 2007년 5월 27일 서울대학교에서 열린 '반전반핵평화 동아시아 국제회의'에 한국 측 대표로 참여했다. 이날 열린 국제회의는 일본의 평화활동가 130여 명, 미국·중국의 평화활동가 등 동아시아 각국의 평화운동가들이 참가한 제1회 동아시아 국제대회이다.
사진은 동아시아 평화대회 참석자들이 폐막 행사 직후 반전반핵평화라고 쓰인 풍선을 하늘로 날리며 동아시아의 평화를 염원하고 있다.

  평화는 문건주의식 또는 형식주의적 접근은 별로 의미가 없다는 것은 과거의 역사에서 많은 경험을 했다. 결국 한반도의 지속 가능한 영구평화체제를 구축하기 위해서는 모두가 평화행위자로 나서야 가능하다는 것을 명심해야 한다.끝으로 지속 가능한 영구평화체제 구축을 위해서는 정치·군사적 접근만으로는 불가능하다는 점이다. 경제적·문화적 접근 등 평화복합체적 접근을 통해서 평화체제를 구축해야 견고해진다.

  정군적 평화구조는 유리병처럼 취약한 구조를 가지고 있기 때문에 경제적 이해관계, 문화적 가치 대립 등으로 깨질 가능성이 크다. 그러므로 한반도의 지속 가능한 영구평화체제를 구축하기 위해서는 정군적·경제적·문화적 평화 등의 조건을 복합체적으로 이행하는 '평화복합체적 평화체제'를 구축해야 할 것이다.

평화의 한반도

〈3〉 한반도의 지속 가능한 평화체제 구축: 쟁점과 전략[1]

---

1) 이 글은 필자가 2008년 10월 27일 평화연대 주최로 국가인권위원회에서 열린 긴급정책토론회에서 발표한 것을 수정 보완한 것이다. 장영권, "한반도의 지속 가능한 평화체제 구축 – 쟁점과 전략". 평화연대, 『북한 테러지원국 해제 이후 시민사회의 역할과 과제(긴급정책토론회 자료집)』(서울: 평화연대, 2008년 10월 27일), 49~57쪽, 참고.

제1장

북한 테러지원국 해제와 새로운 평화의 시작

한반도 평화 정착의 최대 관건인 북핵문제 해결이 새로운 국면에 접어들었다. 벼랑 끝 공방을 벌이던 북한과 미국이 2008년 10월 10 · 3 평양회담을 갖고 북한핵 프로그램 신고와 검증의정서에 관해 극적으로 합의했다.

미국 부시 행정부는 이를 추인하고 2008년 10월 11일 북한을 테러지원국 지정에서 공식 해제했다. 이로써 파국으로 치닫던 북핵 6자회담이 다시 정상궤도로 복귀하게 되었고, 한반도의 새로운 평화정착이 다시 시작됐다.

미국의 북한 테러지원국 해제는 1987년 12월 대한항공기 폭파사건을 이유로 이듬해인 1988년 1월 북한을 테러지원국으로 지정한 지 20년 만에 이루어진 것이다.[2] 북한도 테러지원국 해제에 맞춰 '행동 대 행동'으로 영변 핵시설에 대한 핵 불능화 작업을 재개했다.

최근 북미 간에 벌어진 일련의 대결과 봉합 과정은 파국위기에 몰렸던 북핵 폐기 프로세스가 우여곡절 끝에 북한의 핵 신고시점(2008년 6월)으로 되돌아가 다시 추진할 수 있는 동력을 확보하게 되었음을 의미한다. 나아가 한반도 평화와 평화체제 구축을 본격적으로 논

---

2) 『중앙일보』. 2008년 10월 13일

의할 수 있는 틀을 마련하게 되었음을 뜻한다.

북미 '평양합의'의 핵심은 북핵 프로그램 신고의 검증방식으로 북한의 핵 신고안에 따른 순차적 분리검증이다. 우선 북한이 2008년 6월 6자회담 의장국인 중국에 제출한 신고서를 중심으로 검증하고, 이후 우라늄농축프로그램(UEP), 미신고시설, 핵협력 의혹 등을 순차적으로 검증하게 된다.

이로 인해 부시 행정부는 자신의 임기 중 한반도 비핵화 프로세스 1단계(영변 핵시설 폐쇄)와 2단계(영변시설 불능화와 핵프로그램 신고)까지 마무리 짓고, 검증과 3단계(핵무기 등 완전 폐기) 논의는 차기정부로 넘기게 되었다. 하지만 이번 북미 평양합의는 '원칙'에서 상당히 후퇴한 미봉책으로 또 다른 '뇌관'이 터지는 것은 시간문제라는 지적도 제기되고 있다.

그러나 미국이 북한을 테러지원국 명단에서 삭제함에 따라 북한엔 몇 가지 족쇄가 풀림으로써 다소간의 소득을 얻게 되었다. 북한은 장기적으로 '정상국가'로 참여하는 계기가 될 것으로 보인다. 북핵의 진전과 북한의 국제사회에의 참여 확대는 분명 여러 가지 논란에도 불구하고 새로운 평화의 진전이라고 할 수 있다.

본 연구에서는 한반도의 새로운 평화, 즉 평화를 공고화하는 측면에서 지속 가능한 평화체제의 개념과 이를 구축하기 위한 복합체적 쟁점을 살펴보고자 한다. 그리고 한반도의 지속 가능한 평화체제의 효율적 구축을 위한 전략과 정부, 시장, 시민사회 등의 대응 방향을 모색해 본다.

제2장

한반도 평화체제 구축의 이론적 틀3)

1. 한반도 평화체제의 다양한 개념 논의

일반적으로 '평화체제(peace regime)'란 전쟁 가능성이 있는 국가 간에 평화조약이나 평화협정을 체결하여 이에 규정한 대로 갈등과 분쟁의 가능성을 제도적으로 봉쇄하여 평화를 구축하는 체제를 말한다.

다시 말하면 국가들 간에 갈등과 대립으로 인한 전쟁의 가능성을 제거하고, 상호 불신과 군비경쟁으로 초래된 적대관계를 청산하며, 평화를 관리·유지·구축하기 위해 국가들 간에 협력·합의하는 절차, 규범, 규칙 그리고 그것을 관할하는 기구 등을 의미한다.

그런데 한반도 평화와 평화체제의 개념은 논자마다 다소 다르고, 남한과 북한의 당국자들도 서로 다른 개념을 사용하고 있다. 다행히 소극적인 한반도 평화개념은 남한과 북한이 모두 "전쟁, 무력충돌 등이 없는 평온한 상태"를 의미한다고 인식하고 있어 커다란 차이가 없다.4) 그런데 적극적인 평화개념에 있어서 남한인들이 보유하고 있

---

3) 필자는 그동안 평화와 평화체제에 관하여 다양한 연구를 해 왔다. 여기서 말하는 평화와 평화체제의 개념도 그동안 연구된 것으로 바탕으로 하여 서술하였다.

4) 북한의 국어사전에서 평화란 "전쟁, 무력충돌 등이 없는 평온한 상태"를 의미한다고 서술하여 우리의 국어사전과 큰 차이가 없다. 과학원어문학연구소 사전연구실(편), 『조선말 사전』(평양: 과학원출판사, 1962).

는 개념과 북한인들이 보유하고 있는 개념과는 너무나 상이하다.

일반적으로 평균 남한인들이 보유하고 있는 한반도 평화에 대한 적극적인 개념은 "한반도에서 전쟁이나 무력충돌 없이 한반도 전체가 평온하고, 북한이 적화통일 의지를 완전히 포기한 상태"라고 정의하고 있다. 그러나 북한은 적극적인 평화개념을 "조선반도에서 군사적인 행동이 중지된 가운데, 주한미군이 완전히 철수된 상태"라고 규정한다.[5]

그러므로 남한과 북한이 한반도 평화와 평화체제를 구축하기 위해선 먼저 평화에 대한 개념부터 구체적으로 합의해 나가야 할 것이다. 또한 남북을 포함하여 6자회담 참여국들의 한반도 평화에 대한 개념을 합의할 필요가 있다.

한반도문제와 관련하여 평화체제라는 용어가 자주 사용되는데, 그것은 다음과 같이 약간씩 다른 의미를 포함하여 사용된다.[6]

첫째는 특정 사안별 중심의 평화체제를 논의하는 것으로, 정전협정을 그대로 둔 채 적대행위의 재발을 막는 새로운 체제라는 의미로 사용된다.

즉, 평화의 회복이나 평화의 유지도 아닌 '준평화'의 유지라는 것이다. 북핵문제 해법과 관련한 논의, 전시작전통제권을 포함한 한미동맹의 미래 정체성, 북한인권문제 등과 관련한 논의와 해법 마련이 여기에 해당한다고 볼 수 있다.[7]

둘째는 정전협정체제를 전쟁의 종결과 평화의 회복을 위한 체제로

---

5) 송대성, "북한의 '평화개념' 재음미", 『미래한국』, 2006년 9월 21일. 『조선말대사전』(평양: 북한사회과학출판사, 1992), 109~110쪽, 재인용.

6) 김명기, "평화체제 구축에 관한 이론적 개관", 곽태환 외(1997), 11쪽. 박인휘, "한반도 평화체제 구축을 위한 정책과제와 전망", 『동북아 및 한반도의 평화정착과 재외동포의 역할(통일문제 세미나 자료집)』(서울: 평화문제연구소, 2006년 8월 28일), 121~122쪽 등 참조.

7) 민병천, 『평화안보론』(서울: 대왕사, 2001), 226~227쪽.

전환하는 의미로 사용된다. 이런 개념이 본래적 의미의 '평화협정(평화조약)'이다. 평화협정은 당사자 간의 합의에 따라 그 성격과 내용이 달라질 수 있다.

평화협정은 전쟁상태에서 평화상태로 회복시키는 국제적 협약이며, 불가침협정은 평화상태를 유지하고 전쟁을 예방하는 미래형 협약이다. 그러나 평화협정 속에 불가침규정을 포함할 수 있다.[8]

셋째는 군사적 성격의 정전협정을 정치적 성격의 평화제도화로 전쟁을 공식 종결하는 체제의 의미로 사용된다. 이것은 평화협정과 이로 인해서 형성된 체제를 의미한다. 현재의 남북한 간의 대결구도는 한국전쟁 휴전과 함께 체결된 남북한 간의 정전협정에 기반을 둔 것이다.

평화체제는 정전협정을 평화협정으로 전환하여 남북한 간의 대결구도를 법적·제도적으로 종결하고 교류협력을 강화하여 국가통합을 확대해 가는 것이다. 이와 관련하여 남북한 간에 평화헌법, 평화헌장, 남북관계기본법 등이 논의될 수 있다.

넷째는 한반도 평화 정착과 관련한 또 다른 논의의 수준에 있어서 한반도를 둘러싸고 있는 주변국과의 외교관계를 중심으로 공간적으로 탈한반도적인 지역적 차원에서 접근하는 한반도 평화체제 관련 논의이다.

동북아 균형자론, 동북아 다자안보, 남북 및 주변 4강과의 안정적인 평화외교관계, 동북아의 정체성 개발 등의 논의들이 여기에 해당한다고 볼 수 있다.

한반도 평화체제를 구축하기 위한 논의와 방향은 이처럼 다양하다. 그런데 여기서 중요한 것은 평화체제의 지속 가능성을 확보하는 것이다. 즉, 한반도에서 지속 가능한 평화체제를 적극적으로 구축하기

---

8) 평화협정, 평화조약, 평화의정서 등의 용어를 쓴다고 해도 모두 '평화조약'이라고 할 수 있다.

위해서는 새로운 평화 조건을 고찰해 보는 것이 필요하다.

왜냐하면 21세기의 한반도 평화, 즉 지속 가능한 평화체제의 구축은 단순히 준평화를 유지하거나 전쟁 종결을 선언하고 정전협정을 평화협정으로 바꾸거나 동북아 공동안보기구를 구성하는 것만으로는 해결되지 않기 때문이다.

2. 한반도 평화체제의 대안적 개념: 평화복합체론

그렇다면 한반도 평화체제의 개념을 어떻게 정의해야 할까? 한반도 평화체제란 우선 남북한 간의 불안정한 정전상태를 전쟁이 완전히 종료한 평화상태로 전환하고, 미국과 중국 등 관련국들이 이를 조약이나 협정을 체결하여 평화를 실질적이고 제도적으로 보장하는 체제라고 정의할 수 있다.

다시 말하면 한반도에서 전쟁위기를 예방하고, 전쟁 자체가 근원적으로 일어나지 않도록 적대관계를 청산하고, 공동의 발전을 추구하기 위해 남북한 간 또는 남북한과 주변 관련국 간에 합의하여 실천하는 원칙, 규범, 규칙 그리고 그것을 관할하는 기구 및 과정 등의 총합체라고 규정할 수 있다.[9]

그러나 한반도 평화체제가 공고한 체제, 즉 '지속 가능한 평화체제'로 구축되기 위해서는 단지 정전협정을 평화협정으로 전환하는 수준에서 머무르게 해서는 안 된다. 한반도의 실질적인 평화보장을 위해서는 보다 적극적으로 정군적·경제적·문화적 평화공동체를 형

---

9) 한용섭, 『한반도 평화와 군비통제』(서울: 박영사, 2004), 158~160쪽.

성하여 평화 규범과 행동의 총합체인 '평화복합체'로 정착되도록 하는 것이 필요하다.[10]

한반도에서 지속 가능한 평화체제를 구축하려면, 전쟁위기관리체제의 정착에서부터 시작해서 경제적·문화적 교류를 통한 화해와 협력조치, 정군적 신뢰 구축과 군비 제한 및 군축 조치들이 남북한과 미국, 중국 등 관련국 사이에 합의되고 실천되어야 할 것이다.

법률적으로 정전협정이 평화협정으로 바뀌고, 정군적으로 적대관계가 청산되고, 경제·문화적으로 남북한 및 동북아 국가들이 화해·협력하는 관계가 구축되어야 할 것이다.

따라서 한반도의 지속 가능한 평화체제의 구축은 전쟁의 종결과 평화현상의 회복이라는 의미와 평화의 유지 및 구축이라는 의미를 모두 담는 것이어야 한다. 이것은 남북한 및 관련국 사이에 문서상의 평화협정으로만 이루어지지 않기 때문이다.

한반도 평화체제는 이를 토대로 평화가 실질적으로 지속 가능하게 유지·구축될 수 있도록 정군적·경제적·문화적 평화규범들이 하나의 평화복합체 내에서 공고한 평화의 틀로서 정착되어 가는 것을 의미한다.

---

10) 평화는 존재론적으로 정치·군사적 평화(정군평화), 경제적 평화(경제평화), 문화적 평화(문화평화) 3가지 요인에 의하여 형성되며, 이들의 상호 복합체성에 따라 지속 가능성이 결정된다. 이것을 평화복합제론(Peace Complex Theory)이라고 한다. 장영권, 『지속 가능한 평화체제의 구축모델과 방안: 동북아지역 분석』(서울: 성균관대학교 정치외교학과 박사학위논문, 2007년) 참조.

제3장

한반도의 지속 가능한 평화체제 구축 쟁점

1. 정군평화의제: 북핵문제 해결

한반도의 지속 가능한 평화체제 구축의 최대 요인은 북핵문제의 평화적 해결이라고 할 수 있다. 북핵문제를 해결하기 위해 구성된 6자회담에서 2005년 9월 9·19공동성명을 채택하고 북핵 폐기를 위한 평화로드맵에 합의했다.

현재 북핵문제는 9·19공동성명에 따른 2단계의 마지막 과정인 북핵 검증 문제에 합의한 상황이다. 북한과 미국은 조만간에 6자회담을 재개하여 북핵문제 해결 2단계를 매듭짓고 3단계에 진입할 것으로 보인다.

그러나 가장 중요한 3단계 핵 검증 및 핵 폐기 과정에서 미국과 북한의 생각이 다르고 미국의 대선과 맞물리면서, 북핵 협상이 장기간 공전할 가능성도 배제할 수 없다. 북한은 테러지원국에서 해제되고 미국은 영변 핵 시설을 불능화시켰다는 외교적 효과를 얻을 수 있어 양국의 전략적 타협으로 여기까지 올 수 있었지만 그 이후는 양국의 입장 차가 커서 이를 해소하기까지에는 상당한 시간이 소요될 것으로 보인다.

향후 3단계에서 북한이 핵 신고내용 검증에 적극 협조할 것이냐는 문제는 여전히 불투명하다. 또 한미가 점찍고 있는 10여 개 핵 의혹시설 및 핵 관련 군사시설에 대한 검증사찰단의 접근허용 여부도 미지수이다.

이에 따라 북한의 완전 핵폐기가 불가능한 것이 아니냐는 지적이 나오고 있다. 성급한 사람들은 미국이 핵폐기를 포기하고 차선책으로 북한의 핵확산 방지에 주력하고 있는 것이 아니냐는 의혹을 제기하고 있다.

북한은 현시점에서는 핵시설 검증을 영변 핵시설에 국한하고 궁극적으로 '핵보유국 지위'를 계속 유지하면서 미국과 우호적인 관계를 맺기 위한 전략을 구사하고 있는 것으로 보인다.

북한의 완전한 핵폐기 결단을 이끌어 내기 위해서는 대북적대시 정책의 완전 포기와 적당한 경제적 보상이 행동 대 행동 방식으로 이루어져야 한다. 이 때문에 미국의 차기 행정부가 출범한다고 해도 진통이 심한 협상이 전개될 것으로 보인다.

특히 북한이 신뢰할 수 있는 대북적대시 정책의 폐기과정에서 한반도 평화협정을 통한 평화체제 구축이 필수불가결하다. 이를 위해서는 미국과 한국의 공동 노력이 요구된다. 설령 미국이 평화협정 체결에 긍정적이라 해도 남한의 대북적대시 정책이 계속된다면 북한의 핵폐기는 여전히 불투명한 채로 남게 된다.

그러므로 한미 간에 이미 '북핵문제 진전이 가시화될 경우 한반도 평화체제를 논의'하기로 한 만큼 북핵폐기에 정책적 목표와 이를 해결하기 위한 실질적 접근이 필요하다. 이를 위해서 이명박 정부가 대북 적대시정책을 폐기하고 남북대화를 조속히 재개하여 북핵 해결의 지렛대로 활용해야 할 것이다.

그런데 현재 이명박 정부는 북미 간의 북핵해결에 있어서 실질적인 중재력이 없다는 점이 큰 문제다. 더구나 이명박 정부는 여전히 대북 강경책을 구사하고 있어 남북관계도 단절된 상태이다. 이로 인해 북핵문제 해결에 있어 주도권을 상실하고 한반도문제에 소외될 가능성이 높다.

이명박 정부가 1994년 1차 북핵위기와 해결과정에서 강경책을 구사하여 비용만 크게 부담한 김영삼 정부의 실책(경수로 건설비용 70% 부담)을 되풀이하지 않으려면 남북대화를 조속히 재개해야 할 것이다.

이명박 정부는 남북정상 간 합의한 6·15남북공동선언과 10·4남북정상선언에 대한 이행의지를 밝히고, 이를 위한 대화를 조속히 제의해야 한다.

북한이 줄곧 남북정상 간의 합의 이행을 촉구하고 있는 만큼 이를 수용하되 국내사정에 의해서 전면 추진이 어려우면 북한과의 협상을 통해 조정하면 될 것이다. 남북 간의 대결이 지속되는 한 북한은 핵폐기를 하지 않을 것이다. 결과적으로 이명박 정부가 북한의 핵폐기를 막는 것이 된다.

2. 경제평화의제: 남북경협 확대

이명박 정부는 2007년 대선 당시 핵심 공약이었던 '비핵·개방·3000' 구상에 대해 여전히 커다란 애정을 갖고 있다. 이 구상은 '선 핵폐기'가 이루어져야 남북경협을 하겠다는 것으로 북핵문제와 남북경협을 연계한 것이다. 이로 인해 이명박 정부가 출범한 지 2008년 10월 25일로 만 8개월이 됐지만 당국 간의 경협은 완전 중단된 상태이다.

더구나 북한이 2008년 10월 11일 테러지원국에서 해제됨으로써 북핵문제가 진일보하고 있지만 남북경협을 확대하기 위한 조치는 하나도 이루어지지 않고 있다. 오히려 북한은 '통미봉남'을 강화하고 있고, 이명박 정부는 '강경한 상호주의 준수'라는 원칙을 강조하고 있다. 이로 인해 남북경협을 통한 한반도의 평화 진전은 이루어지지 않고 있다.

이와 같은 상황에서 북한은 2008년 10월 16일 당기관지인 노동신문을 통해 "남북관계의 전면 차단을 포함하는 중대 결단을 내리겠다"고 밝혔다. 노동신문은 "이명박 정부가 우리의 존엄을 훼손하며 반공화국 대결로 나간다면 북남관계의 전면 차단을 포함해 중대결단을 내리지 않을 수 없다"고 강조했다.

북한이 남북관계를 전면 단절한다면 우선적으로 거론될 수 있는 것이 개성관광이나 개성공단사업의 중단일 가능성이 높다. 개성관광은 효과가 미미하여 크게 검토되지 않을 것으로 보인다. 그러나 개성공단사업의 중단은 남한에게 치명적 타격을 줄 것으로 보인다.

남한의 경제가 어려운 상황에서 북한의 개성공단사업 중단은 국제 신인도를 하락시켜 남한 경제를 더욱 악화시킬 것이다. 물론 북한의 부담도 국내외적으로 막중하기 때문에 쉽지 않은 결정을 할 것이다. 그러나 북한은 체제위협이나 최고 지도자에 대한 도전을 계속 받게 된다면 북한의 특성상 결행할 가능성이 높다.

이에 따라 북한핵문제의 진전에도 불구하고 남북 간의 경제협력은 중대한 기로에 처해 있다. 이명박 정부가 보다 유연한 자세로 남북 대화를 이끌어 내서 경제협력을 확대하는 것이 시급한 일이다.

특히 남북 간의 경제협력 확대는 세계경제가 위기인 상황에서 남북공동의 경제성장을 위한 새로운 돌파구가 될 수 있다. 북한에 대한 대규모 투자를 통해 소비와 생산구조를 새롭게 창출할 수 있기 때문이다.

3. 문화평화의제: 남북 정체성 확립

남한과 북한은 이 밖에도 이념·가치의 측면에서 대결과 반목이 심화되고 있는 양상을 보이고 있다. 특히 2008년 9월 전후에 불거진 김정일 북한 국방위원장의 건강 이상설이 보수언론 중심으로 확대되었다. 더구나 보수언론과 보수계층은 여기에서 끝나지 않고 북한의 급변사태를 거론하거나 심지어 붕괴의 가능성을 제기하기도 했다.

나아가 일부 보수단체들은 휴전선 인근에서 대량의 북한 지도부 및 체제에 대한 비방 전단지를 살포하여 남북 간의 상호 비방과 체제 대결이 재현되었다. 이것은 그동안 남북한이 쌓아 온 민족화해를 후퇴시키는 것이며, 남북 간의 민족 동질성이라는 정체성 확립에 정면 도전하는 것이다.

현재 남북 간에는 북핵문제와 남북경협 문제 외에 국군포로 및 납북자를 비롯한 이산가족 문제, 북한 식량난 문제 등 산적한 현안이 있는 만큼 이들에 대한 상호 입장을 조율하고 협력을 확대할 필요가 있다. 남한과 북한이 더 이상 갈등과 대립의 시대를 완전히 종식하고 상생평화와 공동번영을 시대를 구현하기 위한 공동체 정신의 확립이 시급한 상황이다.

남한과 북한이 갈등을 극복하고 민족 정체성을 확립하기 위해서는 최우선적으로 아사위기에 놓여 있는 북한 주민의 삶을 개선해 나갈 필요가 있다. 북한 주민들이 최소한의 인간다운 삶을 영위할 수 있도록 식량난 해결 등 인도주의적 지원문제에 대한 남북 당국의 결단을 촉구해 나가야 할 것이다.

제4장

한반도의 지속 가능한 평화체제 구축 전략

한반도의 지속 가능한 평화체제를 효율적으로 구축하기 위해서는 어떻게 해야 할까? 이명박 정부는 북핵문제 해결 → 남북경협과 개혁 개방 → 북한의 현대화의 순으로 남북관계를 발전시키려 하고 있다.

그러나 북핵문제의 완전한 해결은 수년 내에 이루어질 가능성이 거의 없다. 어떻게 보면 이명박 정부 내에서도 해결되지 못할 것이다. 이렇게 되면 남북경협은 사실상 현상유지 또는 축소상태가 될 것이다.

그러므로 한반도의 지속 가능한 평화체제를 효율적으로 구축하기 위해서는 북핵문제와 남북경협을 연계하지 말고 분리, 병행하여 선순환구조가 되도록 할 필요가 있다. 북핵문제와 별개로 남북경협을 확대하고, 이를 통해 남북평화를 확대해 가는 것이다. 다시 말하면 남북경협을 지렛대로 하여 북핵문제 해결을 진전시켜 나가야 할 것이다.

특히 남북 간에 군사적 긴장이 여전하고 남북경협이 차단된 상황에서 민간단체들에 의한 대북비방이 담긴 전단지 살포는 남북평화를 복합체적으로 위협하는 것이다. 이는 북한의 붕괴를 재촉함으로써 조기에 흡수통일을 실현하려는 의도로 보이지만 북한이 조기에 붕괴될 가능성은 높지 않다. 오히려 이로 인해 남북 간의 불신과 대결이 더욱 확대되고 한반도 평화는 심각하게 위협받게 된다.

따라서 정군적 차원에서 북핵문제 등 정군적 평화의제를 경제적 평화의제나 문화적 평화의제와 연계되지 않도록 해야 할 것이다. 그러나 이명박 정부하에서는 당분간 연계방침을 지속할 것으로 보인다. 정군평화 차원에서 이명박 정부가 이를 전환하도록 하는 노력이 우선적으로 이루어져야 할 것이다.

그리고 경제평화 차원에서 기업 중심의 시장은 북핵문제 등 정군평화의제와 관계없이 남북경협이 확대되도록 해야 할 것이다. 3개월 이상 중단된 금강산관광 사업도 조기에 재개될 수 있도록 해야 할 것이다. 금강산관광사업은 한반도 평화를 유지·관리해 온 대표적 평화사업이었다. 개성공단사업도 더욱 활성화되어 남북평화의 동력으로 자리매김되도록 해야 할 것이다.

특히 일부 보수단체의 대북비방 전단지 살포는 남북관계를 더욱 악화시키는 요인으로 작용하고 있다. 경우에 따라서는 남북관계의 전면 중단이나 군사적 충돌까지 야기할 수 있다. 시민사회에서는 이를 방지하기 위한 적극적인 대책이 강구되어야 할 것이다.

한반도의 지속 가능한 평화체제를 효율적으로 구축하기 위해서는 존재론적 평화요인인 정군적 평화의제, 경제적 평화의제, 문화적 평화의제를 각각 분리할지 또는 연계할지 전략적으로 검토해야 할 것이다. 갈등의 국면에서 평화를 확대하기 위해서는 분리정책이, 평화의 국면에서는 연계정책이 효율적이다.

그러므로 현재 남북 간에 불신이 심하고 갈등이 상존하고 있기 때문에 분리하여 협력이 용이한 의제부터 단계적으로 확대해 가는 것이 바람직하다. 다시 말하면 한반도의 지속 가능한 평화체제를 구축하기 위해서는 경제평화, 문화평화, 정군평화의 순으로 분리하여 추진하는 것이 효율적일 것이다.

제5장

결론: 새로운 평화전략이 필요하다

　이상에서 살펴본 것처럼 이명박 정부하에서의 남북관계는 전면적으로 후퇴되고 있다. 정부 차원에서 당국 간 회담이 중단된 것은 물론 시장 차원에서도 위축되고 있다. 그리고 시민사회 차원에서도 이를 완화 내지는 개선시키는 것이 아니라 일부 보수단체의 주도로 심각한 갈등을 야기하고 있다.

　따라서 현 단계를 남북관계의 엄중한 분기점으로 인식하고 한반도의 항구 평화와 지속 가능한 평화체제의 구축을 위한 새로운 접근을 시도해 나가야 할 것이다.

　남북관계를 건강하게 발전시키기 위해서는 그동안 한반도 평화와 남북화해와 협력에 앞장서 온 시민사회단체들을 중심으로 대응책을 마련하여 현 상황을 적극 타개해 나가야 한다.

　그러나 이들 단체들이 현재 이렇다 할 만한 움직임이 없어 한반도 평화가 방기되고 있는 상황이다. 한반도의 지속 가능한 평화체제를 구축하기 위해서 보다 새로운 전략과 행동이 이루어지길 기대한다.

　이러한 측면에서 이 글에서 제시한 평화복합체적 접근을 통해 한반도의 지속 가능한 평화체제를 구축해 나갈 필요가 있다. 정부, 시장, 시민사회가 한반도 평화공동체 건설을 위한 '평화 거버넌스'를 구성하여 진지하게 논의하여 각각의 역할을 모색하는 것이 필요하다.

평화는 저절로 찾아오는 것이 아니다. 평화는 지난한 작업을 통해 수렴되는 것이다.

방송의 평화와 통일을 위한 역할 강조

장영권 한국평화미래연구소 대표(맨 왼쪽)는 2007년 9월 28일 평화통일시민연대가 서울 정동 배재 학술지원센터에서 〈2.13합의 이후 북핵문제에 대한 방송 보도태도〉 주제로 개최한 '제4회 평화와 통일을 위한 방송 토론회'에 토론자로 참석하여 방송의 평화와 통일을 위한 역할을 강조 했다.

평화의 정책

〈4〉 동북아 지역 질서 재편과 노무현 정부의 안보정책:

쟁점과 평가[1]

---

1) 이 글은 성균관대학교 박사과정 수업 중에 발표한 것이다. 미발표 논문으로 보다 충분한 수정
보완이 필요하다.

제1장

동북아의 질서 재편과 전쟁 위험

1990년 초부터 시작된 탈냉전으로 국제사회는 대전환의 시대에 직면해 있다. 아시아 특히 동북아 지역은 그 중심에 서 있다. 대전환기는 세계사적으로 볼 때 불안정성이 증대되고 갈등이 증폭되었다. 탈냉전 이후 전 세계적으로 100여 차례의 크고 작은 전쟁이 발발했다.

북아프리카의 알제리 내전, 발칸반도의 피의 숙청, 중동에서의 걸프전, 아프가니스탄전, 이라크전 등이 잇따라 발생했다. 더구나 지구촌 곳곳에서 테러가 발생하여 국제사회를 더욱 긴장시키고 있다.

미국은 2001년 9·11테러 이후 신군사전략을 수립하고 미군의 재배치·재조정을 추진하고 있다. 이로 인해 동북아 지역의 불안정성도 증대되고 있고, 한반도는 위기의 사정권에 포착되어 있다.

특히 동북아 지역은 역내 국가 간 상호 '전쟁 고리(ring of the war)'로 연결돼 있어 어느 한 나라가 전쟁을 도발하면 전체로 확대될 가능성이 높다. 이에 따라 한반도 및 동북아의 안정과 평화는 어느 때보다 중요하게 부각되고 있다. 한반도에서 미국의 주한미군 감축과 재배치로 한미동맹이 새롭게 모색되고 있다. 이와 함께 동북아 군비 증강 경쟁도 새로운 불안요소로 대두되고 있다.

유럽에서 냉전이 종식되어 화해협력이 강화되는 것과 달리 동북아의 군사적 대결구조는 심화되고 있는 양상이다. 미국이 중국위협론을 내세우며 중국 견제정책을 추진하고 있어 동북아의 '잠재적 불안감'이 확대되고 있다. 더구나 미국의 친대만정책으로 중국－대만 간의 긴장관계가 고조되고 있다.

북한의 핵 개발 의혹으로 인한 북·미 간의 갈등도 동북아 지역을 위태롭게 하고 있다. 북·미 핵 갈등이 더 심각해진 이유는 미국이 9·11 테러사건 이후 대외 군사전략을 과거의 '억지'에서 '선제공격'으로 바꿨기 때문이다. 북·미 핵 갈등의 문제가 어떻게 해결되느냐에 따라 한반도는 물론 동북아와 세계 평화와도 직결된다.

여기에 일본자위대의 역할 변경 등이 동북아 지역의 긴장 강화요인이 되고 있다. 동북아 지역의 군사적 긴장을 해소하기 위해서는 주변국들이 일본의 군사대국화를 억제하는 역할을 수행해야 한다.

그런데 미국은 미·일 신안보동맹선언을 통해 동맹의 관계를 한 단계 격상시키고 미·일 신방위협력지침, 유사입법 등을 마련하여 일본의 군사대국화를 촉진하고 중국을 압박하고 있다.

미국은 본토를 비롯하여 한국과 일본 등에 미사일방어(MD)체제를 구축하여 중국, 북한, 러시아와 군비경쟁을 가속화시켜, 소련을 굴복시켰던 것처럼 중국을 군사적으로 봉쇄 및 완전제압하려 하고 있다.

제2장

동북아 지역의 군사적 긴장고조 요인

1. 미국의 '군사적 힘'에 의한 패권주의

미국은 2001년 '9·11 테러' 직후 발간된 '4년 주기 국방검토보고서(QDR 2001: Quadrennial Defense Review Report 2001)'에서 "우리는 언제, 어디에서 미국의 이익이 위협받을 것인지, 언제 미국인이 공격을 당할 것인지 또는 공격을 받을 경우 언제 미국인이 희생될 것인지를 정확히 알지 못하고 알 수도 없다"라며 미래 위협에 대한 인식을 단적으로 표현했다.

이는 새로운 군사력 건설 및 운용 소요와 연결되는 것으로, 해외주둔 미군의 전력 조정의 주요한 동인(動因)이 되었다.2) 실제로 미국은 2003년 11월과 2004년 8월 두 차례에 걸쳐 부시 대통령이 발표한 '전 세계적 방어태세 재검토(GPR: Global Defense Posture Review)' 계획을 통해 미래에 대비한 군사력 재편 계획의 윤곽을 제시했다.

미국 신안보전략의 논리적 귀결은 GPR로 대변되는 미국의 해외주둔 미군 전력 조정정책이라 할 수 있다. 새로운 안보전략에 입각한 소요를 충족시킬 수 있으려면 경량화·기동화되고 원거리 타격력

---

2) 차두현, "미국, 동북아·유럽서 사상 최대 철군·재편", 『주간조선』, 2004년 10월 14일

이 증대된 미군 전력의 재조정이 필요하며, 유사시 한 지역에서 다른 지역으로 미군 전력을 신속히 이동하여 활용할 수 있는 '전략적 유연성(strategic flexibility)'이 필수적이기 때문이다.

동북아 지역 역시 이 같은 미국의 군사력 재편의 핵심 지역 중 하나이다. 주한미군 등 미국의 동북아 지역의 군사력 재편은 단순히 미국 자체의 차원을 넘어 여타 주변국의 군사력 건설 방향에도 영향을 미치게 될 가능성이 크며, 미국의 대우방 및 동맹정책에 있어서도 주요한 변화를 가져오게 될 것이다.

미국의 GPR 계획이 예정대로 진행될 경우, 이는 현재 해외에 전개된 군사력의 구조와 규모에도 상당한 영향을 미치게 된다. 2004년 5월 미 의회 예산국(CBO)이 발표한 '미 육군 해외기지 변화 방안' 보고서에 따르면 2002년 말을 기준으로 미국은 본토에 121만 5,000명(육군 39만 3,000명, 해군 36만 5,000명, 공군 30만 8,000명, 해병대 14만 9,000명)의 병력을 유지하고 있다.

또한 유럽의 경우 영국에 공군 1만 명, 독일에 7만 1,000명(육군 5만 6,000명, 공군 1만 5,000명), 이탈리아에 공군 4,000명을 주둔시키고 있었다. 동북아 지역의 경우, 한국에 3만 8,000명(육군 2만 8,000명, 공군 및 기타 전력 1만 명), 일본에 4만 명(해군 6,000명, 공군 1만 4,000명, 해병대 2만 명)을 배치해 놓았다.

이러한 군사력 배치는 아프가니스탄 전쟁과 이라크 전쟁을 통해 상당한 변화를 겪었다. 2003년의 이라크 전쟁과 전후 처리 과정에서 유럽과 미 본토 전력 중 상당수가 중동 지역으로 이동하였으며, 2003년 말을 기준으로 이라크에서 작전하는 미군의 규모는 약 15만 명 선에 달하게 되었다.

부시 대통령이 2004년 8월 16일 발표한 2차 GPR 성명에 따를 경우, 향후 10년간에 걸쳐 6~7만 명가량의 해외주둔 미군이 본토로 귀환하게 될 것이라는 점을 감안할 때, 이라크 전후 처리와 GPR의 지속적인 추진은 미국의 해외 군사력 배치도를 혁신적으로 변화시킬 가능성이 크다.

아·태 지역 미군과 관련해서도 재배치 구상은 이미 가시화되고 있다. 미국은 2004년 9월 미사일방어(MD) 계획의 일환으로 이지스 함 1척을 일본 해역에 실전 배치했다. 아·태 지역 주둔 미군 10만 명 중 주한미군 1만 2,500명 등 1만 5,000명가량이 우선 감축될 예정이다.

또한 괌 기지의 전략적 중요성이 증대됨으로써 향후 미국의 아·태 전략에 있어 군수 및 전략기획의 중심지로 부상할 것으로 보인다. 이와 함께 미국은 아·태 지역을 담당하는 미 육군 1군단 사령부를 일본의 자마(座間) 기지로 이전을 추진하고 있다.

이러한 GPR의 추진과정에서 전반적인 미국의 해외주둔 군사력의 규모는 대폭 줄어들 것으로 판단되나 전력의 질 자체는 그대로 유지되거나 오히려 증강될 가능성이 크다. 이는 그동안 미국이 추구해 온 '군사혁신(RMA)'과 국방 변환의 성과라 할 수 있으며 10여 년에 걸친 변화를 통해 미국은 보다 적은 전력으로 더 큰 파괴력을 구사할 수 있는 전력을 확보할 것으로 보인다.

미국이 GPR 추진의 핵심 사항 중 하나로 '규모가 아닌 능력(focus on capabilities, not numbers)'을 강조하는 이유도 바로 여기에 있다. 실제로 미국의 각 군은 현재 기동성과 전력투사능력, 원거리 정밀 타격능력, 그리고 육·해·공 3군의 유기적 통합작전능력 등에 중점을 둔 군사력 건설에 초점을 맞추고 있다.

육군의 경우, 이미 진행되고 있는 스트라이커 여단 전투단과 같은 신속기동군의 건설에 더하여, 네트워크에 기반을 둔 육·해·공 합동작전능력을 극대화하는 작업이 가속화되고 있다. 현재 미 육군은 GPR과 함께 '미래형 전투체계(FCS: Future Combat System)'를 향한 '목표군(Objective Force)'의 건설에 박차를 가하고 있다.

이에 따라 기존의 여단, 사단, 군단, 군 등의 지휘체계 대신 '행동부대(UA: Unit of Action, 여단급)', 'X급 운용부대(UEx: Unit of Employment X, 기존의 사단과 군단의 중간 형태)', 'Y급 운용부대(UEy, 현재의 군단급)' 체계로의 개편을 진행하고 있다. UA는 FCS의 핵심으로 고도의 신속기동화와 네트워크화를 특징으로 하며 육·해·공 입체 작전능력을 갖추게 될 것이다.

해군의 경우 '21세기 해군력'에 따라 'Force Net'로 불리는 통신·정보 네트워크에 의해 해상타격, 해상방어, 해상주둔 3개 핵심 기능을 수행할 수 있도록 군사력 건설 방향이 정립되어 있으며 해외작전능력 향상을 위해 향후 37개의 기동타격단(strike group)을 편성·운용할 계획이다.

이러한 기동타격단에는 12개의 기동항모단, 12개의 원정타격단, 9개의 타격·미사일 방어 행동단, 4개의 오하이오급 핵잠수함 타격부대(크루즈 미사일 발사 기능과 특수부대 투사력을 동시에 갖춘) 등이 포함될 예정이다.

공군의 경우, 2006년에서 2011년 사이 100기의 KC-767A 신형 공중급유기를 도입할 계획이다. 이 기종은 기존에 미국이 사용하였던 KC-135E보다 20% 이상의 연료저장기능과 비행 중 자체 급유 기능을 지니고 있어 미군의 신속전개능력을 획기적으로 강화시킬 것으로 보인다.

이와 함께 미 공군은 무인공격기 '프레데터'의 성능을 보다 향상시키는 동시에 향후 20년 이내에 미 본토에서 세계 전 지역의 목표물을 2시간 이내에 타격할 수 있는 극(極) 초음속 무인비행기를 개발하는 'FALCON' 계획을 추진하고 있다.

현재 진행되고 있는 주한미군의 전력 증강 역시 이러한 미국의 군사력 건설방향과 궤를 같이 하고 있다고 볼 수 있다. 2003년 5월 말 라포트 한·미 연합사령관이 발표한 주한미군의 전력 증강계획에 따르면, 3년간 110억 달러를 투입하여 고속수송선(High-speed Vessel) 구축, 스트라이커 여단 편성, 새도·프레데터 무인 비행기 도입과 C4I 체계 개선 등을 추진한다.

이러한 전력은 모두 전선을 중심으로 한 선형 방어에 집착하던 과거의 냉전형 군사력과는 판이하게 다른 것으로 기동전력, 정보·네트워크 전력, 신속 증원 능력 등에 중점을 둔 미래 입체 전력으로의 개편을 염두에 둔 것이라 평가할 수 있다.

현재 추진되고 있는 GPR은 미국이 의도하였건 의도하지 않았건 간에 기존의 우방·동맹국들에 대한 안보공약의 변경을 가져올 수 있는 여지를 제공하며, 이는 동북아 지역에도 그대로 적용될 것이다.

또한 미국의 동북아 지역 군사력 재편은 여타 주변국들의 경계심을 자극함으로써 새로운 역내 군비경쟁을 조성할 수도 있다. 1990년대의 걸프전 이후 중국 등 주변국들이 첨단화와 정밀타격력에 대해 비상한 관심을 갖기 시작했다는 점을 감안할 때, 현재 미국이 추진하고 있는 제반 개념들, 즉 신속화와 기동화 그리고 정밀화 등은 향후 주변국들의 국방전환 과정에서도 그대로 벤치마킹되어 군비경쟁을 촉발시키고 있다.

2. 북한의 핵 개발과 북·미 갈등

미국은 2001년 부시 행정부가 들어서면서 북한을 '악의 축'으로 규정하고 클린턴 정부시절 형성된 북·미 간의 화해적 분위기를 갈등적 국면으로 전환시켰다. 2001년 9월 9·11테러로 충격을 받은 미국은 대량살상무기를 개발하는 국가나 테러조직과의 전쟁을 선언했다.

미국의 네오콘 중심의 행정부 주요 인사들은 북한의 대량살상무기에 대해 여러 차례 경고했다. 그리고 2002년 9월 미국 정부는 대량살상무기를 개발하는 적성국가와 테러조직에 대해서는 냉전시대부터 이어져 온 억제전략을 포기하고 '선제공격'을 하겠다는 새로운 국가안보전략인 '부시 독트린'을 발표하였다.

미국의 신안보전략에 따른 선제공격 독트린은 북한, 이란, 이라크 등 대량살상무기를 개발했거나, 개발 중인 '불량국가'들을 대상국으로 지목하였다. 북한은 미국의 대북한 적대시 정책을 정면으로 비판하면서 주한미군의 철수문제를 거론하는 등 미국에 대한 강경정책을 구사했다. 이로 인해 북·미 갈등은 점차 고조되기 시작했고, 대결자세가 심화되었다.

미국은 핵무기 등 대량살상무기의 완전 폐기를 요구했고, 북한은 미국의 적대정책을 포기해야 한다고 주장했다. 북·미 간의 이러한 대결구도는 2002년 10월 북한이 우라늄 농축을 통한 핵무기개발을 시사하는 발언을 하여 그 갈등이 다시 점화되었다.

미국의 부시 행정부는 2003년 3월 대량살상무기 개발과 9·11테러의 배후로 이라크의 후세인 정권을 지목하고 선제공격을 단행했다. 미국의 이라크 침공은 미래에 미국의 패권적 위상과 힘을 과시했고, 악의 축으로 지목된 나라의 통치자들은 커다란 위협으로 받아들이게 되었다. 이러한 상황에서 북한은 체제와 생존유지를 위하여 핵무기 개발을 가속화했다.

미국은 윈윈전략에 의한 '2개의 전쟁'을 강조하면서 북한을 다자회담의 장으로 나오게 했다. 북한은 미국과 양자회담으로 주장하다가 2003년 4월 중국의 중재로 베이징 북·미·중 3자회담과 이어 8월에 개최된 남·북한과 미·일·중·러가 참여한 베이징 6자회담에 출석했다. 그러나 2004년 12월 현재까지 4차례 6자회담이 개최되었지만 뚜렷한 성과를 보이지 못한 채 군사적 긴장이 상존하고 있다.

북한핵문제로 생긴 북미 간의 갈등은 물론 한미 간의 갈등으로도 비화되고 있다. 부시의 재선 후 한미정상은 2004년 11월 20일 칠레 산티아고에서 열린 아·태경제협력체(APEC) 정상회의에 앞서 첫 회담을 갖고 '북한핵문제에 대한 평화적이고 외교적인 해결'에 재합의했다. 미국은 이 자리에서 "북한에 대한 적대정책을 갖고 있지 않고 북한을 침공할 의도가 없음을 재확인한다"고 밝혔다.

그러나 북한핵문제에 대한 한미 간의 갈등을 일단 봉합하긴 했지만 미국이 북한에 대하여 얼마나 인내심을 가질지 의문이다. 특히 미국은 북한에 대해 '완전하고 검증가능하며 되돌릴 수 없는 해체(CVID)' 방식으로 선 핵포기만을 요구하고 있다. 북한은 미국의 입장 변화 없이 6자회담에 임하라는 요구를 거부하며 체제보장과 불가침 조약 체결을 동시에 이행해야 한다고 주장하고 있다.

북미 간의 팽팽한 줄다리기로 2기 부시 미 행정부는 현재 이라크 문제를 중요한 대외문제로 인식하고 있으며 북핵문제는 우선순위에서 밀리고 있는 인상이다. 이것은 부시 미 행정부가 북한핵문제를 서둘러 해결할 의지가 없음을 나타내고 있는 것이며 북한의 자진붕괴를 기다리고 있는 것으로 분석된다.

부시가 6자회담을 주장하는 것은 현시점에서 북한 문제를 해결하는 것이 좋은 전략이 아니기 때문이다. 왜냐하면 한반도를 평화롭게 하면 아시아에서의 긴장이 완화, 중국과 대만 전쟁에 대비해 펼치고 있는 미국의 군사전략과 모순되기 때문이다. 부시는 오히려 북한의 위협을 부채질하는 것이 현재 미국에 있어서 유리한 것이라고 판단하고 있다.

더구나 미국이 언론을 통해 김정일 권력이상설을 퍼뜨리는 등 북한 흔들기를 강화하고 있는 것은 대북 강경책을 통해 국민적 지지를 얻으려는 정치적 의도도 갖고 있다.[3]

그러면서 체니 부통령, 럼스펠드 국방장관 등 미국의 네오콘들은 여전히 북한에 대한 외교적 타격을 강하게 주문하고 있거나 '레짐 체인지(regime change)'를 추진하고 있다.

특히 부시 행정부는 연임 성공을 통해 집권 1기 때의 강경한 외교노선이 '국민적 공증'을 받은 것으로 판단하고 있고, 이를 토대로 1기 때보다 강한 일방주의 외교정책을 추진할 가능성이 있다.

1기 때의 온건파인 파월 국무장관이 물러나고 체니 부통령 등 네오콘들이 대거 유임되어 대북문제를 강경책으로 유도하게 되면 한반도의 전쟁 위험성은 더욱 커질 것으로 보인다. 물론 최근 미국이 김정일 정권의 유지를 전제로 북한의 '체제 변형(regime transformation)'을 추진하겠다는 의사를 북한과 남한정부에 전달했다고 한다.

북핵 6자회담 미국 측 수석대표인 제임스 켈리 국무부 동아태담당 차관보는 미국의 부시 2기 행정부가 김정일 정권의 전복을 노리고 있다는 일각의 견해를 부정하면서 '체제 변형'을 통해 서서히 북한

---

3) 중국 공산당 기관지 『人民日報』가 발행하는 국제전문지 『環球時報』 2004年 12月 1日. 연합뉴스 2004년 12월 1일.

의 대외개방을 이끌어 낼 방침이라고 말했다.4)

다른 미 정부 관계자들도 집권 2기를 맞은 조지 부시 행정부가 대북 정책의 큰 틀을 '체제 변형'에 두고 있다고 밝혔다. 어떻게 보면 미국의 이러한 입장은 표면적으로 '북한을 공격할 의도가 없다'는 종전의 입장에서 다소 개선된 것으로, 미국이 김정일 체제와 공존할 의사가 있음을 시사한 것으로 볼 수 있다.

그러나 미국이 말한 '체제 변형'이 김정일 정권이나 북한체제 붕괴 계획이 아니라 경제제도 변경이라 하더라도 이는 미국의 대북 붕괴정책을 유예한 것에 불과하다. 북한 외무성 대변인은 2004년 12월 20일 미국 측의 '체제 변형' 발언에 대해 "체제를 감히 변경시키겠다는 것 자체가 선택의 자유와 공민의 정치적 권리에 대한 난폭한 유린"이라고 강력히 비난했다.

대통령특사 자격으로 중국을 방문 중인 정동영 통일부 장관도 이틀 후인 12월 22일 베이징대학교 강연에서 "어떤 나라도 자기의 기준으로 다른 나라의 체제와 문화를 변경하라고 강요할 수 없고 상대를 인정해야 평화적인 방법으로 갈등을 해결할 수 있다"고 말해 미국의 체제 변형을 우회적으로 반대했다.

3. 중국 – 대만 간의 갈등

중국과 대만은 대만의 독립문제와 관련, 대치국면이 고조되어 또 하나의 전쟁 잠재 가능지역으로 부각되고 있다. 대만의 천수이볜(陳水扁) 총통이 대만 독립을 위한 제헌헌법 제정시기로 잡은 2006년

---

4) 『朝日新聞』2004年 12月 18日.

께가 최고조에 이를 전망이다. 대만이 독립을 선언하게 되면 중국은 이제까지 공공연히 주장해 온 것처럼 통일을 위해 대만을 군사공격할 가능성이 있다.

중국이 대만을 상대로 전쟁을 일으킬 경우 미국은 대만군을 지원할 뿐만 아니라 군대를 직접 대만에 파견시킬 가능성이 있다.[5] 중국은 대만의 독립시도 움직임에 준전시 준비태세에 해당하는 국방동원령을 2004년 7월 4일 공식 발령하는 등 사실상 중국 전역이 준전시 동원체제에 돌입했다.[6]

현재 대만해협에서는 중국과 대만이 각각 대규모 훈련을 진행 중이며 미국도 서태평양 해역에서 제7함대가 해상기동훈련을 실시 중이어서 긴장이 고조되고 있다.[7]

중국과 대만 사이에 전쟁이 발발할 경우 주한미군의 존재와 한미 연합사에 소속된 한국군의 군사편제 및 작전권의 미군장악에 의해 한국은 중국과 전쟁을 치를 가능성도 있다. 이 경우 중 - 조 동맹[8]에 의하여 북한까지 참전하여 남북 간의 전쟁으로 직결될 소지가 있다.

더욱이 중국은 미국의 대중국 공격의 최전선인 주한미군이 주둔한

---

5) 대만 해군 총사령관을 지낸 대만 친민당(親民黨) 구충롄(顧崇廉) 의원은 중국과 대만의 전쟁 발발 시 미국의 움직임으로 미뤄 이 같은 가능성이 크다고 주장했다. 『중앙일보』 2004년 6월 7일.

6) 홍콩 시사주간지 『亞洲週刊』, 2004년 8월 2일. 『조선일보』, 2004년 8월 27일.

7) 주일미군기지에서 발진한 미 해군의 EP - 3 정찰기가 2004년 7월 말 중국의 둥산다오(東山島) 부근 상공에서 중국의 대규모 군사훈련을 정찰하다 중국의 섬(殲) - 8 전투기의 근접위협을 받았다. 이 사건은 2001년 4월 남중국해 상공에서 발생했던 미 해군 정찰기와 중국 전투기의 충돌사고를 연상시키는 사건이다. 『조선일보』, 미국 워싱턴타임스 인용보도 2004년 8월 4일.

8) 한국의 국방부(김종환 합동참모부 의장)는 2004년 10월 5일 "한반도 전쟁 발발 시 중국은 1961년 체결한 '조 - 중 상호원조 조약'에 의해 제한적인 규모의 군사력을 북한에 지원할 것으로 예상된다"고 밝혔다. 국방부는 "상호 원조 조약의 자동개입 조항인 제2조에 따라 중국은 중국군 18개 사단 40여 만 명과 항공기 800여 대, 함정 150여 척이 투입될 것으로 추정하고 있다"고 언급했다. 국방부는 그러나 "러시아는 2000년 2월 '유사시 자동 무력개입'이란 조항을 '상호 협의한다'로 개정한 '러 - 조 우호친선 및 협력에 관한 조약'을 북한과 체결, 대북지원은 제한적일 것"이라고 말했다. 『연합뉴스』 2004년 10월 5일.

한국을 미사일 등으로 공격할 가능성이 높아 한반도는 한국인의 의지와 관계없이 전쟁의 불바다 한복판에 놓이게 될 것으로 보인다.9) 일본도 미·일 신안보조약에 의하여 어떤 형태든 개입하게 될 것이고, 동북아는 또다시 제2의 청·일전쟁처럼 전쟁의 광풍에 휘말릴 것이다.

미 국방부가 2002년 초 의회에 제출한 '핵태세 재검토(NPR) 비밀보고서'는 선제 핵공격 대상에 중국을 포함시키고, 핵 선제공격의 구체적 사례로 '중국의 대만공격'과 '북한의 남한공격'을 상정하고 있다. 미국의 최우선 핵공격 대상이 바로 중국과 한반도이기 때문에 어느 경우든 동북아는 전쟁위기 구조를 상시적으로 갖고 있다.

정군적인 요인 이외에 경제적인 측면에서도 중국과 대만의 전쟁대결 가능성이 있다. 세계적인 헤지펀드 전문가 마쓰다 도시오(增田俊男) SUNRA 국제신탁은행 회장은 "중국 경제는 2010년 이후 경착륙할 것이며, 이 위기를 해소하기 위해 대만을 침공할 것"이라고 주장했다.10)

그는 "2008년 베이징올림픽에서부터 소프트 랜딩을 향해 하강선을 그리면서 2010년 상하이 세계박람회가 끝난 후에는 하드랜딩으로 세계 경제에 회오리바람을 일으킬 것이다. 만일 이 상황에서 중국 경제의 버블이 붕괴하면 중국 전역에서 벌어질 생존을 위한 사투가 벌어질 것이다. 중국에 있어서 대만의 침공은 합법적인 수단이며 국체(國體) 유지를 위해서는 전쟁 이외에 피할 수 있는 길이 없다는 것을 의미한다고 볼 수 있다"고 밝혔다.

---

9) 강정구, "전쟁위기의 연속인 정전체제를 넘어 평화보장체제로", 한반도평화포럼 자료집 『정전 50년, 한반도를 동아시아 평화의 중심으로』(2003년 7월 26일), 170쪽.

10) 『주간조선(1829호)』2004년 11월 18일.

그런데 미국은 대만의 안전보장을 하고 있는 입장이기 때문에 중국·대만 간 전쟁이 일어나면 미국이 중국과 함께 북한과의 전쟁을 벌일 가능성이 높아지게 된다. 만일 미국의 요구에 의해 주한미군 기지가 중국과 대만전쟁에서 쓰이게 된다면 사실상 북한과 한국도 전쟁에 휘말리는 상황이 발생할 수도 있다. 주한미군 감축과 재배치는 이러한 구상의 하나에서 나온 것으로 본다.

4. 영토와 자원을 둘러싼 분쟁 가능성

동북아 지역 국가 간에는 영토분쟁과 해양자원문제로 인한 갈등이 심화되어 분쟁의 우려까지 잠재되어 있다. 중국과 일본은 대만과 일본 오키나와 사이에 있는 댜오위다오(釣魚島)를 둘러싸고 영유권분쟁이 2004년에도 계속돼 양국 간의 분쟁이 잠재되어 있다.[11]

일본은 이 지역을 '센카쿠 열도'라고 부르며 자국의 영토라고 주장해 왔다. 하지만 지난 1970년대 초 이 지역에 석유자원이 매장돼 있다는 사실이 확인되고, 그 후 중국과 대만이 서로 영토회복을 주장하고 나서면서 일본과의 분쟁이 끊임없이 계속돼 왔다.

중국과 일본은 또한 해저자원을 둘러싸고 마찰이 격화되고 있다. 중국이 2004년 5월 동중국해 센카쿠열도 인근에서 춘샤오(春曉) 가스전 개발을 시작하자 일본 정부도 2004년 7월 7일 새벽 바로 인근

---

11) 대만과 일본 오키나와 사이 5개 섬으로 구성된 무인도로 구성된 댜오위다오는 일본·중국·대만 3개국이 서로 영유권을 주장하고 있는 곳으로 그동안 분쟁이 끊이지 않았다. 현재 이 섬을 점유하고 있는 일본은 1978년 이곳에 등대를 세우는 등 자신들의 영유권을 구체화하고 있다. 이에 중국과 대만은 강력히 반발하며 자신들의 영토라고 주장하고 있어 영유권을 둘러싸고 분쟁이 거듭돼 왔다.

에 조사선을 보내 해저자원 조사에 나섰다. 이로 인해 중국은 일본이 주장하는 배타적 경제수역(EEZ)에서 별도의 해양조사를 실시하는 등 감정대립 양상이 나타나고 있다.

한국과 중국 간에는 만주와 국경선 문제 등 영토분쟁이 잠복되어 있고, 서해안의 석유·천연가스 등 해저자원을 놓고도 갈등을 일으킬 소지가 있다. 중국은 2004년 7월 15일 한국의 첫 서해 대륙붕 석유탐사에 촉각을 곤두세우며, 한국 석유탐사 행위가 중국의 해양 주권 침해 가능성이 있음을 중국의 신화사 자매지인 『참고소식보』와 『국제선구도보』 등 관영 매체들이 경고하고 나섰다.12) 서해부터 제주 남쪽 동중국해까지 펼쳐진 대륙붕을 둘러싼 한·중 간의 갈등은 1973년부터 계속돼 왔다.

중국은 1973년과 2001년에 한국의 석유탐사선을 향해 경고와 방해 등 무력시위를 벌였다. 중국 일각에서는 "영해의 안정을 지키기 위한 순시를 강화하고 유사시 무력을 행사해야 한다"고 목소리를 높이고 있다.13)

일본과 러시아 간에도 북방 4개 섬 반환을 둘러싸고 갈등이 잠재되어 있다.14) 일본과 러시아 간의 북방 4개 섬 문제는, 새로운 것은 아니지만, 이로 인해 양국 간의 긴장이 폭발할 가능성이 있다.

일본은 북방영토의 반환 없이는 대러 경제협력이 불가능하다는 입장을 견지해 왔다. 그러나 러시아의 민족주의 색채를 강하게 띠고 있는

---

12) 『조선일보』, 2004년 7월 16일

13) "영토분쟁 현장을 가다", 『동아일보』 2004년 9월 10일

14) 일본 정부는 현재 러시아와 영토분쟁 중인 '북방 4개 섬' 반환문제를 향후 대러시아 외교에서 전면에 내세우기로 했다. 고이즈미 준이치로(小泉純一郎) 일본 총리는 2005년 초로 예정된 러시아 블라디미르 푸틴 대통령의 방일 시 이 같은 방침을 전달하고, 문제의 4개 섬을 일괄적으로 돌려받은 후 양국이 평화조약을 맺는 방법을 추진할 예정이다. 『朝日新聞』, 2004年 7月 18日.

보수파들이 강하게 반발하고 있어 양국관계를 소원하게 만들고 있다.

한국과 일본 간에도 독도문제 등 영토를 놓고 갈등이 잠복해 있다. 일본은 독도 인근에 해양자원이 풍부하다고 보고 지속적으로 영유권을 주장하며 양국 간의 갈등을 조장하고 있다.

또 중·러 간 국경분쟁, 북·중 간 국경분쟁 등 영토적 갈등도 존재하고 있다. 이처럼 동북아 지역은 영토와 자원문제로 중·일 간, 한·일 간, 일·러 간, 한·중 간 갈등이 상호 잠재되어 있으며, 언제든지 폭발할 수 있는 전쟁 위험성이 내포되어 있다.

제3장

노무현 정부의 안보정책: 쟁점과 평가

1. 의욕적 출발과 그 후

2003년 2월 25일 출범한 노무현 정부는 북한핵문제의 재발과 동북아 지역의 불안정화로 인한 심각한 안보 불안 속에서 출발했다. 북한핵문제는 한국 안보의 최대위협이자 동북아 지역의 안정을 저해하는 핵심현안으로 대두하였다. 또한 미국의 세계전략 변화에 따른 주한미군의 재배치와 감축 추진으로 한국의 안보구도에도 변화가 불가피해졌다.

더구나 동북아 지역은 경제적 협력의 강화에도 불구하고 정군적으로 여전히 불안정한 요인이 상존하고 있다. 한반도 주변 4강국의 국력 변화와 상호 관계의 유동성은 한반도 및 동북아 지역의 평화와 안정에 영향을 미치고 있다.

노무현 정부는 이 같은 안보인식을 바탕으로 국익 증진과 안보 확립을 위한 국가안보목표로 한반도의 평화와 안정, 남북한과 동북아의 공동번영, 국민생활의 안전 확보 등 3가지를 설정했다.

그리고 이를 달성하기 위한 국가안보전략의 기조로 평화번영정책 추진, 균형적 실용외교 추구, 협력적 자주국방 추진, 포괄안보 지향

등 4가지를 제시했다.[15] 노무현 정부의 실질적인 안보정책의 핵심은 '평화번영정책'과 '협력적 자주국방'이라고 할 수 있다.

그리고 이 두 가지 사항에 실질적인 영향을 미치는 핵심변수가 한 미동맹이라고 할 수 있을 것이다. 따라서 노무현 정부의 안보정책 3대 축인 평화번영정책, 협력적 자주국방, 한미동맹에 관하여 살펴보고 한반도 평화를 위한 대안을 모색해 보기로 한다.

2. 평화번영정책의 의의와 평가

1) 평화번영정책의 의의와 추진 원칙

노무현 정부는 한반도의 평화를 정착시키고 남북공동번영을 추구함으로써 평화통일의 기반 조성과 동북아 허브국가로의 발전토대를 마련하고자 평화번영정책을 제시하였다.[16]

평화번영정책은 남북관계 개선과 냉전구조 해체의 토대를 마련한 기존 정책의 성과를 바탕으로 남북 관계를 심화·발전시켜 나가기 위한, 한 단계 진전된 정책으로 표현된다.

노무현 정부가 제시한 평화번영정책의 개념 속에는 다음 네 가지 내용이 포함되어 있다. 즉 첫째, 주변국가와 협력하여 당면한 북한핵 문제를 평화적으로 해결한다. 둘째, 이를 토대로 남북의 실질협력 증진과 군사적 신뢰 구축을 실현한다.

---

15) 국가안전보장회의 상임위원회, 『평화번영과 국가안보: 참여정부의 안보정책 구상』(서울: 국가안전보장회의 사무처, 2004), 23쪽.

16) 김동수, "평화번영을 위한 대북정책", 『통일문제 이해』(서울: 통일부 통일교육원, 2004), 87～100쪽.

셋째, 북·미, 북·일 관계정상화를 지원하는 등 국제적 환경을 조성함으로써 한반도 평화체제를 구축한다. 넷째, 나아가 남북공동번 영을 추구하며 평화통일의 실질적 기반을 조성하고 동북아 허브국가 건설의 토대를 마련한다는 것이다.

노무현 정부는 이어 평화번영정책의 목표를 달성하기 위해 4대 추 진원칙을 제시하고 있다. 첫째는 대화를 통해 문제를 해결한다는 원 칙, 둘째는 상호 신뢰 우선과 호혜주의 원칙, 셋째는 남북한 당사자 원칙에 기초한 국제협력 원칙, 넷째는 국민과 함께하는 정책추진 원 칙이다.

노무현 정부의 평화번영정책의 특징은 기존의 화해·협력정책(햇 볕정책)의 계승과 발전이라고 할 수 있다. 정책은 흔히 제로베이스인 백지상태에서 하거나 아니면 기존 정책의 비판과 개선을 통해 추진 하는 것이 일반적이다. 평화번영정책은 역대 정부의 정책을 계승과 발전을 모색하는 과정에서 제시되었다고 보인다.

평화번영정책은 계승적 차원에서 몇 가지 특징이 있다. 첫째는 역 대 정부에서 추진해 온 전쟁재발 방지와 평화공존 노선을 추진함으 로써 한반도의 평화 정착을 추구하고 있다.

둘째는 통일방안과 관련하여 1989년 공식 통일방안으로 제시되었 던 '한민족공동체 통일방안'과 1994년 이를 재확인한 '민족공동체 통일방안'을 기조로 하여 계승하고 있다.

셋째로 역대정부가 체결한 남북기본합의서, 7·4남북공동성명, 6· 15공동선언 등 남북한 간의 기존 합의와 성과를 존중하고 계승하고 있다.

나아가 발전적 측면에서 평화번영정책은 기존정책과 달리 국가발 전 기본전략으로서의 강화된 위상을 확보하고 있다. 즉 과거의 대북

정책은 상징적 정책 또는 경제 발전을 위한 보조정책이었다면 평화
번영정책은 통일·외교·국방분야의 통합전략으로서 21세기를 지향
한 핵심적 국가목표로 설정되었다.

2) 평화번영정책의 한계와 딜레마

평화번영정책은 한반도를 넘어 동북아로 개념과 구상을 확대하여
동북아 지역 공동의 평화와 번영을 지향하는 열린 개념으로 접근하
고 있다. 특히 안보적 개념과 경제적 개념을 동시에 겨냥한 것으로
서 주변국들의 지지와 협력을 이끌어 내고 있다.

그리고 노무현 정부의 기본정책인 정책구현 방법인 국민 참여를
통해 광범위한 지지를 바탕으로 추진하겠다는 전략이 내포되어 있다.
노무현 정부의 평화번영정책 구상과 내용은 일면 참신하고 매력이
있는 정책목표로 여겨진다.

그러나 노무현 정부가 출범한 지 2년이 되어 가지만 평화번영정책
은 엄밀한 의미에서 '로드 맵'만 제시했을 뿐 아직 출발조차 하지
못하고 있다. 정부는 한·미공조와 남북관계 병행을 통해 평화번영
정책을 추진하려 했지만 두 토기를 잡지 못했다.

한·미공조는 6자회담과 이라크파병문제를 어떻게 푸느냐가 관건
이었고, 남북관계는 6자회담과 경협이 핵심이었다. 노무현 정부는 북
한과 미국 사이에서 원칙을 잃고 혼선을 거듭했기 때문이다.

이것은 노무현 정부 출범 이전부터 촉발된 북한핵문제가 1차적 원
인이 되겠지만, 노무현 정부가 보다 유연한 전략으로 접근하지 못한
탓도 있다. 다시 말한다면 북한핵문제를 해결해야 남북 간의 실질적
인 협력 증진과 한반도 평화체제가 가능하다고 보았기 때문이다.

물론 노무현 정부가 한반도전쟁까지 야기할 가능성이 있는 북한핵문제를 전력을 다해 '평화적인 방법'으로 해결하려 한 점은 높이 평가할 만하다. 그렇다면 북한핵문제가 장기화되거나 해결되지 않는다면 어떻게 할 것인가. 노무현 정부는 이에 대한 다각적인 대책을 마련하고 있지는 않는 듯하다.

실제로 대북특사 파견과 2차 남북정상회담은 성과를 떠나 만남 자체만으로도 상당한 효과가 있는데, 북한핵문제가 가닥 잡히지 않는다고 해서 추진하지 않는다는 것은 남북관계를 그만큼 지연시키는 것이다.[17]

참여정부는 출범 초기부터 대북송금문제 특검, 한미정상회담, 6·15정신 폄하의혹, 주한미군이전문제, 이라크추가파병 등 일련의 정책과 내용에 대하여 노무현 정부를 탄생시킨 주역이라고 할 수 있는 통일운동진영의 커다란 반발을 불러왔다.

이로 인해 노무현 정부는 국민과 함께하는 통일정책이 유명무실해졌다는 비판을 완전히 면하기 힘든 상황이 되었다. 특히 보수진영의 비판도 제기되고 있고, 정치권과 언론의 발목잡기로 평화번영정책은 위기에 처하게 되었다고 해도 과언이 아닐 것이다.

3) 남한의 평화번영정책과 북한의 선군정치와 충돌

노무현 정부가 출범과 함께 의욕적으로 제시한 국정지표가 평화번

---

17) 2차 남북정상회담 추진과 관련, 남북한이 지난 3개월여 동안 이른바 비선조직을 통해 남북정상회담 개최 및 남북 경색 국면 타개를 위해 다양한 접촉을 시도한 것으로 알려졌다. 남북한 비공식 접촉에서 북한이 남북경색 국면의 원인을 제공한 지난 7월의 김일성 전 북한 주석의 10주기 조문 불허 조치에 대한 한국 정부 차원의 공식 사과와 적지 않은 규모의 획기적 경제 지원을 강력 요구해 합의점을 찾지 못해 성사되지 못한 것으로 알려졌다. 그러나 노무현 대통령과 청와대는 '6자회담 진행 중 남북정상회담은 어렵다'며 공식적으로 북한과 2차 남북정상회담 추진에 부정적임을 밝혔다. 『문화일보』, 2004년 12월 3일.

영정책이라 할 수 있다. 그런데 북한의 김정일 정권은 출범과 함께 내외적 위기를 극복하기 위해 안보전략 노선으로 채택한 것이 '선군정치'라 할 수 있다.

북한 김정일 정권은 강력한 군사력이 있기 때문에 미국 제국주의자들의 정치·군사적 압력에도 버틸 수 있다는 논리를 전개하면서 선군정치를 독창적인 사회주의 노선으로 천명하였다.

북한의 이러한 논리는 결국 대량살상무기의 개발이나 보유를 겨냥한 것으로서 대내적 위기상황을 극복하기 위한 명분이 되면서도 대외적으로는 미국의 위협에 대한 대응력으로 활용하려는 것이다.

결과적으로 체제 유지와 생존을 위한 전략으로 선택된 북한의 선군정치는 동북아의 평화와 번영을 주도적으로 실현하기 위해 제시된 남한의 평화번영정책과 충돌이 불가피해졌다.

북한은 2003년 2002년과 마찬가지로 『당보』, 『군보』, 『청년보』를 통해 "위대한 선군 기치 따라 공화국의 존엄과 위력을 높이 떨치자"라는 제목의 공동사설을 발표하였다. 이 공동사설에서 북한이 과제로 부각시킨 것은 첫째로 정치·군사분야 우선주의이다.

북한은 당 군대 인민이 단결하여 국가정책 모든 분야에서 '선군사상'을 구현할 것을 촉구하였다. 특히 긴장된 대응하기 위해 결사항전의 정신으로 선군정치를 고수할 것을 강조하였다.

북한은 남북한 관계에서는 민족공조를 부각시키면서 외세와의 타협을 배격할 것을 강조했다. 북한은 구체적으로 "현 시기 조선반도에서의 대결구도는 북과 남의 조선민족 대 미국"이라고 규정하고 남한을 상대로 민족주의에 호소하는 경향을 보였다. 특히 노무현 정부가 김대중 정부의 '햇볕정책'을 계승한 '평화번영정책'을 발표하자 호응을 보이기도 했다.

그러나 북한은 노무현 정부가 취임 초기 대북송금 관련 특검법을 수용한 데 이어 미국과의 공조적 입장 등을 취하자 민족공조에 대해서 한발 물러섰다.

더구나 남한의 김일성 사망 10주기를 맞아 민간조문단의 방북불허와 북한 주민에 대한 대량 기획탈북 등으로 인해 북한은 2004년 8월 초부터 남한과의 대화를 단절하여 남북관계는 다소 경색되었다. 다행히 경협교류라인은 지속적으로 이어져 개성공단의 착공과 첫 합작품의 출시로 인해 새로운 돌파구의 가능성이 나타나고 있다.

북한은 현재 미국과 북한핵문제로 갈등을 겪고 있으며 체제위기에 직면해 있는 실정이다. 중국과의 유일한 협력과 국제원조로 연명하고 있지만 사실상 체제 유지가 불투명한 상황이다.

이에 대해 중국은 동북공정을 내세우며 만주지역을 자국의 역사로 편입을 시도하는 한편 북한도 변방화하려는 시도를 보이고 있다. 더구나 북한정권의 붕괴 시 북한과의 연고를 내세워 친중국 정부를 세우거나 중국의 영토화하려는 계획도 세우고 있다.

한국의 노무현 정부는 취임 초기부터 평화번영정책을 목표로 대북정책을 추진해 왔지만 북한핵문제로 인하여 실질적으로 일보 전진도 하지 못한 상황이다.

오히려 북한핵문제와 관련하여 북한과 미국 사이에서 갈피를 못 잡고 상당한 시간만 허비했다. 노무현 정부는 북한핵문제와 관련하여 평화적이고 외교적인 해결을 주장하면서도 이를 위한 구체적 추진을 하지 못하고 있는 실정이다.

3. 협력적 자주국방의 의의와 평가

1) 협력적 자주국방: 개념과 함의

노무현 정부가 국방정책과 관련 '자주국방'에 대한 정책적 의지를 최초로 공식화한 것은 2003년 8월 독립기념관에서 행한 8·15경축사를 통해서였다. 노 대통령은 경축사에서 "자주국가는 스스로의 국방력으로 나라를 지킬 수 있어야 한다. … 저는 임기 동안 앞으로 10년 이내 우리 군이 자주국방의 역량을 갖출 수 있는 토대를 마련하고자 한다"라고 천명함으로써 자주국방의 의지를 공식화했다.

그 이후 2003년 12월 국방부가 발간한 『자주국방과 우리의 안보』와 2004년 3월 국가안전보장회의에서 발간한 『평화번영과 국가안보』 등을 통해서 내용이 보다 더 구체화되었다.

특히 국방부가 2004년 11월 6일 노무현 대통령의 재가를 받고 보완을 거쳐 같은 해 11월 18일 발표한 '협력적 자주국방 추진계획'에서 협력적 자주국방의 개념과 함의가 보다 명확해졌다.

노무현 정부가 8·15경축사에서 자주국방에 대한 정책적 의지를 천명하자 찬반양론으로 갈리어 논란이 제기되었다. 자주국방의 표현에 대하여 찬성론자들은 독립국가로서의 위신과 정체성을 바로 세우고 안보주권을 회복하려는 강력한 의지의 표현이라고 긍정적으로 평가했다.

이에 대해 반대론자들은 느닷없는 자주국방론으로 인해 미군의 조기철수가 이루어져서 안보 공백을 야기할 수도 있고, 전력 증강을 위한 과다한 국방비 지출로 인한 재정난의 위험성이 있다고 부정적인 평가를 했다. 특히 반대론자들이 자주국방 표명은 시대착오적이고 주변국의 군비경쟁을 유발할 수 있는 위험한 발상이라고 강하게 비판하였다.

더구나 북한핵문제와 이라크파병문제를 둘러싸고 발생한 한미 간의 불편함 속에서 주한미군 재배치와 철수계획이 알려지게 되자, 이것을 노무현 정부의 자주국방 추진과 연계시켜 안보 불안을 확대시켰다. 이같이 부정론이 확산되자 노무현 정부는 자주국방의지에서 한발 물러나 어색하며 모순적인 '협력적'이라는 수식어를 붙여 '협력적 자주국방'이란 용어로 대체하였다.

노무현 정부가 지칭하는 협력적 자주국방의 개념은 '배타적 단독국방'이나 동맹의 탈피를 의미하는 것이 아니라 "자주국방과 함께 공고한 한미동맹을 기본 축으로 주변국과의 안보협력을 한층 강화시킨 것"18)이라고 할 수 있다.

즉, 노무현 정부의 협력적 자주국방의 핵심은 '자주국방과 한미동맹의 병행발전 추구'라고 할 수 있다. 이는 동맹을 발전시키고 대외 안보협력을 능동적으로 활용하면서 북한의 전쟁 도발을 억제하고, 도발 시 이를 격퇴하는 데에 우리가 주도적인 역할을 수행할 수 있는 능력과 체제를 구비한다는 것이다.19)

2) 협력적 자주국방의 추진 방향과 내용

노무현 정부 국방정책의 골간은 '협력적 자주국방'이다. 협력적 자주국방은 한·미 동맹의 미래지향적 발전, 한국군의 전쟁억제능력

---

18) 2003년 10월 1일 노무현 대통령 국군의 날 치사.

19) 국가안전보장회의 상임위원회, 『평화번영과 국가안보: 참여정부의 안보정책 구상』(서울: 국가안전보장회의 사무처, 2004), 26~27쪽.

조기 확충, 군 구조 개편·국방개혁 등 세 가지 핵심 내용을 중심으로 추진되고 있다.

국방부는 연구개발 및 방위산업 기반 강화로 2010년에는 첨단무기 개발 기술 면에서 선진국 수준에 진입하고, 북한 특수작전 부대에 대한 대응과 전쟁지속능력 강화를 위해 예비군 전력을 강화할 예정이다.

국방부는 이러한 협력적 자주국방을 추진하기 위해 2004년 11월 6일 노무현 대통령의 재가를 받고 11월 18일 '협력적 자주국방 추진계획'을 발표했다. 국방부의 협력적 자주국방 계획에 따르면 2008년까지 자주국방을 위해 전력투자비 35조 8,000억 원을 포함, 99조 원대의 예산을 투입할 예정이다.

또 한국군의 독자적인 작전·전투 능력 향상을 위해 전시와 평시로 나뉜 동원체계를 일원화하는 '국가동원법' 제정하고, 국내총생산(GDP) 중 국방비가 차지하는 비중이 2004년의 2.8%에서 2008년엔 3.2%까지 단계적으로 높일 방침이다.

노무현 정부가 협력적 자주국방을 위해 추진하고자 하는 첫째 방향은 한·미 동맹의 미래지향적 발전이다. 이는 장기적으로 한반도 방위에 있어 한미 간의 군사적 역할 분담에 변화를 시도한다는 것이다.

즉 한국의 군사역량 성장 정도에 따라 한미연합지휘체계의 성격과 내용을 점진적으로 개선하겠다는 것이다. 특히 미국의 해외주둔군 재배치 및 감축 계획에 따라 주한미군의 감축에 대비하여 국방력 강화를 추진하고 있다.

이에 따라 국방부는 주한미군이 1만 2,500명 감축 시 현재의 3분의 2 수준으로 줄기 때문에 이를 대체할 전력 보강이 시급하다고 보고 있다. 그중 휴전선 부근에 집중 배치된 북한군의 장사정포를 무력화시키는 대화력전 자산(資産·무기)과 정보·감시 장비와 시스템의 현대화를 핵심으로 평가하고 있다.

노무현 정부의 자주국방 추진의 둘째 방향은 한국군의 전쟁억제능력 조기 확충이다. 북한으로부터의 현존 위협에 대한 억제력을 최단기간 내에 완전히 구비한 후, 장기적으로 '방위 충분성 개념'에 입각하여 미래의 잠재적 위협에 대비한 최소 적정수준의 첨단전력을 확보한다는 것이다.

국방부는 우선적으로 전쟁억제 능력을 조기에 확보하기 위해 감시정찰(ISR) 능력과 실시간 지휘통제 체계(C4I), 종심표적(적진 후방 깊숙한 곳) 타격능력을 확충할 계획이라고 한다.

국방부는 이를 위해 수백㎞ 상공에서 1m 크기의 물체를 식별할 수 있는 정찰위성 사업, 2011년까지 4대의 공중조기경보통제기(AEW&C)를 도입하는 E-X사업, 중고고도 무인정찰기(UAV) 사업, 군위성통신 시스템 사업, KDX-Ⅲ 이지스 구축함(7000t급) 및 1800t급 잠수함 건조 등을 추진할 예정이다.

그리고 유사시 북한이나 주변국의 전략 목표물을 공격할 수 있는 합동직격탄(JDAM), SLAM-ER 공대지 미사일, 사정거리 수백㎞인 국산 함대지 크루즈 미사일 등도 국내개발 또는 수입할 계획이다. 이와 함께 예비군의 개인화기인 카빈 소총을 연간 2만 정씩 M-16으로 바꾸고, 향토방위 물자도 2009년까지 100%를 확보해 유사시에 대비키로 했다.

노무현 정부의 자주국방 추진의 셋째 방향은 군 구조 개편과 국방개혁이다. 자주 국방력의 강화모색이 단순히 전력의 양적·질적 증대에만 치중하는 것이 아니라 군 조직과 운영체계의 효율성과 능률성 극대화를 동시에 병행 추구함으로써 국방시스템 전체를 한 차원

강화시켜 나가겠다는 것이다.

군 구조 개편 및 국방개혁과 관련, 국방부는 구체적으로 군 최고 선임자인 합참의장이 중장급 이상 현역장성 인사에 참여토록 하고, 합참 내 주요 직위 보직 권한을 부여하는 방안도 적극 검토하고 있다.

국방부 문민화를 위해 현역 9명(56%)인 국장 직위를 2~3년 내 4명(25%)으로, 현역 27명(47%)인 과장 직위를 3년 내 17명(30%)으로, 중·소령 310명(48%)을 5년 내에 87명(29%)으로 조정하는 방안도 추진할 계획이다.

국방부는 군 병력 감축 및 구조개변과 관련하여 2008년까지 병사를 중심으로 6만여 명의 군병력을 줄이고, 대신에 2007년까지 부사관 2만 명을 증원하여 총병력을 2004년 12월 현재 69만 명에서 65만여 명 수준으로 4만여 명을 줄이기로 했다.[20] 국방부는 2004년에 이미 육군 8,100여 명, 해·공군 900여 명 등 9,000여 명을 감축했고, 향후 지속적으로 감군계획을 추진하겠다고 공식 발표했다.

22% 대 78%인 부사관 이상 간부와 병사비율이 2008년에는 28.5 대 72%로 바뀌어 간부비율도 6% 높일 계획이다. 국방부는 군감축에 있어서 병력숫자보다는 무기체계에 중점을 두는 기술집약형 첨단 과학군 토대를 마련하기 위한 방향으로 추진하고 있다고 밝히고 있다.

3) 협력적 자주국방의 문제점

(1) '협력적 자주국방' 개념의 모호성

노무현 정부가 처음 자주국방이란 용어를 사용했던 배경은 장기적

---

20)『조선일보』, 2005년 1월 14일.

으로 '미군 없는 한반도'를 상정한 것으로 보인다. 미군은 세력균형을 통해 평화의 관리자의 역할도 할 수 있지만 미국의 국익에 따라서는 한반도 및 동북아의 긴장과 전쟁을 유발시킬 요인으로도 작용할 수 있다.

특히 미국은 9·11테러 이후 '테러와의 전쟁'을 선언하고 부시독트린을 통해 선제공격을 공언했다. 이에 따라 이라크 침공처럼 정확한 증거 없이 특정국가나 집단을 공격할 가능성이 커졌으며, 이것이 지역불안을 확대시킬 수 있다.

한국이 미국의 전략에 지나치게 종속되어 우리의 의지와 상관없이 미국의 국익을 위한 전쟁에 참전할 가능성이 매우 커지고 있다. 이러한 부정적인 요인을 제거하기 위해 노무현 정부는 자주국방이란 용어를 사용한 것으로 보인다.

노무현 대통령은 특히 "미국의 안보전략이 바뀔 때마다 우리의 국방정책이 흔들리고 국론이 소용돌이치는 혼란을 반복해서는 안 된다"라고 지적했다. 이는 노 대통령이 미국의 대한반도정책에 관계없이 우리 스스로의 군사력으로 국가안보를 지킬 수 있는 힘을 강조한 것으로 보인다.

즉, 미군으로부터 작전권을 환수하는 등 호혜적이고 대등한 관계를 목표로 하여 10년 동안 자주국방을 추진하고자 했던 것으로 보인다.

노무현 정부는 특히 자주국방을 추진하는 것이 단순히 대북 억제력 확보 차원에서 이루어졌다고 보기보다는 대미 불평등성을 해소하여 국가의 군사주권을 회복하고 국가의 자주성을 확보하려는 의도에서 이루어진 것이라고 할 수 있다.

따라서 그 목표도 전시 작전통제권의 환수와 한미 연합사지휘체제 개편 등을 통해 미국과의 호혜적이고 대등한 동맹관계의 재정립에 두고 있다고 할 수 있다.

그러나 노무현 대통령이 '자주국방'이란 말을 천명한 후 일각에서 '반미 혹은 즉각적인 주한미군 철수' 등의 다소 급진적인 개념으로 몰고 가자 후퇴한 것으로 보인다.

더구나 자주국방에 '협력적'이라는 수식어를 붙임으로써 현실적으로 주한미군의 군사력이나 정보력에 의존하지 않고 독자적으로 대북 억제력 등 자주적인 국가방위를 추구하기가 쉽지 않음을 인정한 것으로 여겨진다.

노무현 정부는 자주국방과 한미동맹의 병행발전 추진을 역설하고 있지만 이 두 개념은 사실상 상호 보완적인 것이 아니라 상호 대립적인 것이다. 자주국방은 본질적으로 동맹의 관계에 의존하지 않고 스스로의 힘으로 국방을 담당하는 것을 말한다.

그러므로 자주국방의 정책적 의지를 천명한 것은 한미동맹의 전환을 전제로 미국과 대등한 관계를 유지하며 국방을 담당하려 한 것으로 보인다. 결과적으로 자주국방 또는 협력적 자주국방은 반대론자와 현실주의자들에 밀려 노무현 정부의 국방정책의 본질적인 의도가 변질되어 그 개념이 매우 모호해졌다고 볼 수 있다.

일부에서는 자주의 개념을 행위자가 스스로 자발적인 의사에 의해 자율적으로 결정하고 주체적으로 행동하는 한, 설령 여럿이 공동으로 어떤 일을 추진하는 경우에도 얼마든지 사용될 수 있는 말이라며 자주국방과 동맹관계가 상호 보완적 관계라고 주장한다.21) 그러나 이 경우는 국력이 서로 유사한 경우에 가능하지 현재의 한 · 미관계처럼 현격한 격차가 생긴 경우는 단지 이상에 불과하다.

---

21) 김영호, "협력적 자주국방과 한미동맹 재조명", 통일연구원 · 국방대학교 안보문제연구소, 『한반도 안보정세 변화와 협력적 자주국방』(서울: 공동안보학술회의 자료집, 2004년 5월 11일), 101~103쪽.

(2) 전력의 대미 의존성 심화

노무현 정부는 자주국방이라는 용어에 '협력적'이라는 수식어를 붙여 자주국방과 동맹관계를 병행발전 추구한다고 밝히고 있다. 용어의 부적절성은 차치하고 노무현 정부가 추진하려고 했던 대미 호혜 평등한 관계가 협력적 자주국방 정책으로 인하여 오히려 대미 종속성의 심화 가능성이 나타나고 있다.

국방부가 2004년 11월 발표한 협력적 자주국방의 추진계획에 따르면 무기 도입이 대부분 미국산을 도입할 예정이어서 대미 의존이 심화될 것으로 보인다.

실제로 미 의회조사국(CRS)은 미 국방부와 국방안전협력기구(DSCA) 등의 자료를 토대로 2004년 8월 26일자로 '개도국에 대한 무기 거래 1996~2003' 보고서를 낸 데 이어 2004년 12월 8일자로 다시 '미국의 무기 판매, 주요 고객과의 계약 및 인도 1996~2003'이라는 제목의 보고서를 내 세계의 무기거래 내역을 종합적으로 분석했다.[22]

이 보고서에 따르면 1996~1999년에는 한국이 외국으로부터 모두 39억 달러의 무기 구매계약을 해서 세계 8위 무기수입국이 됐다. 이 기간에 미국으로부터는 25억 달러 규모의 무기를 구매해 4위의 대미 무기수입국(아시아국 중 1위)이 됐고, 한국의 대미 무기수입 의존도

---

22) 미 의회조사국의 보고서에 따르면 한국은 또 2003년에는 모두 5억 7천만 달러어치 무기를 구입해 미국의 제6위 무기 수입국(아시아국 중 일본 1위, 한국 2위)인 것으로 나타났다. 그리고 2003년 한 해 동안 1억 달러의 무기를 해외에 판매해 세계 10위의 무기수출국으로 나타났다. 북한은 2000~2003년에 모두 6억 달러의 무기를 해외에 팔아 이 기간 세계 9위의 무기수출국이 됐다. 무기 구매계약 완료 기준으로 2000~2003년에 미국으로부터 가장 많은 무기를 구입한 국가는 중동의 아랍에미리트연합(UAE · 71억 달러)이며 2위 이집트(62억 달러), 3위 이스라엘(51억 달러), 4위 한국(37억 달러), 5위 폴란드(37억 달러) 등 순이다. 『세계일보』 2004년 12월 21일

가 64.1%인 것으로 나타났다.

또 2000~2003년에는 한국이 외국으로부터 49억 달러의 무기 구매계약을 해서 세계 6위의 무기수입국이 됐다. 이 중 미국과 37억 달러의 무기 구매계약을 하여 4위의 대미 무기수입국(아시아국 중 1위)이 됐고, 한국의 대미 무기수입 의존도가 75.5%로 동기에 비해 무려 11.4%p나 증가한 것으로 나타났다.

2003년 한 해 동안만 보면 한국은 해외로부터 모두 6억 달러의 무기 구매계약을 해서 세계 7위의 무기수입국이 됐다. 이 중 미국과 5억 7,000만 달러의 무기 구매계약을 하여 6위의 대미 무기수입국(아시아국 중 일본 다음으로 2위)이 됐고, 한국의 대미 무기수입 의존도는 95%인 것으로 나타났다. 이처럼 한국의 무기 도입이 대미 의존적인 데다가 그 비율도 매년 증가하고 있고, 협력적 자주국방으로 그 의존도는 더욱 확대될 것으로 보인다.

(3) 국가안보전략의 빈곤화

노무현 정부가 추진하고 있는 협력적 자주국방은 개념의 모호성과 대미 의존성의 심화를 가져올 뿐만 아니라 안보전략의 빈곤화 현상도 보이고 있다. 노무현 정부는 2005년판 국방백서 발간 시 주적 개념을 삭제할 것으로 보인다. 이는 내적으로 남북화해의 시대에 적절한 태도로 보이며, 외적으로 유엔에서 인정하고 있는 국가를 겨냥해서 주적으로 규정하는 것은 시대착오적인 표현이다.

사실 탈냉전시대의 주적은 뚜렷한 것이 아니라 모호하다. 그러므로 안보전략적으로는 주적 개념을 명시하는 것보다 '잠재적인 적' 또는 '가상의 적'으로 표현하는 것이 전략적으로 보다 적절한 것으로 보인다.

일본은 2004년 12월 확정한 신방위계획대강에서 중대 안보위협 요인 국가로 북한과 중국을 구체적으로 명시했다. 이로 인해 일본은 결국 중국의 반발을 사게 됐고, 일본과 중국은 상호 불신과 군비경쟁이 가속화되게 되었다.

한국이 북한을 주적으로 명시하고 북한과 군비경쟁을 가속화하는 것은 전략적 미숙함을 의미한다. 북한은 이미 1980년대 초반부터 군비경쟁을 포기하고 핵 억지력을 위해 핵무기를 개발해 왔다.

이로 인해 남한과 북한의 재래식 군사력 비교는 사실상 의미가 없어지게 되었다. 그러므로 협력적 자주국방을 통해 구축되는 장비가 단순히 북한만을 겨냥한 것이라면 엄청난 국방비의 낭비를 가져올 뿐이다.

더구나 현재의 한미연합작전의 개념에 따르면 미국은 첨단정보와 막강한 해·공군 증원전력을 제공하고 한국군은 주로 지상작전군에 치중하게 되어 있다. 이러한 전쟁수행 개념은 한국군이 병력집약적 특성에서 탈피하는 것을 제한하고, 육·해·공군의 불균형적인 발전을 초래할 수 있다.

노무현 정부는 이 같은 문제를 시정하기 위해 자주국방을 위한 전력 증강 방향으로 기술집약적 첨단과학 정예군 양성을 목표로 추진하고 있다. 그러나 주한미군의 역할 분담이 계속 과거와 같은 형태로 이루어지게 된다면 자주국방을 위한 전력 증강 노력은 한낱 구호에 불과할 뿐 전력구조와 성격 면에서는 커다란 차이가 없을 것이다.

그리고 한국의 안보를 위협하는 요인은 북한 이외에 일본과 중국 등의 움직임도 포함시켜야 한다. 그러나 협력적 자주국방의 추진에 있어서 주로 북한의 전쟁 도발 억제에만 국한하고 있다. 노무현 정부는 협력적 자주국방의 개념과 적용을 북한으로 규정하면서 주적에서는 북한에 대한 규정을 삭제하는 모순을 보이고 있다.

한국은 전쟁위기가 고조되는 동북아의 안정을 위해서 아직 구체화되지 못한 다자안보나 포괄적 안보를 지향하고 있다. 이것은 장기적 안보전략의 빈곤을 나타내는 것이라고 볼 수 있을 것이다.

특히 노무현 정부는 협력적 자주국방이라는 표현을 통해 국방정책을 천명하면서 대미관계에 악영향을 미쳤다. 자주국방을 구태여 추진하려면 이 표현을 직설적이고 공개적으로 표방하지 않고 추진할 수도 있으며, 한미상호방위조약을 개정을 통해 단계적·전략적으로도 추진할 수도 있을 것이다.

물론 노무현 정부가 대미 자주를 주창해 왔기 때문에 군사적 종속성을 탈피하겠다는 의지를 밝힌 것은 자연스러운 것이나 실사구시적 측면에서는 효과가 반감되었다고 볼 수 있다.

(4) 천문학적인 자주국방비 투자

노무현 정부가 추진하고 있는 국방정책의 핵심인 협력적 자주국방의 추진으로 인해 천문학적인 예산의 편성과 집행이 이루어질 것으로 보인다. 매년 천문학적으로 집행되는 국방비 지출은 정부의 재정난을 가중시키고 경제 운용을 매우 어렵게 할 것으로 보인다.

국회 예산정책처가 2004년 11월 15일 밝힌 국방분야 중·장기 재정소요 분석보고서에 따르면 주한미군 감축과 재배치에 따른 안보 공백을 메우고 자주국방을 달성하기 위해서는 2008년까지 총 107조 원(전력투자비 38조 원), 2015년까지 전략투자비 131조 원을 포함, 총 319조 원의 예산이 필요한 것으로 나타났다.

이는 국방부가 2008년까지 상정한 예산보다 전력투자비 3조 원 포함, 총 투자비 8조 원이나 더 많은 예산이 투입되는 것이다. 이에 따라 협력적 자주국방은 추진과정에서 엄청난 재정난을 가중시킬 뿐만 아니라 과거 '율곡사업'처럼 여러 가지 문제를 야기할 가능성이 클 것으로 보인다.

예산정책처 보고서는 전력투자비(131조 원)의 경우 장거리 정밀타격체제와 기동타격체제, 장사정무기 방어체제, 중장거리 정보획득체제 및 C4I체제 구축 등에 들어가는 순수 전력투자비가 107조 원, 장비 유지 및 수리부속비 등 부대비용이 24조 원가량 들 것으로 추산했다.

또 인건비와 급식·피복비 등 인력운영비에 매년 9조~14조 6,000억 원씩 총 141조여 원이 들어가고 장비운영과 부대활동, 병영시설 건설 및 교육훈련 등에 쓰이는 경상사업비도 매년 3조~4조 6,000억 원씩 총 46조여 원에 이를 것으로 분석했다.

그리고 국방부가 밝힌 협력적 자주국방의 내용은 너무 추상적이고 99조 원에 달하는 엄청난 예산확보 계획과 군 구조개편을 통한 과감한 병력감축 등 군 스스로의 '몸집 줄이기' 개혁이 미흡하다. 정부가 국회에 상정한 2005년도 국방예산안을 보면 전체 20조 8,814억 원 가운데 전력투자비가 34%이고 나머지는 인건비 41.3%, 사업비 24.7%로 구성돼 있다.

비대한 군 조직 슬림화를 통해 미래전에 적합한 정예 과학기술군 양성이 한층 강화되어야 한다. 더구나 군 개혁의 주무부서인 국방부가 전 세계적 추세인 과감한 병력감축을 통한 전력 증강 추세에 소극적인 방향으로 추진하고 있는 것도 문제이다.

4. 한미동맹 변환의 의의와 평가

미국은 탈냉전과 9·11테러 사건 이후 새로운 안보전략을 추구하고 있다. 미국은 2001년 10월에 발표된 '4년 주기 국방검토'에서 해외에 배치된 미군기지 재조정의 필요성을 제기하고 해외주둔미군의 재편을 추진하겠다고 선언했다. 이에 따라 주한미군의 감축, 재배치 및 성격 변환을 추진하고 있어 한미동맹의 재조정이 불가피해졌다.

우선 미국은 주한미군의 병력을 2008년까지 1만 2,500명을 감축하여 2만 5,000명으로 축소하고, 2006년까지 모두 110억 달러를 투자, 150개 분야에서 전력 증강을 추진하고 있다.

이미 배치가 완료된 무인 정찰기 '프레데터'를 비롯하여, 최신형 패트리어트(PAC-3) 증강 배치, 기존 AH-64 아파치 헬기(알파형)를 AH-64D 롱보우(베타형)로 업그레이드 스트라이커 여단의 순환 배치, 고공 무인정찰기 '글로벌호크'와 F/A18 호넷 전폭기 배치 등으로 오히려 전력이 증강된다는 것이다. 아파치 헬기만 해도 규모는 약간 줄지만, 기존 헬기를 AH-64D 롱보우(베타형)로 대체, 전투력은 2배 이상 커진다는 설명이다.

2004년 11월 공개된 2003년 7월 3차 미래한미동맹정책구상회의(FOTA) 전 부처 간 협의를 위해 국방부가 작성한 '주한미군 지역역할 수행 대비책'이라는 문건에서 주한미군 투입 시나리오가 적시되어 있다.[23]

이 시나리오는 저강도·중강도·고강도로 분류돼, 중강도에는 대량살상무기 개발을 추진하는 인근 국가(북한)에 대한 군사적 압박을,

---

23) 민주노동당 노회찬 의원은 기자회견을 갖고 이같이 공개했지만 국방부는 "학술논문을 정리한 것일 뿐 사실무근"이라고 반박했다. 『조선일보』, 2004년 11월 30일.

고강도에는 중국과 다른 극동국가의 분쟁 등에 주한미군이 투입될 수 있는 것을 상정하고 있다.

이는 주한미군이 북한의 침략을 억제하기 위한 '주둔군'이 아니라 중국 등 인근지역의 분쟁에 개입할 수 있는 '기동군'으로 역할 변환이 구체적으로 추진되고 있음을 시사하는 것이다.

반기문 외교통상부 장관은 2004년 11월 2일 주한미군 중 일부를 수시로 한반도 밖으로 투입하고 철수하는 형태의 기동군 역할로의 전환에 대해 "미국의 '전략적 유연성(Strategic Flexibility)'의 필요성을 인정한다"고 말해 주한미군의 기동군화를 긍정적으로 풀어 가겠다는 시사를 했다.

국방부와 외교부의 입장을 종합해 볼 때 정부는 주한미군의 성격이 단순히 북한의 침공에 대비하는 것이 아니라 중국 등을 겨냥해 역할 변경을 추진하고 있음을 파악할 수 있다.

미국은 사실상 주한미군의 기동군화 방침을 확정하고 이미 그 작업을 추진하고 있다. 주한미군 사령부가 2004년 11월 30일 광주 공항에 미 방공포 여단 소속 패트리어트 지대공 미사일의 배치를 2004년 4월 착수하여 완료했다고 밝힌 것은 이를 증명한다.

미군사가 광주기지에 배치한 패트리어트 미사일은 PAC-3 및 PAC-2형(型) 16기(2개 포대)이다. 이로써 주한미군에 배치된 패트리어트 미사일은 수원·오산·군산 공군기지에 배치된 48기(6개 포대)를 포함, 모두 64기(8개 포대)로 늘어났다. 병력은 광주 기지의 425명, 오산기지의 방공포 여단 본부 병력 125명 등 총 550명이 증가했다.

패트리어트 추가배치는 주한미군 감축 및 재편에 대비, 2006년까지 110억 달러를 투입하는 주한미군 150여 개 전력 증강 계획의 하나이다.

2001년 9월부터 실전 배치가 시작된 PAC-3은 패트리어트 미사일 중 가장 최신형으로, 15~20㎞ 떨어진 미사일에 직접 부딪혀 파괴하는 방식(hit-to-kill)으로 요격한다. 미국의 패트리어트 추가 배치는 북한보다는 중국을 겨냥한 것으로 보여 주한미군의 역할이 이미 변화되고 있음을 반영하고 있다.

한국 정부가 아직까지 공식적으로 주한미군의 기동군화를 부인하고 있지만 2005년부터 한·미 양국은 본격적으로 주한미군의 기동군화를 놓고 협상을 벌여야 한다.

남북학술전문용어 비교사전 편찬 토론
장영권 한국평화미래연구소 대표가 2007년 12월 14일(토) 강원도 속초시 설악동 켄싱턴스타호텔에서 통일문제연구협의회(통문협) 주최로 〈남북학술전문용어 비교사업: 성과와 과제〉라는 제목으로 열린 워크숍에 참여했다.
장 대표는 이날 워크숍에서 〈'남북학술전문용어 비교사전' 편찬 의미와 과제: '예비사업 평가 및 보완 방향을 중심으로'〉라는 토론문을 발표했다. 사진은 이상규 원장(마이크 잡으신 분)이 남북언어 이질화 요인에 대해서 발표하고 있다. 이 원장 오른쪽이 손기웅 박사. 그 오른쪽이 장 대표이다.

미국은 앞에서 언급한 것처럼 해외주둔미군 재배치 계획(GPR)에 따라 세계 곳곳에 주둔하고 있는 미군을 유사시 어느 곳에든지 투입한다는 정책을 갖고 있다.

주한미군도 세계 어느 곳에도 투입할 수 있어야 하는데 동북아만 배제할 수 없다는 입장이다. 미국의 요구대로 주한미군이 기동군화되면 우선 대만문제로 미국과 중국과 충동할 때 주한미군이 차출돼 한국의 의사와는 상관없이 전쟁에 휘말리게 될 것이다.

타협적 산물이 될 수 있는 있는 주한미군 차출의 '사전협의제' 실시도 미국에는 주한미군의 '출입 면허증'이 될 가능성이 매우 크다. 일본 주일미군의 경우 사전협의제를 실시하고 있으나 제대로 지켜지지 않고 있다.

제4장

결론: 한반도 평화를 위한 한국의 선택

한국의 노무현 정부는 출범 전인 2003년 1월 7일 발표된 인수위원회 국정 10대 과제에서 한반도 평화체제 구축을 주요 과제로 설정하였다. 노무현 정부는 이와 함께 동북아 평화번영 정책을 통해 남북한과 일본, 중국 및 주변국이 참여하는 동북아 경제 및 평화협력체 창설을 제시했다.

즉, 노무현 정부의 핵심적 국가전략 목표는 한반도가 중심이 되어 동북아의 평화번영정책을 추진한다는 것으로 요약된다. 노무현 정부는 이러한 목표를 실현하기 위해 북한의 개혁, 개방을 적극 유도하고 한반도 평화체제를 구축하는 것을 실천전략으로 제시했다.

노무현 정부는 결국 한반도 평화체제의 구축이 안보정책의 기조로 설정되었으며, 그 실천전략으로 '한반도 평화체제 구축 3단계안'이 제시되었다. 이는 북한핵과 미사일 문제 해결에서 시작하여 남북 평화협정 체결과 동북아 평화협력체제 구축으로 마무리하는 큰 그림이다.

노무현 정부에서 추진하는 평화협정은 군사적 긴장 완화 등 모든 평화 조치를 끝마친 뒤에야 체결하는 완료형 협정이 아니라, 정전상태의 한반도에 전쟁 종료를 선언하고 그 후 실질적 평화 조치를 계속해 나가는 진행형 협정을 의미한다.

남북 간 군인사 교류나 대규모군사훈련 상호 참관 등을 의미하는 운용적 군비통제 추진 방안을 평화체제 구축 마지막 3단계에 넣은 것은 평화협정을 체결한 이후에야 병력의 후방 배치 및 감군 같은 구조적 군비통제를 추진한다는 뜻이다.

그러나 남한의 이러한 평화체제 구축안에 대해 북한은 다른 접근 방법을 제시하고 있다. 즉, 북한은 자신들의 체제를 실질적으로 보장해 줄 수 있는 미국과 평화협정을 체결해야 한다며 남측을 협정 당사자로 인정하지 않고 있는 것이다. 따라서 평화체제 구축안의 첫 단추인 북한핵문제만 평화적으로 해결해도 노무현 정부는 성공한 정부로 평가받을 수 있을 것이다.

평화의 동북아

〈5〉 동북아 평화체제의 구축 방안과 중국의 역할

제8장

동북아의 갈등과 긴장[1)]

1990년 초부터 시작된 탈냉전으로 국제사회는 대전환의 시대에 직면해 있다. 아시아 특히 동북아 지역은 그 중심에 서 있다. 대전환기는 세계사적으로 볼 때 불안정성이 증대되고 갈등이 증폭되었다.

특히 동북아 지역은 역내 국가 간 상호 '전쟁 고리(ring of the war)'로 연결돼 있어 어느 한 나라가 전쟁을 도발하면 전체로 확대될 가능성이 높다. 이에 따라 한반도 및 동북아의 안정과 평화는 어느 때보다 중요하게 부각되고 있다.

한반도에서 미국의 주한미군 전략적 유연성 허용과 재배치로 한미동맹이 새롭게 모색되고 있다. 이와 함께 동북아 군비증강 경쟁도 새로운 불안요소로 대두되고 있다. 유럽에서 냉전이 종식되어 화해협력이 강화되는 것과 달리 동북아의 군사적 대결구조는 심화되고 있는 양상이다.

미국이 '중국위협론'을 내세우며 중국 견제정책을 추진하고 있어 동북아의 '잠재적 불안감'이 확대되고 있다. 더구나 미국의 친대만정책으로 중국－대만 간의 긴장관계가 고조되고 있다.

북한의 핵 개발 의혹으로 인한 북·미 간의 갈등도 동북아를 위태

---

1) 장영권, "동북아 지역 질서재편과 노무현 정부의 안보정책: 쟁점과 평가" 재인용.

롭게 하고 있다. 북·미 핵 갈등이 더 심각해진 이유는 미국이 9·11 테러사건 이후 대외 군사전략을 과거의 '억지'에서 '선제공격'으로 바꿨기 때문이다. 북·미 핵 갈등의 문제는 어떻게 해결되느냐에 따라 한반도는 물론 동북아시아와 세계 평화와도 직결된다.

여기에 일본자위대의 역할 변경 등이 동북아시아 지역의 긴장 강화요인이 되고 있다. 동북아의 군사적 긴장을 해소하기 위해서는 주변국들이 일본의 군사대국화를 억제하는 역할을 수행해야 한다.

그런데 미국은 미·일 신안보동맹선언을 통해 동맹의 관계를 한 단계 격상시키고 미·일 신방위협력지침, 유사입법 등을 추진하면서 일본의 군사대국화를 촉진하고 중국을 압박하고 있다.

동북아의 평화는 각 나라에 커다란 책임이 있지만 보다 중요한 나라는 중국이다. 중국은 남북의 군사적 대치를 완화시킬 수 있고, 나아가 미국이나 일본의 중국위협론을 불식시킴으로써 동북아를 잠재적 화약고에서 구할 수 있는 나라로 간주되기 때문이다.

이에 따라 본 연구는 우선 동북아에 있어서 평화의 현대적 의미와 평화체제의 개념을 정의하고, 동북아 평화체제의 구축을 위한 분석틀과 이에 필요한 조건들을 서술하고자 한다.

그 다음에 동북아 평화체제의 구축을 위한 방안을 제시하고, 이에 대한 중국의 역할을 제안하고자 한다. 마지막으로 중국의 동북아 평화를 위한 한국과 중국과의 관계를 평가하고 이에 대한 전망을 하고자 한다.

평화와 평화체제의 개념과 성격[2]

1. 국제질서의 재편과 평화의 현대적 의미

1980년대 말에서 1990년 초에 걸쳐 동구 사회주의권 국가들의 몰락과 소련의 해체로 국제사회는 동서진영 간 냉전적 대립구도가 무너지고 탈냉전시대를 맞이했다. 탈냉전은 기본적으로 국제질서의 구조적 모습의 새로운 창출을 의미한다.[3]

냉전체제의 구조적 특징은 무엇보다도 미국과 소련 두 초강대국에 의해 주도되는 동서진영의 정치, 군사, 이데올로기 및 경제적인 면에서의 대결구조라고 할 수 있다. 그러나 냉전시대 미국의 주적이었던 소련이 해체된 탈냉전시대는 미국이 세계 유일강국으로 정치, 군사 등 모든 국제질서를 주도하며 재편하고 있다.

그런데 국제사회는 현재 완전한 탈냉전기에 접어든 것이 아니라, 탈냉전기의 과도기적 상황에서 새로운 문제에 직면하고 있다. 탈냉전의 과도기 상황에서 형성되고 있는 신국제질서는 이념·체제·제도 사이의 대립과 갈등이 현저히 줄어든 반면 환경·난민·마약 등

---

2) 이와 관련된 필자의 다수 논문을 참고하고 인용했다.

3) 현인택, "탈냉전과 평화", 이상우·하영선 공편 『현대국제정치학』(서울: 나남, 1992), pp.233~255.

이 새로운 분쟁요인으로 부각되고 있다. 또한 민족·종교·영토문제 등 전통적 갈등 요소들이 새 불안요인으로 떠오르고 있다.

세계의 유일 강대국인 미국의 일방적·군사적 패권주의에 대항하여 세계 곳곳에서 '반미주의'가 강하게 일어나고 있어 국제사회는 과거 '냉전적 이념 대결' 대신 '열전적 이념 대결'이 나타나고 있다. 냉전적 이념이 지배한 냉전시대에는 미국과 소련의 힘의 균형과 억지로 차가운 평화가 유지되었다. 그러나 열전적 이념인 미국의 세계 지배와 세계의 반미주의 대결은 비대칭적 대결로 국지전과 테러전을 낳게 하여 지구촌 곳곳에서 평화가 심각하게 위협받고 있다.

2001년 미국 부시 행정부의 등장은 국제적으로 반미주의를 강화시켰고, 급기야는 2001년 9·11테러가 발생하여 2,700여 명이 희생됐다. 9·11테러 사건 이후 미국은 '테러와의 전쟁'을 선언하고, 그 배후 세력으로 아프가니스탄과 이라크 등을 지목하고 대테러전을 일으켰다.

특히 이라크전은 탈냉전시대로 이행되어 가는 과도기에 미국이 새로운 국가안보전략인 '선제공격 독트린'을 선언하고 일으킨 전쟁이어서 국제사회에 커다란 파장을 가져왔다. 국제사회는 미국의 일방주의적 침략전쟁에 대항하여 '반전평화'를 외치며 미국의 군사 패권주의에 의한 전쟁을 규탄했다. 이에 따라 탈냉전기는 냉전시대와 다른 측면에서 평화가 강조되고 있다.

그렇다면 국제질서의 새로운 재편을 가져온 탈냉전시대의 평화의 개념, 즉 현대적 의미의 평화 개념을 어떻게 정의할 수 있을까? 현대적 의미의 평화는 개념 정의가 획일적이지 않고, 다의적으로 사용되기 때문에 평화란 단어의 용법에서 차이가 발생한다.

평화의 개념을 크게 소극적(negative)으로 정의하는 경우와 적극적

(positive)으로 정의하는 경우로 나누기도 한다. 흔히 평화를 '전쟁의 반대 개념'으로 상정하고 사용하는 경우를 소극적 평화라 하고 '전쟁을 포함하여 제반 사회적 갈등이 해소된 상태'를 지칭하는 경우를 적극적 평화라고 한다.

냉전체제하 평화는 주로 전쟁의 반대 개념으로 상정하였으며, 전쟁억제, 국제분쟁의 해결, 군비확산 방지 및 군비 축소 등을 중심 주제로 다루었다. 한국에서는 남북한 간 전쟁 재발 가능성의 진단과 분단체제를 둘러싼 국제 환경분석이 주류를 이루었다. 그러나 1990년대 초 냉전체제가 붕괴된 이후에는 평화의 영역이 전쟁이나 국가안보를 포함하면서도 정치·군사, 사회·경제의 제반 부문으로 확대되고 있다.

탈냉전기의 평화는 자유·평등·정의·환경보호·번영과 같은 원리에 따라 삶의 질이 보장되는 적극적인 평화의 상태를 말한다. 개별국가와 세계 속에 존재하는 각종 구조적·제도적 폭력의 해소를 추구한다는 점에서 '적극적'이라는 수식어가 붙는 것이다.

여기서는 전쟁의 부재와 불간섭뿐만 아니라 갈등·대립·폭력의 근본 원인까지 제거하여야 참된 평화가 유지된다고 본다. 즉, 현대적 의미의 평화란 힘에 의해 외양상으로 평온이 유지되는 것에 만족하지 않고, 정치·군사, 경제, 문화의 모든 영역에서 구조적·제도적 폭력이 제거된 상태를 의미한다.

그러나 탈냉전기의 신국제질서의 재편과정에서 일부 지역에서는 군사주의 내지는 군국주의의 세계화라는 군사화현상4)이 초래하여 새로운 폭력구조를 재생산하고 있어 평화가 심각하게 위협받고 있다.

---

4) 여기서 군사화란 "경제·사회·정치생활 등의 민간영역에 군사적인 영향력이 침투해가는 과정"을 말한다.

그 대표적 현상이 동북아에서 군사강화정책과 군비확장이 경쟁적으로 이어져 결과적으로 신군국주의[5]를 파생시키고 있는 것이다. 이로 인해 동북아는 지구촌의 다른 어느 지역에 비해 전쟁 발발 가능성이 점점 고조되어 가고 있다. 동북아 지역의 평화가 특별히 강조되는 이유가 여기에 있다.

2. 동북아의 질서 재편과 전쟁위기 구조

동북아는 역사적으로 볼 때 정치·군사적 갈등으로 인해 성장 잠재력을 충분히 발휘하지 못하고 긴장상태를 유지해 왔다. 특히 19세기 이후 청·일전쟁, 러·일전쟁, 중·일전쟁과 제2차 세계대전, 그리고 한국전쟁을 겪으면서 동북아는 대립과 불신으로 전쟁위기가 상존하고 있다.

동북아는 1990년대 이후 탈냉전하에서 안정적인 국제질서가 형성되지 못하고 미국, 일본, 중국, 러시아 등 4대 강국 사이의 미묘한 '힘 키우기' 양상 속에서 불안정한 질서구도의 재편이 이루어지고 있다.

소위 탈냉전의 화해와 협력이 동북아에서는 나타나지 않고 새로운 긴장이 복선화되어 있어 '신냉전'을 잉태하고 있다. 유럽 등은 탈냉전으로 상당한 화해와 협력을 통해 평화의 진전을 이루었다.

그러나 동북아는 북한의 핵 개발 의혹으로 인한 북·미의 갈등, 중·일·러 간의 영토분쟁과 민족주의 재현 등으로 인한 주변국 간의 대립으로 '전쟁위기 구조'라는 틀에 빠져들고 있다.

---

5) 군국주의는 "국내 또는 국제 분쟁상황에서 군부기구의 역할과 기능이 매우 크고, 지배와 권력의 도구로서 폭력장치를 이용하는 체계"라고 정의할 수 있다.

즉, 동북아는 부분적인 '경제적 협력'에도 불구하고 '안보적 갈등'이라는 불안정한 상황이 전쟁위기 구조의 틀로 고착화되어 가고 있는 것이다. 동북아 지역의 전쟁위기 구조는 몇 가지 요인에 의해 형성·고착화되어 가고 있다고 볼 수 있다.

첫째, 동북아의 전쟁위기 구조는 한반도의 분단과 중국-대만의 문제 등 '전쟁 고리'로 연결되어 있다. 가령 중국이 대만을 상대로 전쟁을 일으킬 경우 미국은 대만군을 지원할 뿐만 아니라 군대를 직접 대만에 파견시킬 가능성이 있다.6)

그리고 미국은 주한미군과 한미연합사에 소속된 한국군의 군사편제 및 전시작전권의 미군 장악에 의해 한국군을 참전시켜 중국과의 전쟁을 치르게 할 가능성도 있다. 이 경우 중-조 동맹7)에 의하여 북한까지 참전하여 남북한 간의 전쟁으로 연결될 소지가 있다.

둘째는 동북아 지역 패권 장악을 위한 역내국 간의 경쟁과 갈등이 심화되고 있다. 동북아에서 소련의 몰락과 함께 미국의 직접적인 영향력이 줄어들면서, 이 지역의 패권을 두고 중국과 일본이 상호 경쟁·갈등하고 있다.

일본은 2004년 7월 6일 국회를 통과한 『방위국방백서』에서 중국을 일본의 '가상의 적'으로 규정하고, 중국에 대한 견제를 본격화했

---

6) 대만 해군 총사령관을 지낸 대만 친민당(親民黨) 구충롄(顧崇廉) 의원은 중국과 대만의 전쟁 발발 시 미국의 움직임으로 미뤄 이 같은 가능성이 크다고 주장했다. 『중앙일보』 2004년 6월 7일.

7) 한국의 국방부(김종환 합동참모부 의장)는 2004년 10월 5일 "한반도 전쟁 발발 시 중국은 1961년 체결한 '조-중 상호원조 조약'에 의해 제한적인 규모의 군사력을 북한에 지원할 것으로 예상된다"고 밝혔다. 국방부는 "상호원조 조약의 자동개입 조항인 제2조에 따라 중국은 중국군 18개 사단 40여 만 명과 항공기 800여 대, 함정 150여 척이 투입될 것으로 추정하고 있다"고 언급했다. 국방부는 그러나 "러시아는 2000년 2월 '유사시 자동 무력개입'이란 조항을 '상호 협의한다'로 개정한 '러-조 우호친선 및 협력에 관한 조약'을 북한과 체결, 대북지원은 제한적일 것"이라고 말했다. 『연합뉴스』 2004년 10월 5일.

〈표 5-1〉 동북아 국가들의 영토 및 자원분쟁 사안[8]

분쟁 당사국	분쟁 내용	현재 갈등 정도
◎동북아시아		
중국-러시아	국경분쟁	낮음
중국-일본	도서 및 자원 분쟁(조어도/센카쿠열도)	중간
중국-북한	국경분쟁	낮음
중국-한국	영토 및 자원 분쟁(만주/서해)	낮음
중국-타지키스탄	국경분쟁	낮음
일본-한국	도서 및 자원 분쟁(독도)	중간
일본-러시아	도서분쟁(북부 4개 도서)	중간
◎동남아시아		
중국-베트남	영해분쟁(남중국해)	중간
중국-말레이시아	도서분쟁(스프래틀리군도)	중간
중국-필리핀	도서분쟁(스프래틀리군도)	높음
◎남아시아		
중국-인도	국경분쟁	중간
중국-부탄	국경분쟁	낮음

다. 중국의 민족주의 정서가 고조되고 군대 현대화가 가속화되는 등 일본의 새로운 위협이 되고 있다는 게 그 이유이다.[9] 더구나 미국은 9·11테러 이후 자국의 안전을 강화하기 위해 다시 동북아시아에 대한 영향력을 확대하고 있다.

2001년 이미 중국을 '가상의 적'으로 설정했던 미국은 중국의 동산다오(東山島) 군사훈련을 두고, '대만 공격을 위한 예비훈련'이라며 '중국위협론'의 수위를 높이고 있다. 미국은 중국이 2020년께 미

---

8) 이 표는 왕(Jianwei Wang)의 '아시아지역의 영토 분쟁사안'표를 원용하여 재구성한 것이다. 왕은 분쟁의 원인을 주로 영토를 대상으로 했지만 최근 각국이 에너지문제를 중시하면서 석유와 가스 등 자원분쟁까지 확대되고 있다. Jianwei Wang, "Territorial Dispute and Asian Security: Sources, Management, and Prospects", in Muthiah Alagappa(ed.), Asian Security Order: Instrumental and Normative Features(Stanford: Stanford University Press, 2003), pp.42~43 참조.

9) 일본은 1970년 이래로 해마다 『방위국방백서』를 발표해 왔는데 매 시기 주적 개념을 변화시켜 왔다. 북한의 핵문제가 불거지고 북한이 노동·대포동 미사일 실험을 시행하자 일본은 '북한위협론'을 거론하며 유도탄방어계획 등 군사력을 대폭 강화하였다. 그리고 2004년 일본은 중국을 '가상의 적'으로 공식 선언했다.

국의 패권에 도전할 것으로 전망하고 중국을 '잠재적인 적'으로 설정하고 있어 불안정성이 강화되고 있다.

셋째는 영토분쟁과 해양자원문제로 인한 갈등이 노출되어 분쟁의 우려까지 고조되고 있다. 중국과 일본은 대만과 일본 오키나와 사이에 있는 댜오위다오(釣魚島)를 둘러싸고 영유권분쟁이 2004년에도 계속돼 양국 간의 분쟁 가능성이 커지고 있다.

중국과 일본은 또한 해저자원을 둘러싸고 마찰이 격화되고 있다.10) 한·중 간에는 만주(간도)와 국경선 문제 등 영토분쟁이 잠복되어 있고, 서해안의 석유·천연가스 등 해저자원을 놓고 갈등을 일으킬 소지가 있다. 일·러 간에도 북방 4개 섬 반환을 둘러싸고 갈등이 잠재되어 있다.

그리고 중·러 간 국경분쟁, 북·중 간의 국경분쟁 등 영토적 갈등이 존재하고 있다. 이처럼 동북아 지역은 <표 5-1>에서 보듯이 영토와 자원문제로 중·일 간, 한·일 간, 일·러 간, 한·중 간 갈등이 상호 잠재되어 있으며, 언제든지 폭발할 수 있는 전쟁 위험성이 내포되어 있다.

넷째는 과거사와 역사문제로 인한 민족주의 강화로 역내 국가 간의 갈등이 커지고 있다. 중국의 민족주의와 일본의 우익군국주의가 맞부딪히면서 영토와 해양자원, 그리고 과거사까지 겹쳐 갈등을 넘어 분쟁의 우려까지 낳고 있다.

중국은 일본의 과거사에 대해서도 여전히 강한 문제를 제기하고 있어 대립양상이 심화되고 있다. 일본 총리의 잇단 신사참배와 역사교과서 왜곡문제 등에 중국은 일본에 강한 톤으로 항의하고 있다.

한·중 간의 갈등도 영토문제에 이어 역사문제로 갈등이 심화되고

---

10) 『조선일보』, 2004년 7월 7일

있는 양상이다. 한국은 중국의 고구려사 편입시도 문제와 관련 강력히 항의하는 등 양국이 고구려 역사를 놓고 갈등이 야기되고 있다.

3. 동북아 평화체제의 개념과 성격

동북아 지역은 탈냉전기임에도 불구하고 중·미 간, 중·일 간 잠재적 적의 관계가 형성되어 가고 있고, 북한핵의 문제로 인한 북·미 간의 대치가 동북아 지역 전체를 냉전의 인질로 만들고 있다. 북·미의 핵 갈등이 1994년에 이어 2002년 재발하여 한반도와 동북아의 전쟁위기를 고조시키고 있다.

중국의 민족주의와 일본의 우익화는 영토 및 역사분쟁을 상존케 하고 있다. 이에 따라 동북아 지역은 지구상에서 가장 분쟁 가능성이 높은 지역의 하나로 인식되고 있다. 특히 21세기 강대국 간의 무력충돌의 유력한 시나리오는 중국과 미국으로 예견되고 있다.

이와 같은 상황에서 동북아 지역의 평화체제 구축은 동북아의 전쟁위기 구조를 극복하고 지역 평화와 공동번영을 위해서 매우 절박한 일이다. 평화체제 구축을 위해서는 무엇보다도 근본적인 패러다임[11]의 방향 전환이 매우 절실하다.

동북아 평화체제는 과거 적대적 안보체제의 틀에서 벗어나 새로운 대안적 패러다임을 모색해야 한다. 한 패러다임에서 다른 패러다임으로의 전환은 토마스 쿤(Thomas Kuhn)의 과학혁명에서 언급했듯

---

11) 패러다임이란 과학공동체에 주제 선정, 모델, 방법론, 해답 등에 기본구도를 제공하는 과학공동체가 인정하고 공유하는 믿음, 가치, 기법, 시각을 포괄한 것으로 문제해결의 보편적 모델이라고 볼 수 있다.

이 천동설에서 지동설로의 변화와 같은 개종을 의미한다.

즉, 동북아에서 지역안보 및 평화보장체제 구축은 전쟁위기 구조를 극복할 수 있는 협력안보체제, 즉 평화체제로 바꾸는 혁명적 전환을 의미한다.

평화체제란 전쟁 가능성이 있는 국가 간 평화조약이나 평화협정을 체결하여 이에 규정한 대로 갈등과 분쟁의 가능성을 제도적으로 봉쇄하여 평화를 관리, 유지하는 체제를 말한다. 동북아는 한·미동맹, 중·조동맹 등 전쟁을 수행하기 위한 동맹체제는 잘 갖추어져 있으나 평화를 위한 협력안보체제는 아직 구축되어 있지 않다.

동북아 평화체제의 구축은 이 지역의 전쟁위기 구조를 평화보장체제 구조로의 전환을 의미한다. 철학적으로 볼 때 동북아의 평화공동체 구상은 경제교류 등을 통해 전쟁의 위기구조를 극복하고 평화를 유지한다는 칸트의 평화사상과도 연결되어 있다.12)

동북아 평화체제 구축의 기저에 깔린 구상은 정치·군사적 신뢰관계 개선과 경제협력 확대의 선순환구조를 확립하는 것이다. 이것은 동북아 국가만을 위한 배타적 공동체 대신 동남아와 유럽 등의 참여도 허용하여 동북아의 평화와 번영이 항구적으로 보장되고, 이의 긍정적 영향이 지구촌의 평화와 안정에 기여하는 것이어야 한다.

---

12) 유종일, "동북아구상과 전략: 세 가지 명제의 분석", 국가정보대학원 편, 『동북아 신질서 - 경제협력과 지역안보』(서울: 백산서당, 2004), pp.144~145.

제3장

동북아 평화체제의 구축: 3단계 방안

1. 동북아의 평화가치 확산과 평화체제 부정론 극복

1) 동북아의 4대 평화가치

동북아는 중동지역과는 달리 자원의 문제보다는 지정학적 · 경제적 · 군사적 · 문화적 가치를 지니고 있다. 특히 해양과 대양을 연결하는 다리인 한반도를 지배하게 되면 이러한 가치를 보다 유리하게 확보할 수 있다고 인식해 왔다. 그래서 미국과 일본 등 해양세력과 중국과 러시아 등 대양세력이 서로 주도권을 확보하려고 각축을 벌여 왔다.

탈냉전 이후 미국의 일국적 패권주의가 강화되고 있지만 미국의 힘의 약화에 대비하여 중국과 일본은 서로 동북아의 패권을 차지하려고 준비하고 있다. 그러나 패권경쟁을 지양하고 동북아의 가치를 지키며 공동발전을 모색하려는 움직임도 강하게 나타나고 있다.

동북아는 크게 네 가지 가치, 즉 '4대 평화가치'를 지니고 있다. 첫째, 동북아는 대양과 해양을 연결하는 지정학적 평화가치가 있다. 동북아는 지정학적으로 유럽대륙에서 아시아로 이어지며 미국대륙으로 연결되는 태평양의 관문이기 때문에 세계적으로 전략적 요충지에 자리 잡고 있다.

더구나 이 지역에는 중국, 일본, 러시아 등 강대국들이 포진하고 있으며, 초강대국인 미국도 개입하고 있어 복잡한 역학관계가 형성되어 있다.

둘째, 동북아는 세계경제의 다수를 차지하는 경제적 평화가치가 있다. 한반도에 대한 지배적 장악이 성공하게 될 경우 미국은 일본의 엔화나 중국의 원화가 달러경제권에 대한 의존도를 줄이면서 장래의 기축통화로 나서게 될 가능성을 차단할 수 있다.

특히 한·중·일 3국을 합친 경제규모는 EU 및 NAFTA 지역과 함께 세계 3대경제권을 형성하고 있다. 더구나 동북아의 총 경제규모가 매년 증가하고 있어 경제적 평화가치가 더욱 커지고 있다.

셋째, 동북아는 인류의 삶을 살찌우는 문화적 평화가치가 있다. 중국 황화를 중심으로 고대로부터 높은 수준의 문화·문명이 발달해 왔다. 유교 등 사상과 철학도 인류정신의 발달에 크게 기여해 왔다. 동북아는 서구 중심의 기독문명과 아랍·중동 중심의 이슬람문명의 충돌을 완화시키고 인류의 미래문명의 대안으로 제시될 수 있다.

넷째, 인류의 미래를 여는 희망의 평화가치가 있다. 일본, 한국을 거쳐 중국·러시아·몽고를 이어 유럽까지 종단하는 '유라시아 평화 프로젝트'는 인류의 새로운 미래를 열 것으로 보인다. 사상적·문화적·경제적 가치를 잇게 하는 인류문명의 새로운 혈관인 '신실크로드'의 출발점으로서 동북아의 평화가치는 매우 커지고 있다.

동북아의 전쟁위기 구조를 해소하고 평화체제를 구축하려면 동북아의 평화가치가 확산되어야 한다. 동북아의 가치, 즉 지정학적 가치, 경제적 가치, 문화적 가치, 미래적 가치 등 동북아의 4대 평화가치는 동북아의 평화를 가져올 핵심적 요소이다.

동북아가 전쟁으로 인한 공멸을 막고 공동번영을 가져오게 할 핵심적 동력이 바로 동북아의 평화가치이다. 이러한 동북아의 가치론을 확산시켜 공동 인식화와 공동 이익화하는 작업이 적극 추진되어야 할 것이다.

2) 동북아 평화체제의 구축에 대한 부정론 극복

동북아 지역에 다자 안보협력 체제라는 평화체제를 구축할 필요성을 인정하지만 유럽과는 달리 용이하지 않을 것이란 주장이 있다.[13] 소위 유럽에서 이루어진 신뢰 구축이나 군축모델을 동북아 지역에 그대로 적용하기 힘들다는 것이다.

동북아 지역은 유럽과는 근본적으로 다르게 다양하고 이질적인 정치ㆍ문화ㆍ역사적 배경을 갖고 있으며, 이것은 역사적으로 뿌리 깊은 갈등요인이 되어 지역안보를 위협하고 있다는 것이다.

또한 공통된 위협이 존재하지 않아 공동안보의 개념과 틀을 발전시켜 오지 못했으며, 기본적으로 쌍무동맹 또는 협력에 의해 안보가 유지되고 있다는 점이 평화체제의 구축을 어렵게 한다는 것이다.[14]

동북아 평화체제를 조기에 구축하기 위해선 이러한 부정론을 우선적으로 극복할 필요가 있다. 동북아 평화체제의 구축에 대한 부정론을 극복하기 위한 하나의 대안으로 6자회담을 들 수 있다.

즉, 한반도 및 동북아 위기 요인의 하나인 북한핵문제 해결을 위한 6자회담이 진행되고 있는 것은 동북아 지역의 평화체제 구축 가

---

13) 김계동, "동북아질서와 세력균형의 변화", 국방정보대학원 편, 『동북아 신질서 — 경제협력과 지역안보』(서울: 백산서당, 2004), pp.32~33.

14) 이상균, "동북아 다지안보 협력체제 구축방안", 『국가전략』 제3권 1호(성남: 세종연구소, 1997), p.199. 재인용.

능성을 시사하는 것으로 파악할 수 있다.

6자회담은 참여국 모두의 이해관계가 핵문제를 둘러싸고 서로 작용함으로써 하나의 새로운 역학구조를 만들고 있다. 이는 동북아 평화체제의 구축이라는 새로운 질서를 형성하는 계기로 작용할 수 있다.

또한 한국과 중국 등 동북아 국가들 중 몇몇 나라가 동북아 평화체제 구축을 시도하는 것도 부정론 극복의 가능성으로 지적할 수 있다. 최근 동북아 지역에선 역내국 간에 영토, 역사, 민족주의 등 갈등으로 전쟁위기 구조가 상존하지만 이에 못지않게 협력관계도 다양하게 모색되고 있다.

중국과 미국은 북한핵문제 해결을 위해 상호 협력이 강화되었다. 9·11테러 이후 테러와의 전쟁을 벌이고 있는 미국은 북한의 대량살상무기 제거를 위해 중국의 협력이 절실한 상황이다.

중국은 지속적인 경제 현대화의 추진에 역내의 안정과 미국 등의 협력이 필요하다. 러시아도 경제 발전을 확대하기 위해서는 한반도의 안정과 미국 등의 협력이 필요한 상황이다.

현재 동북아 지역의 역학구조는 복잡성과 유동성으로 특징지어지며 각 개별국가들은 국가이익 우선의 국내외적 정책을 추구하고 있다. 과거 냉전시대 역내질서의 바탕을 이룬 이념을 중심으로 한 동맹관계 등 정치·군사적 결속관계가 느슨하게 유지되고 있다.

즉, 동북아 지역은 경제적 실리가 근간을 이루는 지경학적 현실주의(geo-economic realism)가 강하게 나타나고 있다.[15] 이에 따라 역내국 간의 관계도 국익적 사안에 따라 협력과 비협력이 모색되는 '전략적 동반자관계'의 경향을 보이고 있다.

---

15) 김계동, "다자안보기구의 유형별 비교연구: 유럽 통합과정에서의 논쟁을 중심으로", 『한국정치학회보』 28집 1호(1994), pp.552~553.

〈표 5-2〉 동북아 평화체제 구축 3단계 방안과 목표 · 전략

	추진 방안	추진 목표	추진 전략
1단계	*경제 공동체 건설	*전쟁위기 구조 극복 *대립 · 불신 해소 *동북아경제 인프라구축	*북핵, 대만 문제 평화적 해결 *한반도 비핵화 *FTA체결 역내 통합
2단계	*정치군사 공동체 창설	*호혜 · 평등한 관계형성 *정치 · 군사적 동반자 관계 형성	*북 · 일 및 북 · 미 수교 *과거사 및 영토문제 정리 *군축 및 패권주의 종식 *다자간 안보기구 창설
3단계	*평화체제 구축	*평화 · 번영의 동북아 실현	*동북아 공동 문화권 형성 *세계에 대한 개방과 협력

따라서 동북아 지역의 역내 국가들이 지속적이고 항구적인 국익을 실현하려면 동북아 지역을 전쟁위기 구조에서 평화체제 구조로 전환되도록 해야 할 것이다. 다행스럽게 동북아 평화체제의 구축에 대한 공감대가 정부 차원, 비정부 차원과 경제적 · 비경제적 측면 모두에서 확산되고 있다. 이에 따라 동북아는 과거 어느 때보다 평화체제의 구축 가능성이 점차 커지고 있다.

2. 동북아 평화체제의 구축: 3단계 방안

동북아 지역의 평화체제 구축을 위한 방안은 여러 가지로 접근할 수 있다. 어떤 한 나라가 이를 주변국에 제안하여 추진할 수 있고, 현재 진행 중인 6자회담을 통해 논의할 수도 있다.

그러나 직접적인 방법으로 창안하는 것이 빠른 방법이긴 하지만 충분한 신뢰가 형성되지 않은 상황에서 추진하면 쉽게 해체되거나 유명무실해질 수 있다. 그러므로 역내의 공동이익을 위한 부분을 강

조하여 이를 바탕으로 <표 5-2>와 같이 단계적으로 추진하는 것이 바람직하다.

1) 제1단계-동북아 경제공동체 건설

유럽에서 다자안보 협력체제가 시작될 수 있었던 가장 큰 계기는 1950년대 후반부터 추진된 서유럽 경제통합이었다. 전체 유럽이 아니라 서유럽만의 통합이었고, 정치·군사 분야를 배제한 경제통합이었으나, 서유럽 경제통합을 통한 다자적 관계 형성은 추후 유럽안보에서 '다자주의적 접근'을 하는 데 유용한 경험과 교훈을 제공했다고 볼 수 있다.

따라서 동북아에서 다자적 접근에 의한 평화체제를 구축하기 위해선 역내 국가 간의 정치체제 및 경제력이 매우 상이하기 때문에 우선 접근하기 용이한 경제 분야부터 시작해 정치·군사 분야로 발전시켜 나가는 것이 바람직하다.[16]

동북아 지역의 경제공동체 건설 실현 가능성은 매우 크다. 현재 한·중·일 간 경제협력관계가 강하게 밀착되어 있기 때문에 비교적 쉽게 경제공동체를 건설할 수 있다. 1999년부터 시작된 한·중·일 동북아 3국 간 경제협력이 점차 체계화되어 동북아 경제공동체 구상으로 발전할 가능성을 제시하고 있다.

한·중·일 3국은 경제규모 면에서 15억 명의 소비자, 7조 달러의 GNP, 2조 달러의 무역규모 등으로 EU 및 NAFTA 지역과 함께 세계 3대경제권에 속한다. 더구나 동북아의 총 교역에서 역내교역이 차지하는 비중이 1990년의 12.5%에서 2002년에는 22.4%로 매년

16) 김계동, "동북아질서와 세력균형의 변화", pp.34~35.

급증하여 동북아 경제통합의 필요성이 커지고 있다.

특히 최근 들어 국가 간 자유무역협정(FTA)의 체결이 보편화되어 가는 추세여서 한·중·일 3국 간의 체결 가능성이 높아지고 있다. 한·일 간에는 이미 FTA체결을 위한 접촉이 시작되었으며 중국도 타당성 검토를 제의하고 있다.

동북아 3국의 FTA체결은 한국의 생산기술과 개발경험, 일본의 첨단기술과 자본, 중국의 노동력과 거대한 잠재시장이 상호 보완적 관계를 형성하여 공동이익을 증대시킬 것이다.

EU나 NAFTA 등의 선례로 볼 때 FTA는 경제적 효과뿐만 아니라 정치적 이익도 가져다준다. 그러므로 세계제조업의 산실 역할을 하는 한·중·일이 경제력에 걸맞은 국제적 위상을 갖추려면 FTA 체결이 필수적이다.[17]

장기적으로 한국을 포함하여 중국·일본·미국·러시아 등이 참여하는 다자간 FTA체결을 추진하여 동북아의 광역 경제통합이 이루어져야 할 것이다.

2) 제2단계 - 동북아 정군공동체 창설

동북아 역내 국가 간의 공동이익을 위해서 형성한 경제공동체가 유지·발전하기 위해서는 중국과 일본 등 참여국들이 패권경쟁을 해소할 필요가 있다. 이를 위해서는 다자안보 협력체제의 가장 초기적인 단계라 할 수 있는 '다자간 안보협의기구'를 창설해야 한다.

동북아 국가들은 현재 아세안지역포럼(ARF) 등을 통해 간헐적으로 다자간 안보협력을 논의해 왔다. 지역 경제공동체가 공동이익과

---

17) 『조선일보』 2004년 9월 14일.

공동번영을 가져오게 하려면 점진적으로 다자간 안보협의체의 틀을 상설적으로 구축해야 한다. 이를 통해 역내 국가 간 신뢰를 구축하고 군비통제를 추진할 수 있다.

유럽의 다자안보 협력이 성공할 수 있었던 것은 기존의 정치·군사·경제 분야의 동맹 및 협력관계 등 '현상 인정'의 바탕 위에서 이루어졌기 때문이다. 안보협력체제는 갈등과 분쟁을 줄이기 위한 것이므로 갈등이 생길 수 있는 요인을 줄여나가야 한다.

따라서 동북아에서 기존의 동맹관계, 힘의 역학관계 등을 인정하는 바탕 위에서 단계적으로 다자간 안보협력 체제를 추진하는 것이 바람직하다. 그리고 다자 안보협력체제는 포괄적인 개념을 갖고 추진해야 할 것이다.[18]

동북아 지역의 다자간 안보협력기구는 예방외교(preventive diplomacy)와 분쟁방지(conflict prevention)에 중점을 두고, 비군사적 분야에서 군사적 분야까지 안보협력을 달성한다는 목표하에 점진적인 방식으로 접근할 필요가 있다.[19]

즉, 역내국 간의 주권존중과 국내문제 불간섭, 불가침과 무력사용 및 위협금지, 분쟁의 평화적 해결 및 평화공존, 인간존엄의 원칙 등을 안보협력기구의 기본강령으로 규정해야 할 것이다.

그리고 의제를 설정할 때는 정치·군사문제를 비롯하여 경제, 환경, 인권 등 광범위하고 다양한 분야로 융통성 있게 접근해야 포괄적인 신뢰 구축을 이룰 수 있다.

---

18) 김계동, "동북아질서와 세력균형의 변화", pp.36~37.

19) 이상균, "동북아 다자안보 협력체제 구축방안", 『국가전략』 제3권 1호(성남: 세종연구소, 1997), pp.199~201.

3) 제3단계 — 동북아 평화체제 구축

동북아 지역의 다자간 안보협력기구를 통해 상호 신뢰 구축이 이루어지면 동맹의 재편과 군비 축소 등을 실현하여 평화체제를 구축할 수 있다.

한반도의 경우 다자협력의 틀 안에 북한을 참여시켜 정전체제를 평화체제로 전환하고, 주변국 간의 이해관계와 입장을 조정하여 통일에 기여하도록 할 수 있다.

특히 동북아 지역의 평화체제 구축을 위해서는 '양자동맹'의 산을 넘어야 한다. 냉전시기는 공동의 적에 대하여 강한 동맹이 필요했지만 탈냉전과 더불어 동맹구조도 부분적으로 변화되기 시작했다.

유럽의 경우 북대서양조약기구(NATO)가 성격을 바꿔 인권, 환경, 마약 등 포괄적 안보개념을 형성하며 적극적 의미의 평화를 위해 기여하고 있다. 동북아에서도 탈냉전으로 전통적 동맹체제가 해체되고, 새로운 성격으로 개편이 논의되고 있다.

한·미동맹과 미·일동맹에서 한국과 일본은 장기적인 측면에서 대미의존을 벗어나려고 하고 있고, 미국은 동북아 지역 전체를 전략적 개념으로 군사적 패권을 유지하려 하고 있다.

중·조동맹 및 조·러동맹도 혈맹관계에서 전략적 제휴관계로 결속력이 이완되었다. 이로 인해 동북아 지역의 동맹구조가 재정립하는 계기를 맞았고, 재편기에 들어가 있다.

현재 한국과 일본은 미국의 안보우산에 있으면서 자주적 국방체계를 강화하고 있다. 중국과 러시아는 경제개혁과 경제 발전을 위해 동북아시아의 안정과 평화유지를 필요로 하고 있으면서도, 미국의 군사패권에 대항할 태세를 갖추고 있다. 전통적인 동맹관계인 한·

미 · 일과 북 · 중 · 러의 삼각동맹체제가 탈냉전 후 사실상 해체되었으나 신냉전의 도래로 다시 재건될 조짐을 보이고 있다.

그러나 동북아 지역이 군사주의를 강조하여 전통적 동맹관계로 회귀한다면 전쟁위기 구조를 고착화시켜 전쟁 불안 속에 빠지게 된다. 현대전은 대량살상능력을 갖춘 첨단무기가 동원되어 엄청난 인적 · 물적 피해를 가져온다. 이렇게 되면 동북아는 공멸의 나락으로 떨어질 수도 있다.

동북아가 공동안보와 공동번영을 추구하려면 역내 국가들이 전통적 동맹관계를 해체하고 다자적 협력안보의 틀에 들어와 평화체제를 구축하여야 할 것이다. 즉, 동북아 지역 평화체제를 구축하여 지역평화 및 안정증진, 공동이익 창출을 위한 역내 국가 간 협력이 적극적으로 모색되어야 한다.

그리고 경제문제와 영토, 자원 문제 등을 둘러싼 갈등과 대립은 대화와 협상을 통해 해결해 나갈 필요가 있다. 특히 미국을 포함하여 중국과 일본은 역내 패권 장악을 위한 경쟁을 지양하고 평화의 균형자와 조정자의 역할을 수행해야 할 것이다.

제4장

동북아 평화체제의 구축: 중국의 입장과 역할

1. 동북아 평화체제의 구축에 대한 중국의 입장

동북아의 가치가 증진되면서 동북아에서는 냉전 종식과 함께 동북아 평화체제의 구축과 통합에 대한 모색이 적극적으로 이루어지고 있다.

특히 동북아 지역의 평화체제 구축의 목적은 동북아의 공동가치를 지키고, 참여국 간 갈등의 조짐이 있을 경우 군사적 충돌로 진전되지 않도록 사전에 긴장요인을 해소하고, 분쟁이 존재하더라도 더 이상 확대되는 것을 방지하는 것이다.

이와 같은 목적을 가진 평화체제의 구축은 정치적 대화, 군사적 신뢰 구축, 군비 축소 등을 다자안보 협력체제를 통해 단계별로 추진할 필요가 있다. 평화체제 참여국들은 안보 불안을 줄일 뿐만 아니라 안보 외의 분야에서도 국가이익을 획득할 수 있다.

한국을 비롯하여 중국, 일본 및 러시아 등 동북아 국가들은 1980년대 후반부터 동북아에 새롭게 등장한 긴장요인을 제거하고 안정과 평화를 위해 동북아의 다자간 안보협력기구를 통한 평화체제의 구축 필요성을 강조해 왔다.

동북아의 통합 가능성에 대하여 일부에서 여전히 부정적인 시각이 있지만, 큰 흐름은 이를 극복하고 공동발전의 비전을 담은 다양한 방안들이 적극 제안되고 있다는 점이다.

한국은 1988년과 1992년 유엔총회연설에서 동북아 지역의 다자간 안보협의체의 필요성을 역설하면서 남북한과 미·일·중·소가 참여하는 '동북아 6개국 평화협의회' 창설을 제안했다.

다른 동북아 지역 국가들도 아세안지역포럼(ARF: ASEAN Regional Forum) 등을 통해 '동북아 다자안보협력 틀'의 창설을 제안하고 있는 것도 동북아 평화체제의 구축 가능성을 구체적으로 보여 주는 사례로 평가된다.

중국도 동북아 평화체제의 구축에 비교적 긍정적인 입장을 보이고 있다. 중국은 현재 '샤오캉(小康: 먹고살 만한 수준)사회' 건설이라는 '장엄한 국가목표'를 실현하기 위해 일심전력으로 현대화사업을 추진하고 있다.

중국은 이를 위해 일차적으로 평화적인 주변 환경을 필요로 하고 있다. 중국은 대외정책에 있어서 '평화공존 5원칙'이나 '화평굴기' 등을 통해 '평화'라는 말을 전략적으로 사용해 왔다. 주변 국제환경이 평화적이어야 국가안보와 국가발전을 이룰 수 있기 때문이었다.

중국은 특히 2004년 4월 한국·미국·일본과 동남아국가연합(ASEAN) 회원국들에 "아시아 내 군사적 교류에 참여하고 싶다"며 협조를 요청했다. 2004년 7월 2일 인도네시아 자카르타에서 열린 아세안지역포럼(ARF)이 각국의 국방차관급으로 구성되는 '신안보대화체제'를 논의한 것도 중국 측 제의에 따른 것이다.

중국은 이 자리에서 군사전략의 골격, 군 현대화와 기술혁신, 테러 대응책 등 거의 모든 군사 현안을 논의할 용의가 있다고 제안했다.[20] 동남아를 무대로 한 중국의 군사 주도권 장악과 미국의 개입

저지라는 측면이 있지만, 중국의 지역 내 안보협력을 위한 다국 간 군사대화 채널 구축 제안은 긍정적으로 평가할 수 있다.

그러나 중국의 이러한 제안이 단지 외교적 수사가 아닌 평화체제의 보장 장치가 되도록 해야 할 것이다. 즉, 중국 등의 동북아 평화체제의 구축 참여에 대한 긍정적인 입장을 보다 제도화할 필요가 있는 것이다.

이를 위해서는 중국의 동북아 평화체제 구축을 위한 역할을 보다 구체적으로 규정할 필요가 있다. 이것은 중국이 경제력을 바탕으로 군사력을 증강하여 '유소작위'나 '부국강병'을 통해 지역패권을 추구하여 스스로가 평화를 위협하는 국가가 되는 것을 미연에 방지하기 위한 전략이기도 하다.

2. 동북아 평화체제의 구축을 위한 중국의 역할

동북아 평화체제의 구축은 미국을 포함하여 한·중·일·러 등 역내 국가 중 전쟁위기 구조를 막을 수 있는 위치에 있는 국가가 추진하는 것이 바람직하다. 이들 나라 중 한반도의 평화와 동북아의 패권 경쟁을 저지할 수 있는 유력한 나라 중 하나가 중국이기 때문이다.

물론 동북아의 평화공동체 실현을 주도하는 것은 한국 등 동북아 국가 중 어느 나라도 할 수 있다. 그러나 미국·일본과의 관계, 한반도문제 등과 가장 밀접한 나라가 우선은 중국이다.

따라서 동북아의 평화공동체의 실현을 위한 평화체제 구축은 중국의 참여와 역할에 따라서 크게 영향을 받는다. 이러한 의미에서 중

---

20) "동남아 주도권 잡아라" 미국·중국 힘겨루기, 『중앙일보』, 2004년 7월 12일.

국의 국가목표와 대외정책은 매우 중요하다고 볼 수 있다.

특히 동북아 평화체제의 구축에 앞서 선행되어야 할 것은 한반도 평화체제의 구축이다. 한반도 평화체제의 구축이란 남북 간의 불안정한 정전상태가 전쟁이 완전히 종료한 평화상태로 전환하고, 미국과 중국 등 관련국 및 일본·러시아 등 주변국들이 이를 조약이나 협정을 체결하여 평화를 실질적이고 제도적으로 보장하는 체제를 말한다.

한반도 평화체제의 구축은 동북아의 전쟁위기 구조를 개선하는 단초를 제공한다는 측면에서 의미가 매우 크다. 중국은 한반도 평화체제의 주요 관련국이자 동북아 평화체제 구축의 주도국이 될 수 있다는 측면에서 역할이 중요시된다. 중국의 동북아 평화체제 구축을 위한 몇 가지 역할이 강조되어야 할 것이다.

1) 남북 평화 정착과 한반도 통일 중재자로서의 중국

먼저 중국은 북한 핵문제 등 한반도문제 해결의 적극적인 중재자 역할을 하여야 할 것이다. 실용주의자로 알려진 후진타오(胡錦濤) 체제가 출범하면서 국가이익 우선의 한반도정책이 더욱 힘을 얻게 됐다. 중국이 최근 북핵문제 해결과정에 적극 나서고 있는 그 배경을 몇 가지 측면에서 지적할 수 있다.[21]

첫째, 중국은 북한의 핵 개발이 중국안보에 큰 피해를 줄 수 있다는 판단을 하고 있다. 이에 따라 중국은 공식적으로 북한의 핵 개발에 반대하며 한반도의 비핵화를 적극 지지하고 있다.

즉, 북한의 핵 보유는 일본, 한국, 대만의 핵 보유를 가속화시켜

---

21) 연현식, "동북아 패권경쟁과 지역안보", 국가정보대학원 편, 『동북아 신질서 경제협력과 지역안보』(서울: 백산서당, 2004) pp.213~216.

소위 핵 도미노현상이 동북아 지역에서 야기될 가능성이 있으며, 이는 결코 중국의 국가이익에 합치되지 않는다고 보고 있다.

둘째, 북한핵으로 인해 한반도에서 전쟁 발발 시 최인접국인 중국은 상당한 피해를 입을 것으로 인식하고 있다. 특히 북한난민의 대량 유입이 예상되고, 이는 중국의 국가안보에 직접적인 악영향을 끼칠 것으로 분석한다.

이 때문에 중국은 한반도문제에 이해관계를 갖고 있는 국가들과의 협력을 통해서 북한문제 해결을 모색하고 있으며, 동북아 다자안보를 통한 평화체제 구축에 대해서도 이전과는 달리 적극적으로 임하고 있다.

셋째, 북한의 핵 보유는 미국이 강력히 추진하고 있는 미사일방어(MD)계획에 명분을 주어 동북아 지역 안보문제를 더욱 위태롭게 할 우려가 있다고 판단하고 있다. 이에 따라 미국의 동북아에 대한 패권성이 강화되고 최악의 경우 중국이 치명적인 피해를 입을 수 있다고 분석한다.

중국 내에서는 기존의 대북 및 한반도 정책을 현실에 맞게 수정할 필요성이 제기되고 있다.22) 즉, 중국은 시대나 상황변화에 따라 북한을 무조건적으로 지지할 수만은 없다는 인식도 하고 있다.

따라서 중국은 중국 자신의 국가안보와 국가발전을 증진시키기 위해서 한반도의 평화가 정착되도록 하여야 할 것이다. 한반도의 평화 정착을 위해서는 중국이 종전의 현상유지 정책을 통해 '두 개의 한국정책'을 추진하던 것을 이제 포기해야 한다.

중국은 한 걸음 더 나아가 남북한 간의 정전체제를 평화체제로 전

---

22) 중국의 대북정책 수정과 관련해서 크게 관심을 끌고 있는 것은 1961년 체결된 '중·조 우호협력 및 상호원조 조약'의 군사동맹 관련조항을 삭제할 필요가 있다는 논의의 제기다. 연현식, "동북아 패권경쟁과 지역안보", p.215.

환하고, 이를 통해 한반도의 통일을 실현하는 데 중재자로 적극 나서야 한다. 한반도 통일을 통한 동북아의 긴장 해소와 평화체제를 구축하는 것이 중국의 평화안보를 보장하는 길이 되기 때문이다.

중국이 북한을 미국의 동북아 패권정책에 대한 '완충지역(buffer zone)'으로 설정하고 북한 핵문제 등 한반도문제에 소극적으로 임한다면, 이는 오히려 중·미 간의 직접대결을 가져오게 할 수 있다. 군사적 측면에서 재래전과는 달리 현대전에서는 공간적·지리적 '완충지역'의 설정은 거의 의미가 없어졌다.

중국과 미국의 국경은 지상의 어느 선이나 지도책에 있는 것이 아니라 정책결정자들의 마음속에 존재하기 때문이다. 그러므로 중국은 잠재적인 적대국으로 미국이나 일본으로 상정하고 북한을 완충국으로 설정하여 국가안보를 강화하려는 전략은 더 이상 유효하지 않다.

중국은 자국의 안보를 위한 한반도의 분단이라는 유동성이 강한 현상유지 전략을 전면 수정할 필요가 있다. 중국은 경제의 현대화가 거의 이루어진 만큼 이에 걸맞게 패권성이 아닌 평화리더십을 발휘하여 한반도 통일의 중재자로 적극 나서야 할 것이다.

2) 동북아의 긴장 완화와 평화 정착자로서의 중국

중국은 스스로 무력 확장과 국제패권을 도모하지 않으며 세계의 평화와 지역의 안정을 수호하는 튼튼한 힘이 될 것이라고 선언하고 있다.[23] 중국이 이러한 대외정책 기조를 유지한다면 동북아의 갈등 조정자와 세력 균형자로서의 동북아 평화체제의 구축을 주도적으로

---

23) 조자상, "조선 핵 위기에 대한 중국의 입장과 역할", 통일연구원 '한반도 및 동북아의 평화와 번영' 국제회의 자료집(2004년 6월 7일), p.17.

실현할 수 있다.

북핵문제는 그동안 북·미 간 무기통제에 국한된 사안으로 취급돼 왔다. 그러나 더 근본적 해법은 중국이 미국과 북한의 미래, 한반도 통일의 속도, 동북아 전체의 핵 억제 등 한반도 및 동북아 지역의 정치적 미래에 관한 인식 공유를 확대해 나가야 할 것이다.[24]

미국은 9·11 테러사건을 겪으면서 대중 정책을 전략적 경쟁국에서 전략적 동반자로 전환하고 테러와의 전쟁에서 협력관계를 견지했다. 중국은 북한핵문제 해결의 중재 등 대량살상무기 확산 저지에도 참여하여 아시아지역에서의 중국의 역할이 강화됐다.

이에 따라 중국은 한반도 및 동북아의 평화 정착에 기여하고 있다. 중국은 미국 내 일부에서 제기하는 '중국위협론'의 본질에 대해서 의문을 나타내고 있으며, 미국과의 관계 개선 노력을 꾸준히 해 오고 있다.

그러나 만약 중국이 어느 정도 경제 발전과 군대 현대화를 이룬 후 지역패권 정책을 추진하게 되면 미국 또는 일본과 충돌할 가능성이 있다. 중국이 연간 7~9%의 경제성장률을 지속적으로 보인다면 앞으로 2025년경이면 국민총생산(GNP)이 미국을 능가할 것으로 예측되고 있다.

일각에서는 이때가 되면 중국은 더 이상 미국의 일방적인 동북아 패권주의를 묵인하지 않을 것이라고 우려하고 있다. 중국이 어느 정도 대미 견제력이 형성되면 중화민족주의와 미국의 패권주의가 충돌

---

24) 미국기업연구소(AEI) 니컬러스 에버스타트(Eberstadt) 선임연구원은 미국 아시아연구소(NBR)가 최근 발간한 '2004~2005년 동북아시아' 연례보고서를 통해 한반도에서 발생할 수 있는 6가지 가상시나리오를 제시했다. 6가지 시나리오는 불안한 균형, 핵협상 타결, 한미 간의 핵 갈등, 북한의 전격적인 핵실험, 북한 내부 붕괴, 군사적 충돌 가능성 등이다. 최악의 시나리오인 군사적 충돌 가능성은 미국의 선제공격과 북한의 자작극으로 인한 남침이다. 에버스타트 AEI연구원 '한반도 6가지 시나리오', 『조선일보』 2004년 9월 24일.

하게 되고, 그 결과 동북아에서 중국과 미국 간에 신냉전이 도래할 가능성이 커진다는 것이다.

그러나 중국은 미국 등과 군비경쟁을 할 것이 아니라 북한, 남한 등과 협력하여 동북아 지역의 군비 감축을 주도해 나가야 할 것이다. 중국 스스로가 적정 경제력과 군사력을 보유함으로써 미국의 경계를 유발하지 않고 동북아 평화를 추진하는 평화 조정자로서의 위상을 확보해 나가야 할 것이다.

중국은 이미 미국이 주도하는 세계무역기구(WTO) 가입 등 세계경제에 깊숙이 편입되어 있다. 중국은 지속적인 경제성장과 에너지의 안정적 확보를 위해서는 미국 등 국제사회와의 신뢰 구축이 중요하다.

국제안보 분야에서도 미국이 주도하는 레짐에 호의적인 자세를 견지하고 있고, 지역안보 문제와 관련해서도 아세안지역포럼(ARF) 가입 등 건설적인 역할을 수행하려 하고 있다. 그러므로 중국은 동북아 평화안보의 균형자(balancer)이자 안정자(stabilizer)로서 새로운 국가안보 목표를 추구해야 할 것이다.

원자바오 중국 총리는 2004년 10월 1일 건국 55년 주년을 맞아 "중국은 패권주의를 추구하지 않겠다"고 강조했다. 그러나 동북아의 평화는 말이 아니라 평화체제 구축을 위해 구체적인 행보를 시작할 때 가능해진다. 중국이 동북아의 평화 정착자로서 이웃 국가들에게 신뢰감을 주어야 할 것이다.

제5장

결론: 동북아 평화를 위한 한·중 신협력 강화

동북아에서 중국이 추구하는 국가목표는 동북아의 새로운 평화와 발전의 틀을 만드는 것이어야 한다. 이 목표가 실현되려면 한반도는 반드시 평화·번영의 지역이 돼야 하며 관련 국가 사이에 신뢰와 지지를 기초로 다자체제의 안보 공동체를 형성해야 할 것이다.

즉, 동북아의 평화와 번영을 이루기 위해서는 동북아의 평화체제를 구축할 필요가 있다. 이를 위해서는 먼저 북핵문제의 평화적 해결과 한반도 평화체제의 구축 등을 통해 동북아의 전쟁위기 구조를 해소해야 할 것이다.

북핵문제의 평화적 해결과정에서 6자회담 등 다자적인 대화의 틀을 유지하기 위한 노력이 병행되어야 하며, 이를 동북아 다자간 안보협력체로 발전시켜 나가야 할 것이다. 이 과정에서 한국과 중국의 협력 강화가 매우 절실하다.

후진타오의 중국은 내부적으로 경기 과열에 따른 거품들, 해안·내륙과 도농(都農) 간의 격차, 유일 공산당체제의 경직성, 소수민족들의 독립요구 등 많은 문제에 봉착하고 있다. 밖으로는 안보환경의 변화와 이에 따른 대응을 요구하고 있다.

중국은 이를 위해 한국과의 협력이 절실한 상황이다. 한국도 북한 핵의 해결과 평화 정착을 통해 한반도를 평화적으로 관리하고 번영을 추구하기 위해서는 중국과의 경제적 · 정치군사적 협력을 강화해 나갈 필요가 있다.

따라서 한국과 중국은 서로 긴장을 해소하고 나아가 동북아의 전쟁위기 요인들을 제거하여 동북아 평화체제를 구축하여 공동번영을 모색해 나가야 할 것이다. 이를 위해서 중국과 한국은 모두 현재에 안주하지 않는 새로운 비전과 전략을 세울 필요가 있다.

남북경제협력 확대 방안 발표
장영권 한국평화미래연구소 대표(앞줄 오른쪽 두 번째)는 2008년 6월 5일 오후 서울 삼청동 경남대학교 극동문제연구소에서 열린 6 · 15 공동선언 8돌 기념 '2008 남북경제협력촉진대회' 토론회에서 〈남북 경제협력 현황과 확대 방안 – 경제평화론적 접근〉이라는 주제로 발제를 했다. 한겨레신문과 경남대학교가 후원하고 남북경제협력포럼이 주최한 이날 행사에는 박지원 의원을 비롯하여 이정희 의원, 조동섭 남북경협포럼 상임공동대표, 문창섭 개성공단기업협의회 회장 등 남북관계 전문가들이 대거 참석했다.

중국은 북한에 대한 군사적 동맹관계를 집착하여 한반도 분단유지와 '두 개의 한국' 정책을 포기하고 한반도 평화체제가 이루어지도록 해야 할 것이다.

한국도 이와 함께 미국에 대한 동맹을 통한 군사적 집착을 강화함으로써 미국의 동북아에 대한 영향력을 확대시켜서는 안 될 것이다. 동북아는 지정학적·문화적·경제적·미래적 가치가 있다. 이들 소중한 가치를 위해 동북아 국가들이 서로 협력하여 평화와 번영의 공동 목표를 향하여 나아가야 할 것이다.

참고문헌

〈논문류〉

권기수 · 김봉석, "1990년대 중국의 대한반도 정책", 『한국정치학회보』 제30집 1호, (서울: 한국정치학회, 1996).

김 인, "김대중 대통령의 방중과 한중관계 전망", 『월간 아태지역동향』 제84호, (서울: 한양대학교 아태지역연구센터, 1998)

박두복, "최근 중국의 대한반도정책 조정과 한국의 대중국정책 방향", 『외교』 제47호, (서울: 외교안보연구원, 1998).

이홍영, "중국의 장래와 對한반도 정책", 『국제지역문제연구』 제16권 제1호, (부산: 국제지역문제연구소, 1998).

夏潤元, "朝鮮半島形勢的新變化", 『國際政治』(北京: 中國人民大學 書報資料中心, 1999).

〈단행본〉

국방정보대학원 편, 『동북아 신질서 – 경제협력과 지역안보』(서울: 백산서당, 2004)

국회도서관 입법조사분석실, 『21세기 한 · 중관계의 발전방향 모색』(서울: 국회도서관 입법조사분석실, 1998).

김익도, 『현대중국정치』(부산: 부산대학교출판부, 1997).

김홍수 외 4인 공저. 1999. 『국제관계와 한국정치』(부산: 세종출판사, 1999).

사익현 저 · 정재남 번역, 『신중국 외교이론과 원칙』(서울: 아세아문화사, 1995).

서진영, 『현대중국정치론』(서울: 나남, 1998).

쉬터에빙 편저, 『21C 중국과 세계』(대구: 중문, 2003).

송대성, 『한반도 평화체제』(성남: 세종연구소, 1998).

송영우 · 소치형 공저, 『중국의 외교정책과 외교』(서울: 지영사, 1993).

이영주, 『중국의 신외교 전략과 한중관계』(서울: 나남, 1995).

최춘흠, 『중국과 한반도 평화과정』(서울: 통일연구원, 1999).

현인택, "탈냉전과 평화", 이상우 · 하영선 공편, 『현대국제정치학』(서울: 나남, 1992).

〈영문류〉

Arendt, Hannah, *The Human Condition*(Chicago: The University of Chicago Press, 1958).

______________, *On Violence*(New York: Harcourt, Brace & World, 1970).

Barry Buzan, Ole Wæver and Jaap de Wilde., *Security: A New Framework for Analysis*(Boulder: Lynne Rienner Publishers, 1998).

__________, People, *State and Fear: An Agenda for International Security Studies in the Post－Cold War Era.*

__________, "Regional Security as a Policy Objective: The Case of South and Southwest Asia", in A. Z. Rubinstein(ed.), *The Great Game: The Rivalry in the Persian Gulf and South Asia*(New York: Praeger, 1983).

Bruce Russett and John Sullivan, "Collective Goods and International Organization", *International Organanization*, vol.25, 1971.

Bueno de Mesquita, Bruce, Jamnes D. Morrow, Randolph M. Siverson, and Alastair Smith. "An Institutional Explanation of the Democratic Peace". *American Political Science Review 93*, 1999.

Dasgupta, Sugata, *Problem of Peace Research: A Third World View*(New Delhi: Council of Peace Research, 1974).

David Mitrany, *A Working Peace System*(Chicago: Quadrangle Books, 1966).

Johan Galtung, "Nach dem Kalten Krieg gespräch mit Erwin Koller", Zürich(1993)

______________, *Peace: Research · Education · Action: Essay in Peace Research*, vol.1(Copenhagen: Christian Ejlers, 1975).

______________, *Peace by Peaceful Means*(London: sage Publications, 1996).

Kenneth E. Boulding, *Stable Peace*(Austen: University Texas Press, 1978).

Keohane, Robert O., *After Hegemony: Cooperation and Discord in the World Political Economy*(Princeton: Princeton University Press, 1984).

M. G. Marshall and T. R. Gurr, *Peace and Conflict 2005: A Global Survey of Armed Conflict, Self Determination Movement and Democracy.* Center for International Development and Conflict Management, University of Maryland, College Park, 2005.

Michael P. Sullivan, *International Relations: Theories and Evidence* (Englewood Cliffs: Prentice‑Hall, 1976).

__________________, *International Relations: Theories and Evidence* (Englewood Cliffs: Prentice‑Hall, 1976).

Philip Powlick, "U.S. Public Opinion of the Two Koreas", in Tong Whan Park, ed., *The U.S. and the Two Koreas: A New Triangle*(Boulder: Lynne R Twner Publishers, 1998).

Steven Krasner, "Structural Causes and Regime Consequences: Regimes as Intervening Variables", in Steven Krasner, ed., *International Regimes* (Ithaca: Cornell University Press, 1983).

〈기타〉

『경향신문』
『동아일보』
『연합뉴스』
『조선일보』
『한국일보』
『한겨레신문』

평화의 남북

〈6〉 남한과 북한의 평화통합: 개념, 전략, 조건[1]

---

1) 이 논문은 한국사회정책학회 2005년 전기학술대회(2005년 6월 10일)에서 발표한 것을 수정 보완한 것이다. 장영권, "남한과 북한의 평화통합과 교류협력에 관한 연구", 『한국사회정책(제 12집 통권호)』(서울: 한국사회정책학회, 2005년 12월 30일), 71~114쪽.

제1장

어떻게 남북통합을 이룰 것인가?

북한의 핵 개발문제로 인한 북미 간의 갈등은 한반도를 먹구름처럼 뒤덮으면서 전운이 감돌게 하고 있다. 이와 같은 상황에서 과연 한반도가 전쟁 없이 평화적으로 통일을 이룰 수 있을까 하는 일말의 회의감마저 든다.

남한과 북한은 이미 '한국전쟁'을 통해서 전쟁의 참혹함을 경험했고, 그런 만큼 한반도에서는 절대로 전쟁이 다시 일어나게 해서는 안 된다. 남한과 북한의 긴장과 대립을 막고 평화적인 방법으로 남북통합과 민족통일을 이루려면 어떻게 해야 할까?

유럽의 유일한 분단국이었던 서독과 동독은 지난 1990년 10월 3일 분단의 벽을 허물고 통일의 감격을 만끽했다. 그러나 통일독일은 경제적·문화적 측면에서 상당한 후유증을 앓고 있다. 이것은 동서독의 교류와 협력에 있어서 경제적 평화와 문화적 평화를 통해 점증적인 제도적 통일을 이루지 않았기 때문이다.

반면 중국과 대만 간은 경제적·문화적 교류와 협력을 통해 양안 간의 긴장과 대립을 조정하며 단계적 통합으로 통일을 추진하고 있다. 중국과 대만 간에 국가통일과 분리독립 문제로 위기의 파고가 때때로 높지만 무력적 충돌로 돌변할 가능성은 거의 없어 보인다.

이것은 중국과 대만이 교류와 협력으로 상호 의존이 매우 심화되었기 때문이다.2) 이러한 상호 의존적 심화는 정치·군사적 긴장도 해소하고 평화적 통합과 통일에도 크게 기여할 것으로 기대된다.

그렇다면 남한과 북한은 어떻게 통합과 통일을 이루어 나가야 할까? 물론 독일식보다는 중국과 대만 간의 모델을 통해 평화적 방법으로, 그리고 단계적으로 통일을 하는 것이 후유증을 최소화하고 통일국가의 발전을 견인해 내는 데 유리하다.

남한과 북한은 그동안 정치·군사적 긴장과 대립에도 불구하고 경제적·문화적 교류와 협력을 통해 점진적으로 긴장을 해소하고, 국가 통합력을 높여 왔다. 즉, 남한과 북한은 경제적·문화적 교류와 협력을 통해 정치·군사적 대립과 긴장을 완화시키고 평화적인 통합과 통일을 향해 나아가고 있다.

본 연구에서는 남한과 북한의 교류와 협력의 목적이 남북한의 평화통합에 있다고 보고, 지속 가능한 평화의 실현이라는 시각에서 접근하고자 한다. 즉, 남한과 북한 간의 지속 가능한 평화를 위한 평화통합의 방안과 과제를 모색해 보고자 한다.

먼저 평화와 평화통합의 개념을 살펴보고, 남한과 북한의 실질적인 평화통합의 조건이 되는 정치군사적·경제적·문화적 측면의 교류협력의 평화통합 기능과 전략, 현황과 문제점들을 살펴보기로 한다. 그리고 남한과 북한의 평화통합을 확대하기 위한 교류협력의 정책 과제와 대안들을 모색해 보고자 한다.

---

2) 오승렬 외, 『남북교류·협력과 북한의 변화 – 중국과 대만의 경험을 중심으로』(서울: 통일부 통일교육원, 2003).

제2장

남한과 북한의 평화통합에 관한 이론적 고찰

1. 평화의 일반적 개념 정의

평화의 개념을 초기의 학자들은 대체로 '전쟁이 없는 상태', 즉 소극적 평화(negative peace)를 가리켰다. 말하자면, 국가 간 전쟁의 부재와 주권 불간섭이 지켜지는 상태가 유지되는 것이다. 국가 간에 무력충돌이 없고, 국가주권의 담을 높이 쌓아 상대방 국가의 내정에 간섭만 하지 않으면 평화로운 세상이라는 것이다.

소극적인 의미에 있어서 평화란 일반 전쟁(세계대전)이 없는 상태를 말하고, 강대국의 평화는 강대국이 전쟁에 관여하지 않는 상태를 지칭하기도 한다. 또한 국제평화란 국가 간에 전쟁이 없는 상태를 말하며 세계평화란 내전을 포함하여 전쟁이 없는 상태를 말한다.

그러나 '전쟁이 없는 상태'로서의 평화는 이제 소극적인 개념이 되었다. 전쟁의 역사는 기록되었어도 평화의 역사는 기록된 적이 없기 때문이다. 더구나 핵시대가 도래하면서 '전쟁은 없으나 평화는 불가능한(War impossible, peace unlikely)' 상태에 빠지기 때문에 보다 적극적인 평화의 개념이 필요하게 되었다.

적극적 평화(positive peace)는 인권·자유·정의와 같은 원리에 따라 삶의 질이 보장되는 상태를 말한다. 개별국가와 세계 속에 존재하는 각종 구조적·제도적 폭력의 해소를 추구한다는 점에서 '적극적'이라는 수식어가 붙는 것이다. 여기서는 전쟁의 부재와 불간섭뿐만 아니라 갈등·대립·폭력의 근본 원인까지 제거하여야 참된 평화가 유지된다고 본다.

그러나 이러한 평화의 개념은 국제질서의 새로운 재편을 가져온 탈냉전 시대에 다시 수정되어 정의되고 있다. 냉전기의 평화는 주로 전쟁의 반대 개념으로 상정하였으며 전쟁억제, 국제분쟁의 해결, 군비확산 방지 및 군비 축소 등 '소극적 평화'를 중심 주제로 다루었다. 이에 반해 1990년 이후 탈냉전 시대에는 '적극적 평화'에 관심을 갖기 시작했다.

즉, 동구권의 붕괴와 소련의 해체로 핵전쟁 등 세계대전의 위험이 사실상 사라지고 새로운 국제체제가 등장하면서, 국제사회의 새로운 관심사, 즉 지역분쟁, 빈곤, 인권, 환경, 여성, 난민, 마약, 에이즈 등 이른바 '전 지구적 난제(Global Problematique)'의 해소가 그 주안점이 되었다.

따라서 탈냉전기의 평화는 인권·자유·정의와 같은 원리에 따라 삶의 질이 보장되고 위협과 폭력, 착취가 없는 상태인 적극적인 평화를 의미한다고 볼 수 있다. 즉, 현대적 의미의 평화란 힘에 의해 외양상으로 평온이 유지되는 것에 만족하지 않고 정치·군사, 경제, 문화 등의 모든 영역에서 폭력과 착취가 제거된 상태를 의미한다.

그러나 탈냉전기에도 국내외 질서의 재편과정에서 국지전적인 전쟁이 곳곳에서 발생했고, 또한 발생할 가능성이 높아 전쟁의 방지라는 소극적 평화가 여전히 중시되고 있다. 탈냉전기의 전쟁은 미국의 이라크 침공처럼 강대국의 강권정치, 패권주의가 주요한 원인이 되고 있다.

더구나 일부 지역에서는 군사화현상[3])이 초래되어 새로운 폭력구조를 재생산하고 있어 평화를 심각하게 위협하고 있다. 그 대표적 현상이 동북아 지역에서 강하게 나타나고 있다. 동북아 지역은 군사강화정책과 군비확장이 경쟁적으로 이어져 결과적으로 군사화현상을 강화시키고 있다. 특히 한반도는 지구촌의 다른 어느 지역에 비해 전쟁 발발 가능성이 구조적으로 상존하고 있다. 이로 인해 한반도의 평화가 다른 지역보다 특별히 강조된다.

2. 평화 개념의 재정의: 평화복합체와 평화통합[4])

평화의 개념은 앞에서 논의한 것처럼 다의적이고, 가치 대립적이어서 정의하기가 매우 어렵다. 더구나 평화의 개념은 탈냉전기 이후에 새로운 평화위협 요인이 등장하고 있다.

이에 따라 지속 가능한 평화를 구축하기 위해서는 새롭게 접근할 필요가 있다. 즉, 한반도의 전쟁방지와 남북통합을 통한 지속 가능한 평화를 구축하기 위한 평화의 개념을 재정의할 필요가 있다.

여기서의 평화의 개념은 우선 '전쟁의 방지'라는 소극적 개념을 중시한다. 내전을 포함한 전쟁의 부재상태로서의 평화는 국민들에게 행

---

3) 여기서 군사화란 "경제·사회·정치생활 등의 민간영역에 군사적인 영향력이 침투해 가는 과정"을 말한다.

4) 평화의 개념은 다의적·복합적이다. 장영권은 이 논문과 다른 여러 글에서 평화 개념을 새롭게 정의하고 있다. 대표적인 것이 '평화복합체론'이다. 이 글에서도 이에 대해 전반적으로 재인용해 서술했다. 장영권, 『지속 가능한 평화론』(파주: 한국학술정보, 2010) 등 참조

복, 복지의 충실, 번영 등을 보장할 수 있는 기본전제가 되기 때문이다.

그러면서도 국가 간의 이익 추구에 따른 갈등과 군사적 경쟁과 위협이 없는 상태도 평화의 개념 속에 포함시키고자 한다. 즉 평화의 개념을 단일한 의미가 아닌 '복합체적' 의미로 고찰해야 한다.

복합체적 의미의 평화란 "인권·자유·정의5)와 같은 원리에 따라 개인의 삶의 질이 보장되고 인류공동체의 공동번영을 위하여 국가 간에 경제적 이익과 문화적 가치 추구에 따른 갈등, 정치적 주권침해와 군사적 위협, 착취와 이를 위한 폭력(전쟁)이 없는 상태"이다.

국가 간과 그 사회 속에 존재하는 각종 구조적 폭력과 착취의 해소를 추구한다는 점에서 '인류공동체적 평화'라고도 할 수 있다. 이것은 개별 국가 간에 전쟁의 부재와 불간섭뿐만 아니라 갈등·대립·폭력의 근본원인까지 제거하여 복지와 번영을 위한 인류공동체를 형성해야 지속 가능한 평화가 유지, 구축된다고 보는 것이다.

그런데 복합체적 의미의 지속 가능한 인류공동체적 평화를 실현하기 위해서는 여러 가지 '평화의 조건'이 복합적으로 충족되어야 한다. 평화의 조건은 전쟁의 원인론을 바탕으로 요한 갈퉁(Johan Galtung)의 이론을 원용하여 새롭게 제시할 수 있다.

지역 및 국제분쟁의 원인론은 많은 이론적 분류가 성립되었지만 그것들은 대동소이하다고 볼 수 있다. 한 예로 로젠(S. J. Rosen)과 존스(W. S. Jones)는 전쟁이론의 원인을 힘의 비대칭성, 내셔널리즘, 경제적 자극, 군비경쟁 등 열두 가지로 나타내고 있다.6)

---

5) '세계인권선언' 서문의 첫 문장은 "인류 모든 구성원들의 본질적인 존엄성과 동등하고 양도할 수 없는 권리들의 인정은 세계에서 자유, 정의, 평화의 기초이다"라고 언급하고 있다.

6) 즉 ① 힘의 비대칭성, ② 내셔널리즘·분리주의, ③ 국제적 사회 다원주의, ④ 커뮤니케이션의 실패, ⑤ 군비경쟁, ⑥ 외적 분쟁에 의한 내적 결합, ⑦ 공격본능, ⑧ 경제적 및 과학적 자극, ⑨ 군산복합체, ⑩ 상대적 박탈, ⑪ 인구제도 ⑫ 분쟁해결 등이다. Rosen, S. J and W. S. Jones, *The Logic International Relational*, 3rd ed., 1980, pp.307~336.

분쟁원인 및 행동의 대부분을 이 유형에 의해서 설명할 수 있지만 이것을 크게 정치·군사적 원인, 경제적 원인, 문화적 원인으로 보다 추상화시켜 새롭게 유형화할 수 있다.

이에 따라 평화의 조건은 정치·군사적 평화(정치군사평화), 경제적 평화(경제평화), 문화적 평화(문화평화) 세 가지로 구분된다.[7] 이것은 정치·군사적 문제, 경제적 문제, 문화적 문제에 있어서 대립·갈등이 확대되지 않으면 전쟁이 발생하지 않을 것이라고 보는 것이다.

또한 갈퉁은 냉전이 종식된 1990년대 이후에는 구조적 폭력이 인간의 욕구를 다치게 해도 가해자가 확실치 않아 그 누구도 책임질 수도 없는 문제라고 보고 직접적 폭력과 구조적 폭력으로 구분했던 것을 확산시켜 직접적 폭력, 구조적 폭력, 문화적 폭력의 삼각관계로 역동한다고 설명했다.[8]

갈퉁은 이러한 폭력과 관련 "만일 인간의 현실에 있어서 신체적·정신적 실현이 그의 잠재적 실현 이하의 제약을 받고 있다면, 거기에는 폭력이 존재한다"고 말했다. 이 말은 폭력이 "인간에게 상처를 주고, 죽이고, 자아실현이란 원망에의 도달을 방해하는 것"으로 풀이된다.

갈퉁의 이와 같이 정의된 폭력은 '직접적 폭력(direct violence)'과 '간접적 폭력(indirect violence)' 또는 '구조적 폭력(structural violence)', '문화적 폭력(cultural violence)' 세 가지로 구분된다.[9]

---

7) 국제분쟁의 동기를 분석한 라이트는 국제정치의 장래의 문제는 남북문제가 동서문제보다 중요하게 될 것이라고 주장했다. 이것은 문화(이념, 가치)문제보다 경제문제가 더 중요한 변수가 됨을 의미한다. 그러나 경중의 차이는 있을지언정 21세기에도 여전이 전쟁과 평화의 문제는 정치·군사적 요인, 경제적 요인, 문화적 요인 등 세 가지 변수로 작용할 것이다.

8) Johan Galtung, "Nach dem Kalten Krieg gespräch mit Erwin Koller", Zürich(1993), p.54. 박재신, "독일의평화통일", http://mail.swu.ac.kr/~swsi/expr/down/%B9%DA%C0%E7%BD%C5.hwp (검색일: 2004년 4월 5일).

9) Johan Galtung, *Peace: Research · Education · Action: Essay in Peace Research*, vol.1(Copenhagen: Christian Ejlers, 1975), pp.29~40. Johan Galtung, *Peace by*

직접적 폭력에는 전쟁, 테러, 린치, 폭행 등을 들 수 있다. 구조적 폭력의 예로는 사회적 구조에서 오는 빈곤, 억압, 인종차별, 사회적 불공정 등을 들 수 있다. 그리고 두 가지 폭력의 모든 이면에는 문화적 폭력이 존재한다는 것이다.

문화적 폭력은 문화적으로 직접적 폭력과 구조적 폭력을 정당화하는 가치, 이념 등에 의한 것이다. 갈퉁은 이와 같이 폭력은 주로 문화적 폭력으로부터 구조적 폭력을 경유하여 직접적 폭력으로 확대되는 경향이 있다고 지적한다.

그러나 갈퉁의 구조적 폭력의 개념은 갈퉁의 이름을 세계적으로 유명하게 했으나 격심한 비판을 받고 있다.10) 프랑스의 '전쟁학'의 창시자인 부툴(Gaston Bouthoul)은 "인간의 발육과 완전한 개화를 저해하는 것은 모두가 구조적 폭력"으로 되어 버리기 때문에 갈퉁의 폭력개념은 완전히 혼란된 개념이라고 비판한다.

또한 갈퉁을 위대한 평화연구자라고 인정하는 볼딩도 중대한 유보를 하고 있다. 그는 갈퉁의 개념은 오늘날 세계가 시급히 해결해야 하는 문제의 소재를 분명히 밝히는 데에는 공헌했지만 이 문제에 대한 해결법의 발견을 더욱 어렵게 하였다는 것이다. 이러한 갈퉁의 폭력 개념은 용어의 추상성과 접근의 모호성을 지니고 있기 때문에 이를 다소 수정할 필요가 있다.

따라서 전쟁과 폭력의 원인을 제거하고 갈퉁의 이론11)을 원용하여 지속 가능한 인류공동체적 평화를 실현하기 위한 '평화의 조건'을

Peaceful Means(London: sage Publications, 1996).

10) 渡辺昭夫 외 엮음, 권호연 옮김, 『국제정치이론』(서울: 한울 아카데미, 1992), 219~220쪽.

11) Johan Galtung, Peace: Research · Education · Action: Essay in Peace Research, vol.1(Copenhagen: Christian Ejlers, 1975), pp.29~40. Johan Galtung, Peace by Peaceful Means(London: sage Publications, 1996).

새롭게 제시할 수 있다. 즉, 지속 가능한 평화의 개념에 따른 평화의 조건들은 정치군사평화, 경제평화, 문화평화 세 가지로 유형화된다.

정치군사평화는 갈퉁의 직접적 폭력의 해소와 유사한 개념으로 주권침해와 정치적 탄압, 전쟁·테러 등이 없는 상태를 의미하고, 그리고 문화평화는 가치·역사·사상 등의 왜곡·배척 등이 없는 상태라고 개념화한다. 경제평화는 약탈적 경제구조형성과 이를 통한 경제적 수탈, 배분의 왜곡 등이 시정된 것을 의미한다.

복합체적 평화개념은 평화의 복합적 조건(경로)인 정치·군사적 조건, 경제적 조건, 문화적 조건 등 세 가지가 복합적으로 이루어져야 지속 가능한 평화가 가능하다는 것을 뜻한다. 즉, 인류공동체적 평화를 실현하기 위해서는 '평화의 조건(경로)'이 우선적으로 충족되어야 한다.

따라서 지속 가능한 평화는 정군평화, 경제평화, 문화평화가 조화를 이룬 상태이고, 이러한 평화를 추진해 가는 지역 내 국가군을 이루는 복합적 집성체 또는 복합적 동학을 특히 '평화복합체(peace complexes)'라고 한다.

평화복합체론은 '평화는 지역 내의 국가 간 복합체적 경로(조건)를 통해 실현된다'는 명제이다. 이의 이론적 근거에 있어서 가장 적절한 규모는 지역적 수준과 복합체적 영역, 즉 평화통합의 이론이다.

평화복합체는 지역을 단위로 하여 전쟁을 방지하기 위해 정치군사적·경제적·문화적 평화조건들에 대한 주요 인식과 관심이 깊이 상호 연계되어 국가적 평화문제가 독자적으로는 분해되거나 해결될 수 없는 일련의 국가군이 참여하여 복합체적 평화조건들을 이행해가는 평화체제 또는 평화통합체로 정의할 수 있다.

평화복합체의 내적 역학관계는 평화의 상호 의존이 우호 혹은 적대관계에 의해서 추동되었는지에 따라 한 스펙트럼을 따라 배치될 수 있다. 부정적인 극단에는 갈등 조성(conflict formation),[12] 중간에는 평화레짐,[13] 긍정적인 극단에는 다원적 평화공동체[14]가 위치한다.

따라서 평화복합체가 지리적 근접성으로 인해 갈등과 분쟁이 야기되는 것을 방지하고 평화공동체로 지향하기 위해서는 평화의 조건들을 평화적 방법으로 이행해 나가야 한다.

남한과 북한의 경우 전쟁 또는 폭력의 원인을 제거하고 지속 가능한 평화를 구축하기 위해선 남과 북이 평화적인 수단과 방법에 의한 통합, 즉 평화의 조건들을 복합적으로 이행해 가는 '평화통합(peace integration)'을 추진해야 한다.

이때의 평화통합이란 평화조건들을 복합적으로 이행해 가면서 주권이나 결정권의 독립적 속성을 궁극적으로 포기하고, 공동목표를 추구하기 위해 여러 국가들이 공동자원을 투입시켜 지속 가능한 평화를 구축해 가는 과정이라고 할 수 있다.

평화통합은 자율적 관계라는 점에서 폭력적 수단까지 포함하는 통일[15]과 구별되며, 기존의 통합이론[16]의 통합의 개념과도 다소 차이가 있다. 기존의 통합이론은 대개 사회·심리적인 면이나 정치·제

---

12) 여기서의 상호 의존은 전쟁공포, 경쟁, 전쟁위협 등에 대한 상호 인지로부터 발생한다.

13) 평화레짐에서는 안보레짐과 마찬가지로 국가들은 여전히 상대국을 서로 잠재적인 위협으로 취급하지만 그들 간의 평화딜레마를 감소시키기 위해 재보장제도(reassurance arrangements)를 만든다.

14) 평화공동체 안에서 국가들은 그들의 상호 관계에 있어서 더 이상 군사력을 사용한 전쟁을 예상하거나 두려워하지 않는다.

15) 통일은 일반적으로 무력통일, 흡수통일, 평화통일 등 세 가지로 구분된다. 이 중 평화통일의 개념이 평화통합과 유사하다고 볼 수 있다.

16) 통합이론의 선구자로는 미트라니(David Mitrany)를 꼽을 수 있으며, 그 밖에 주요 학자로는 하아스(Earnst B. Hass), 제이콥(Philip E. Jacob), 린드버그(Leon N. Lindberg), 나이(Joseph S. Nye) 등을 꼽을 수 있다. 이상우, 『국제관계이론』(서울: 박영사, 1987), 315~355쪽.

도적인 면의 통합을 강조한 것이다.17)

그러나 여기서의 평화통합은 평화의 조건인 정군평화, 경제평화, 문화평화 등 교류협력이라는 경로를 통해 평화적으로 평화복합체 내의 국가통합을 이루어 가는 것을 말한다.

따라서 평화통합은 인간이 다 같이 희구하는 평화질서를 전쟁이나 기타 폭력의 사용 배제라는 소극적 방법으로서가 아닌 평화복합체적 평화공동체 형성의 인간 본성의 속성을 활용하는 적극적 방법에서 이룩하려는 과정으로 볼 수 있다.

이러한 '평화통합이론(peace integration theory)'은 정치·군사 면에서만 다룰 수 없고 광범위한 인간학, 즉 경제학, 문화학 등이 모두 동원되어야 의미 있게 되는 종합과학의 이론으로 볼 수 있다. 이것은 결국 평화와 평화통합은 상호 불가분의 관계로 동일 연장선상에 있음을 의미한다.

평화조건들의 평화복합체적 복합적인 이행에 의한 평화통합의 핵심은 사회기능의 평화적 통합에 있고, 이에 따라 평화통합이론과 기능주의는 상호 밀착되어 있다.

평화통합 행위는 기존의 남한과 북한의 정군적·경제적·문화적 갈등과 대치를 해소시키거나 적어도 약화시키는 결과를 초래하게 되므로 평화통합의 진전은 곧 평화와 평화체제의 강화를 가져온다. 그러므로 한반도의 지속 가능한 평화를 실현하기 위해서는 남한과 북한의 평화통합이 적극 추진되어야 한다.

---

17) 일반적 의미의 통합이론은 상호 작용 모델과 신기능주의 모델을 2대 지주로 한다. 전자는 사회적·심리적 측면을, 후자는 제도적·정치적 측면을 중시한다.

제3장

남북 평화통합의 기능과 전략

1. 평화복합체에 의한 남북 평화통합의 기능

국가단위를 넘는 평화복합체적 평화통합에서는 폭력의 배제, 비폭력의 사회변화를 갈구하는 '평화에의 의지'가 주된 추진력이 된다. 물론 유럽공동체와 같은 경제공동체가 성공한 지역통합의 한 사례로 나타나 있지만, 국가의 평화통합에 관한 주된 관심은 전쟁의 공포로부터의 해방에 있다.[18]

국제정치, 특히 평화의 연구는 국가 간 갈등을 해소하고 전쟁을 방지하며 평화를 유지하기 위한 노력이다. 그러나 현실주의에서 말하는 '힘(국력)'은 그 개념이 모호하고 복잡하여 힘을 중심으로 한 국제평화의 유지에는 한계가 있으며, 이에 따라 보다 영구적인 전쟁예방 조치로서 모색되는 분야가 평화복합체에 속한 국가 간의 평화통합이다.

한국은 현재 평화복합체 내의 한반도 평화와 남북한 평화통합을 통한 통일을 중요한 과제로 안고 있다. 남한과 북한의 통일은 분리된 두 개의 정치·경제·문화 체제의 통합이라는 측면에서, 국가들 사이에서 이루어지는 지역수준의 평화통합과 동일하게 접근할 수 있

---

18) Michael P. Sullivan, *International Relations: Theories and Evidence*(Englewood Cliffs: Prentice-Hall, 1976), pp.208~213.

다. 따라서 남북한의 통합을 추진하는 과정에서도 평화통합이론에 기초하여 평화로드맵이나 통일로드맵을 구상해 낼 수 있다.

한반도 지역에서 평화복합체를 구성하고 있는 남북한 사이에 교류와 협력을 통한 점진적인 평화통합을 성공적으로 추진하기 위해서는 다음 몇 가지를 적극적으로 고려해야 한다.19) 첫째, 남북한 간의 평화통합 확대를 위한 교류와 협력의 필요성이 적극 부각되어야 한다.

그런데 현재 남북한 간의 교류협력의 추진은 유럽 등의 지역에서의 지역통합과는 성격을 달리하는 부분이 있다. 예컨대 유럽통합의 과정은 일정 분야에서의 통합과 이에 따른 확산효과의 발생, 그리고 이에 대한 적응의 순환과정으로 볼 수 있다.

남북한 간에 추진되는 다양한 교류 · 협력은 협력 기반의 취약으로 인해 기존의 통합의 성과에서 비롯되는 확산효과에 기인한 것이 아니다. 하지만 남북관계에는 유럽에서 찾아볼 수 없는 긍정적 요소가 존재한다. 즉 민족통일의 실현의지가 남북교류와 협력의 대전제가 되고 있다는 것이다.

따라서 제반 분야에서 남북 간 교류와 협력을 활성화시키기 위해서는 기능적 분야에서의 교류협력이 통일시대를 맞이하기 위한 필수적인 준비 작업이라는 측면을 부각시킬 필요가 있다. 통일의 당위성으로부터 여러 분야에서의 교류협력 사업의 필요성을 도출하자는 것이다.

둘째, 남북한 당국이 평화통합을 확대하기 위한 교류와 협력의 필요성에 대한 공감대를 형성할 필요가 있다. 물론 교류협력이 필요하다고 생각하는 이유는 남한과 북한이 서로 다를 수 있겠으나 적어도 교류와 협력이 당위성에 대해서는 양측이 인식을 공유해야 한다.

이러한 측면에서 남한 당국은 북한이 공감할 수 있는 교류와 협력

---

19) 우철구 · 박건영(편), 『현대 국제관계이론과 한국』(서울: 사회평론, 2004), 271~282쪽.

필요성의 논리를 개발하여 북측에게 설득력 있게 전달해야 한다. 즉, 교류협력에 대한 북한의 관심과 참여를 이끌어 내기 위해서는 북한이 매력을 느끼지 않을 수 없는 이유를 제시해야 한다.

셋째, 남북한 평화통합 확대를 위한 교류협력의 추진으로 영향을 받을 수 있는 개인 및 단체의 지지를 받는 것이 필요하다. 남북한 사이에는 아직 상호 적대적 관계가 완전히 해소된 것은 아니기 때문에 상호 간의 교류와 협력 자체에 대해 거부감을 갖고 있는 계층이 존재한다. 이러한 계층의 규모가 확대된다면 남북 교류협력 사업의 계속적 추진은 난항에 부딪힐 것이다.

반면 남북 교류협력을 적극 지지하는 계층도 있다. 남북 교류협력 일반에 대한 적극적 지지자들이나 또는 북한에 대한 인도주의적 지원에 찬성하는 계층, 그리고 대북 지원사업 관련 산업 분야의 종사자 중 남북 협력으로 사업의 기회가 확대될 수 있는 기업의 경영자 및 근로자들이 이에 해당된다.

따라서 남북 교류협력 사업의 성공적 추진을 위해서는 교류협력의 당위성을 설득력 있게 제시함으로써 직접적 이해관계자뿐 아니라 일반 대중으로부터 가능한 한 폭넓은 지지를 유도해 내야 한다.

넷째, 남북한의 평화교류와 협력을 효과적으로 추진하기 위해서는 '평화의 제도화'가 필요하다.[20] 제도화의 수준에는 여러 가지가 있을 수 있겠으나, 궁극적으로는 제도적으로 상설화한 남북한 간 평화교류협력의 기구를 설치, 운영하는 방안을 강구할 필요가 있다.

---

20) 현재 남북 간에는 상설적인 제도로 운영되는 것은 없다. 남북 장관급 회담도 이제는 준제도화되어 가고 있으나 이것도 현안이 생기면 피행적으로 운영될 수 있다. 개성공단사업이나 금강산관광사업도 정례화한 듯 보이나 북한이 일방적으로 문제 삼으면 규제할 수 없기 때문에 역시 불안정성이 잠복해 있다. 남북교류가 안정적·효과적으로 유지, 관리되려면 남과 북 당국이 공식적으로 인정한 제도적 평화기구가 상설화되어야 한다.

일단 평화기구가 설치되면 소속원들은 기구의 존재 이유를 확대 재생산하기 위해서라도 교류협력의 어젠다와 방안을 지속적으로 제안해 냄으로써 모멘텀을 유지할 수 있다.

상설 교류협력기구는 비록 초국가적 기구가 가지는 권한과 역할을 기대할 수는 없지만, 정보의 축적과 업무의 일관성을 구현함으로써 의견의 조정과 합의사항의 시행을 더욱 효율적으로 할 수 있다.

물론 민간단체의 활동이 정부 정책의 도구로 활용되는 부작용이 발생할 수도 있겠지만, 적어도 비공식적 차원에서 민간단체와 정부와의 협력 시스템을 구축하는 것은 좀 더 광범위한 분야에서 한층 더 효과적인 교류협력을 하기 위해 필요한 조치이다.

2. 평화복합체에 의한 남북한 평화통합의 전략

평화복합체 내의 국가들의 평화통합은 지속 가능한 평화체제를 구축하기 위해 정치군사평화, 경제평화, 문화평화의 복합적 이행체제와 이들의 상호 이행과정이다.

그러므로 남한과 북한이 평화복합체적 평화통합을 추진하기 위해서는 단계적·복합적·중층적으로 추진할 필요가 있다. 한반도 지역이라는 평화복합체 내의 남한과 북한의 평화통합을 위한 구체적 추진전략을 요약하면 다음과 같이 제시할 수 있다.

첫째, 평화통합의 시작은 저위정치(low politics)의 영역에서 찾아야 한다. 하지만 저위정치의 영역 가운데서도 전략적으로 중요한 그리고 가시적인 성과를 조기에 이룰 수 있는 경제평화의 영역을 우선

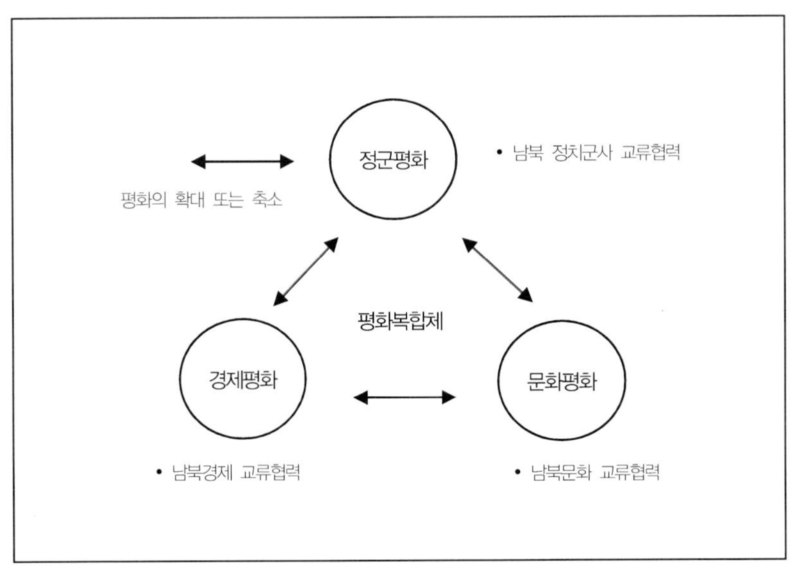

〈그림 6-1〉 평화복합체에 의한 평화통합의 조건과 연결구조

적으로 평화통합의 대상으로 삼아야 한다. 예를 들어 유럽통합의 경우 석탄과 철강 분야의 협력을 강화한 것이 그 예이다.[21]

둘째, 상호 이질적인 가치, 이념 등을 동질화할 수 있는 문화적 평화 영역의 교류협력을 경제적 평화영역과 병행해서 추진할 필요가 있다. 문화평화의 영역 확산에 의해서 경제평화의 영역이 보다 견고해질 수 있기 때문이다.

셋째, 경제평화 영역과 문화평화 영역의 교류협력이 확대되면서 신뢰 구축과 함께 정군평화 영역으로 평화의 파급효과를 전이시켜야 한다.[22] 이것은 일종의 '평화전이'라고 할 수 있는데 평화전이의 확대에 따라 교류협력은 보다 강화된다. 말하자면 정군평화통합은 경제평화통합과 문화평화통합의 불가피한 부수 효과로 나타나게 된다.

---

21) 이향규, 『한반도 평화정착과 유럽연합의 교훈』(서울: 통일부 통일교육원, 2005), 40~54쪽.
22) '정치군사'를 여기서는 '정군'이라는 약어로 사용한다.

넷째, 남한과 북한의 평화통합의 과정에서 강화된 교류협력을 지속 가능한 체제로 유지시키려면 평화전이 효과를 제도화해야 할 필요가 있다. 개별 국가의 이해관계에 영향을 받지 않는 초국가적 권위체를 창설하여 평화통합 과정을 관장하고 이를 심화시킬 수 있다.

초국가적 권위체가 선도적 역할을 수행한다면 평화통합의 확산효과는 더욱 탄력을 받을 것이다. 그러나 남북한 간의 관계는 특수관계적 성격을 갖고 있으므로 이의 추진이 쉽지 않다. 합의사항의 이행을 보장할 실질적인 법과 제도를 만들어 운영할 필요가 있다.

끝으로, 경제적 평화통합과 문화적 평화통합의 점진화에 따른 정군적 평화통합에 수반되는 남한과 북한의 이행보장적 기구의 제도화는 한반도에서의 영구적인 평화체제 구축을 위한 효과적인 방안이 된다.

3. 남북한의 평화통합을 위한 교류 방식

인접국가 간의 평화복합체적 교류협력의 확대를 통한 통합의 방식은 크게 두 가지로 구분하기도 한다. 하나는 유럽연합(EU), 북미자유무역협정(NAFTA) 등과 같이 역내 국가 간의 유사한 '제도통합에 의한 경제공동체(institutional economic community)'이다.

다른 하나는 중국·대만·홍콩과 같이 상이한 제도적 차이에도 불구하고 교류협력에 의해 생산요소의 보완적 결합을 통한 통합이 이루어지는 '기능적 경제공동체(functional economic community)'이다.

중국과 대만 간에는 제도 및 체제의 상이성도 존재하고, 교류협력을 위한 제도적 틀이 부재한 특수한 상황에도 불구하고 경제평화와 문화평화의 영역에서 교류협력의 확대 및 심화가 이루어져 왔다.

〈표 6-1〉 남북한 회담 개최 현황[23]

(단위: 회)

구 분	1998년	1999년	2000년	2001년	2002년	2003년	2004년
정군회담	4	8	22	4	14	13	9
경제회담	-	-	3	3	14	17	13
문화회담	1	-	2	1	5	8	3
총 계	5	8	27	8	33	38	25

중국과 대만의 관계는 지속적인 정군적 갈등구조하에서 활발한 경제적·문화적 평화 교류와 협력이 심화·확대되어 왔다는 점에서 특이한 양상을 보이고 있다.

특히 중국과 대만은 정치적·문화적 차이에도 불구하고 현실적·경제적 요구를 우선적으로 고려함으로써 인적·물적 교류를 포함한 문화교류 등 비정치적 분야에서 괄목한 관계 발전을 이룩해 왔다.[24]

이질적인 요소가 강한 남한과 북한은 중국·대만·홍콩식의 모델에 군사적 평화통합을 병합하여 평화통합을 추진하는 것도 한 방법이 될 수 있다.

남한과 북한의 평화통합을 위한 교류협력은 1970년 대한적십자사의 이산가족상봉 제의에서 시작했다. 남한과 북한의 교류협력은 1970년대부터 소련의 해체로 냉전체제가 붕괴된 1990년대 초까지 '선 교류협력, 후 정치군사'로 인한 치열한 명분 싸움이 전개되었다.

1991년 12월 남북한 총리가 '남북 사이의 화해와 불가침 및 교류협력에 관한 합의서(약칭 남북기본합의서)'에 서명하고, 1992년 2월 상호 비준함으로써 남한과 북한은 남북 불가침과 평화공존을 국내외

---

23) 이 표는 통일부의 『2005 통일백서』의 내용을 다소 수정·보완한 것이다. 통일부, 『2005 통일백서』(서울: 통일부, 2005), 35쪽.

24) 오승렬 외, 『남북교류·협력과 북한의 변화-중국과 대만의 경험을 중심으로』, 2~7쪽.

에 천명했다.

남한과 북한은 이 남북기본합의서를 통해 정군적 대결 상태를 해소하고, 다각적인 교류와 협력으로 민족공동의 이익과 번영을 도모하여 평화통일을 성취하기 위한 공동의 노력을 경주할 것을 다짐함으로써 분단의 질곡에서 역사적 획을 긋게 되었다.[25]

남한과 북한은 특히 남북기본합의서 제3장에서 '남북교류협력'을 실시하기로 하고, 관련 부속합의서에서 경제교류협력, 사회문화교류협력, 인도적 교류협력(문제해결)으로 나누어 구제적인 실천 프로그램을 밝혔다.

그러나 유감스럽게도 1992년 2월 발효된 남북기본합의서는 남한과 북한의 상호 불신과 불이행으로 사실상 효력이 발생하지 못하고 있다. 그럼에도 불구하고 남한과 북한은 교류와 협력을 통해 점진적인 평화통합과 국가통일의 길로 나아가고 있다.

특히 2000년 6월 15일 김대중 대통령과 김정일 국방위원장이 체결한 '6·15남북공동선언'은 평화통합을 촉진하는 결정적 분수령이 되었다. 남한과 북한은 6·15선언을 통해 정군평화, 경제평화, 문화평화를 위해 진일보한 쾌거를 합의했다.

따라서 한반도 지역의 평화복합체에 속한 남한과 북한이 평화통합을 실현하기 위해서는 평화의 조건별로 정군평화 교류협력, 경제평화 교류협력, 문화평화 교류협력으로 나누어 접근할 필요가 있다.

---

25) 김근식 외, 『통일·남북관계 사전』(서울: 통일부 통일교육원, 2004), 161~163쪽.

제4장

남북 평화통합의 조건 1: 정군평화

1. 남북 정군평화를 위한 교류협력: 현황과 특징

남한과 북한의 정군평화를 위한 교류협력은 주권침해 방지와 전쟁 방지를 위해 정군적 신뢰조성, 군축, 평화보장 등을 추진하는 것이다. 이를 위해서는 남한과 북한은 남북기본합의서 제1장(남북화해)과 제2장(남북불가침)의 내용을 적극적으로 추진해 나갈 필요가 있다.

즉, 상호 체제 인정과 존중, 내정 불간섭, 파괴·전복 행위 금지, 군사협정 준수, 국제무대의 대결 중지, 연락사무소 설치·운영, 분쟁의 평화적 해결, 군사 직통전화 설치, 정치 및 군사위원회 구성 운영 등을 교류하고 협력해야 한다.

그런데 과거 남북한은 정군적 교류와 협력에 있어서 각각 제도적 통일 방안을 제시하여 대내외적으로 정권의 합법성을 과시하고 통일 논의의 주도권을 행사하려 하였다.

이로 인해 남한과 북한은 오히려 상호 간의 불신을 초래하고 대립과 갈등을 더욱 조장하였으며, 상호 이해와 협력의 증진에 필요한 경로를 차단하는 부정적 파급효과를 가져왔다.

남한과 북한은 정군평화의 확대를 위해 국가 최고통치자에서 총리,

장관급을 비롯하여 실무자까지 망라하는 다양한 남북한 당국자 회담을 개최해 왔다. 남한과 북한의 정군평화의 확대를 위한 주요한 합의서는 1972년의 '7·4남북공동성명', 1992년의 '남북기본합의서'와 '한반도비핵화공동선언', 2000년의 '6·15남북공동선언' 등이다.

7·4남북공동성명은 남북한이 최초로 합의한 사건이자 이 성명 1항에서 명시한 자주·평화·민족대단결의 3대 원칙이 이후 남북한 간의 기본적인 통일원칙이 되었다. 그러나 1973년 8월 8일 발생한 김대중 납치사건을 빌미로 북한이 일방적인 대화중단을 선언하였다.

남북한은 다시 1989년 2월 남북고위급회담 예비회담을 개최함으로써 1980년 남북총리회담을 위한 실무접촉 이후 9년 만에 당국 간 회담을 개최하였다. 이후 남북한 간은 총 160여 회에 이르는 회담과 접촉을 갖게 되는데, 그 결과물이 1991년 12월 남한총리 정원식과 북한총리 연형묵이 서명하고 1992년 2월 발효된 남북기본합의서이다.

그러나 남한과 북한은 남북기본합의서를 '정치적 선언' 정도로 의미를 축소시키고 대화를 중단했다. 그 후 남북한 2000년 6월 역사적인 김대중 대통령의 평양방문과 김정일 국방위원장과의 회담을 통해 '6·15남북공동선언'을 발표하였다. 이것은 그동안 얼어붙어 있던 한반도에 본격적인 해빙을 가져오는 계기가 되었다.

정상회담 이후 남북장관급 회담은 준정례화되어 2000년 7월 첫 회의와 2004년 5월까지 14차례에 걸쳐 진행되면서 주요한 남북 현안을 논의하는 장이 되었다. 남북장관급회담은 서울·평양·제주도·금강산 등에서 개최되어 그동안 경의선 철도 연결, 이산가족방문단 교환, 남북경협위원회 설치, 철도 및 도로 착공, 북핵문제, 국방장관 회담 등을 합의하고 이행해 왔다.

그러나 남북장관급회담은 주로 경제적·문화적 평화를 위한 교류협력에 착실한 진전에 기여한 데 비해 한반도문제에서 가장 중요한 사안인 군사적 문제 대한 논의는 상대적으로 부진했다.

군사적 문제를 다루기 위한 회담은 2000년 8월 제2차 장관급회담에서 남북 국방장관회담 개최에 서로가 동의하고, 2000년 9월 분단 이후 처음으로 제주도에서 남북 국방장관회담이 개최되었다.

그 후로 몇 차례의 실무접촉과 남북군사실무대표회담을 진행하여 다소의 진전을 이루어 냈다. 남한과 북한은 다시 2004년 2월 제13차 장관급회담과 5월의 제14차 장관급 회담을 통하여 장성급 남북당국자회담을 개최하기로 합의하고 2차례의 장성급 회담을 열었다.

남한과 북한은 군사적 회담을 통해 서해상의 우발적 무력충돌 방지와 군사분계선 지역에서의 선전활동 중지 및 선전수단 제거 등을 합의하고 이행하였다.

남한과 북한의 정군평화의 확대를 위한 교류협력은 주로 장관급회담을 통해 추진해 왔다. 장관급회담은 남북한의 주요 경제·문화·군사적 현안 및 국제적인 문제에 대해서도 의견을 교환함으로써 실질적인 대화의 조정 및 관리기능을 수행해 왔다.

그러나 북한이 2004년 7월 남한 정부의 김일성 사망 10주기 조문 거부, 대규모 탈북자 기획입국 등을 문제 삼고 15차 남북장관급회담, 장성급회담 실무대표회담 등을 잇따라 거부하여 장기간 공전되었다.

다행히 북한이 봄 농사철을 맞이하여 비료 지원을 받기 위해 10개월여 만에 대화 재개를 요구하여 2005년 5월 16~19일 개성에서 출퇴근 남북차관급회담이 개최되었다. 남북한은 차관급회담에서 6월 21~24일 서울에서 제15차 장관급회담을 열고 군사적 문제뿐만 아니라 경제적·문화적 문제를 계속 협의하기로 합의했다.

제16차 장관급회담이 2005년 9월 13~16일 평양에서 개최되어 남북경협 확대 등에 관해 합의했다. 이어 2005년 12월 13~16일 제주에서 제17차 장관급회담이 개최되어 9·19공동성명 이행 등에 관해 논의했다.

이처럼 남북한은 정군평화를 위한 교류와 협력은 다시 복원되어 지속적으로 추진할 수 있는 추동력을 확보하게 되었다. 그러나 이 또한 돌발적인 변수가 발생하면 중단될 가능성이 있기 때문에 보다 견고한 상설화된 제도가 필요하다.

2. 남북 정군평화를 위한 교류협력: 평가와 문제점

정군평화의 확대를 위한 남한과 북한의 교류협력의 실질적인 창구인 남북장관급회담은 중단 이전까지 획기적인 진전이었다고 할 수 있다. 왜냐하면 과거 남북대화가 몇 번의 특사방문과 최고 지도자들의 선언적 제의를 통해서 비정례화된 회담이 진행되었다면 남북장관급회담은 이러한 비정례화된 틀을 어느 정도 극복했기 때문이다.

그러나 준정례화한 장관급회담이 상호 신뢰 구축을 훼손시키는 몇 사안들로 인하여 중단되는 사례가 발생했기 때문에 이에 대한 대책이 마련되어야 한다. 남북한은 앞으로 평화통합의 과정에서 정군적 긴장국면이 재현될 가능성이 있기 때문에 이를 안정적으로 관리할 필요가 있다.

또한 남북한의 정군적 교류협력은 핵문제 등으로 인한 북·미관계의 영향을 크게 받고 있으므로 북·미 갈등이 조속히 해결되어야 한다. 그러나 미국 부시 행정부의 대북 압박정책이 장기화할 가능성이 있고, 이로 인한 북핵 해결을 위한 6자회담도 실효를 거둘지 미지수다.

남한과 북한은 미국의 대한반도정책에 따라 심하게 요동될 것으로 보인다. 이에 따라 한반도문제를 민족 주체적으로 해결하기 위해서는 남북한의 정군평화를 위한 교류협력이 더욱 강화되어야 한다.

남북한의 정군적 교류협력은 경제적·문화적 교류협력의 진전이 계속되고 경의선과 동해선 연결에 따른 비무장지대를 통한 인적·물적 교류가 늘어나면 자연스럽게 확대될 것으로 보인다.

현재 지속되고 있는 경제적·문화적 교류협력이 정군적 교류협력을 추동해 내고, 나아가 남북한 간 정군적 긴장 완화와 신뢰 구축을 도모해 평화를 구축해 갈 수 있을 것이다. 남한과 북한은 역사적인 남북정상회담을 계기로 화해협력을 위한 민족사의 대전환기를 맞이하면서 주목할 만한 변화를 보이고 있다.

무엇보다 남북한 간에 정군적 긴장 완화와 평화를 확대할 수 있는 책임 있는 당국자 간 대화통로를 상설화, 정례화함으로써 평화지향적인 평화통합의 시대를 본격적으로 준비해 가야 한다.

앞으로 남한과 북한은 정군평화 확대를 위해 남북한 간 상생의 구도로서 상호 의존을 심화시키고 평화통합을 실질적으로 진전시켜 가야 할 것이다.

3. 남북 정군평화의 확대: 정책과제와 대안

남한과 북한의 정군평화의 확대를 위한 교류협력을 활성화하기 위해서는 무엇보다도 상호 신뢰를 유지하는 것이 가장 중요하다. 남북 장관급 회담이 14차례 개최될 정도로 준정례화된 상황에서 10개월여 동안 중단되었던 것은 남북관계가 아직 완전한 상호 신뢰 구축이

안 되어 있음을 반증한다.

남한과 북한이 돌발사태를 방지하기 위해서는 무엇보다도 상대방을 인정하고 존중하는 태도가 중요하다. 이것이 전제되어야 남북한 간의 정군평화가 실질적으로 진전될 수 있다. 이를 위해서는 '남북평화기구(가칭)'의 상설적 운용화가 필요하다.

남북평화기구를 통해 한반도 상황의 안정적 관리와 남북관계의 내실 있는 발전과 평화를 도모해 갈 수 있다. 제도의 상설적 운용은 장관급회담 등의 파행을 막을 수 있고, 회담 중단 등의 문제가 생기면 조기에 수습하여 정상화하는 데 기여할 수 있다.

특히 금강산 관광으로 인하여 서해교전에도 불구하고 남북한 간의 군사적 긴장이 고조되지 않았다. 또한 개성공단사업26)도 북한으로부터 군사적 위협을 감소시키고 남북한 긴장 완화에 기여하고 있다.

개성공단사업은 남북한 간에 극단적인 군사적 대치가 이루어지고 있는 비무장지대에 인접한 군사전략적 요충지에 조성되고 있다는 점에서 개성공단사업의 정군평화에 대한 기여 의미 역시 매우 크다.

즉, 금강산사업과 개성공단사업은 경제적·문화적 평화 확대의 기여 못지않게 정군적 평화 확대에 크게 기여하는 남북한의 대표적인 평화창출 사업이다.

남한과 북한 간의 신뢰 회복과 정군평화를 확대하기 위해서는 한반도 평화체제를 구축해야 한다. 남북한은 군사적 대결 종식과 전쟁의 공포로부터 벗어나 공동번영을 하기 위해서는 지속 가능한 평화체제를 구축해야 한다.

남북한의 평화체제의 구축이 지금 당장의 실현이 어렵다면 정상회

---

26) 개성공단 사업의 장애물은 남북한 당국 간의 신뢰 부족 탓도 있지만 미국이 '바세나르협정(Wassenaar Arrangement)'과 같은 국제적 통상체제와 수출금지법 같은 자국 내 법률을 이용해 전략물자 통제 구실로 규제하는 것이다.

담을 정례화하여 '남북평화선언'과 '남북기본합의서' 발효의 재천명 등이 필요하다. 나아가 남북한은 적당한 시점에 군사적 신뢰 구축조치를 확대하고 군축협상을 통해 평화를 상호 보장해 나가야 한다.

남북 평화통합의 조건 2: 경제평화

1. 남북 경제평화를 위한 교류협력: 현황과 특징

경제평화는 경제적 교류협력을 통해 대립, 갈등을 해소하고 공동 번영을 추구하는 것이다. 경제적 평화를 위한 교류협력은 남북교역과 남북협력사업으로 구성된다.

남북 경제평화는 남과 북이 민족경제교류의 통일적이며 균형적인 발전과 민족 전체의 복리 향상을 도모하기 위하여 자원의 공동개발, 민족내부거래로서의 물자교류, 합작투자 등 경제교류와 협력을 말한다. 이는 문화적 교류보다 상대적으로 시장경제 논리에 충실하고 상호주의에 기초한다고 할 수 있다.

남북한의 경제평화를 위한 교류협력은 그동안 정군적 상황에의 종속성, 북한의 경제난, 경협 시스템의 부재에 따른 불투명성과 불안정성, 국제시장여건의 제한성 때문에 활성화되지 못했다.27)

1980년대 말 탈냉전 및 사회주의권의 붕괴 이후 본격적으로 추진되기 시작한 남북한 간의 경제 교류협력은 정군적 갈등하에서도 지속적으로 확대되어 왔으며, 남북 평화통합이란 측면에서도 점차 경

---

27) 김영윤, "개성공단 건설 사업의 경제적 과제와 정책방안", 아시아사회과학연구원, 『개성공단 사업 활성화를 위한 정책적 방안』 시민토론회 자료집(2004년 10월 29일), 10~11쪽.

제평화의 동인이 중요한 변수로 작용하게 되었다.

남북한의 경제평화를 위한 교류협력은 대부분 교역 위주로 이루어지고 있으며, 정군평화의 기복에도 불구하고 교역량과 참여업체가 증가해 왔다. 1988년 당시 노태우 대통령의 민족자존과 통일번영을 위한 '7ㆍ7선언' 이후 1989년 1월 북한물자의 최초 반입으로 시작된 남북한의 경제적 교류협력은 그동안 꾸준한 성장세를 유지해 왔다.

2002년의 경우 432개 업체가 남북교역에 참여하였으며, 반출입 품목은 568개에 이르렀다. 남한은 2002년 이후 일본을 제치고 중국에 이어 북한의 제2의 무역상대국으로 확실히 자리매김하고 있다.

북한의 대남 의존도도 2001년 15.1%에서, 2002년에는 22.1%, 2003년에는 23.3%로 늘어났다. 이는 남북한 간의 경제평화를 위한 교류와 협력이 북한의 평화적 변화, 즉 연착륙을 유도할 수 있는 지렛대로서의 역할이 커졌음을 의미한다.[28]

남북한 간 교역[29]이 시작된 1989년 이후 2004년 12월까지 누적 교역실적은 49억 9,216만 달러가 된다. 이 중에서 북한으로부터의 반입액은 26억 1,358만 달러인 데 비해 반출액은 23억 7,858만 달러이다.

동기간의 누적 명목수지는 남한이 2억 3,500만 달러 적자이나 비거래성 교역을 제외한 누적 실질수지는 이보다 적자폭이 훨씬 큰 18억 4,467만 달러이다. 남북 간 물자교역은 매년 증가추세를 보여 2005년 10월 현재까지의 집계가 8억 7,500만 달러에 이르고 있고, 2005년 말

---

28) 홍순직, "참여정부의 남북경협 주요 성과와 과제", 평화연대정책토론회 자료집(2005년 2월 23일), 18~22쪽.

29) 교역은 거래성 교역과 비거래성 교역으로 나눈다. 거래성 교역은 다시 유형별로 상업적 매매거래와 위탁가공으로 구분된다. 비거래성 교역은 인도적 지원, 개성공단 건설 등 일반협력사업, 금강산 관광사업, 경수로 사업 등이 있다. 2004년의 남북한 교역에서 거래성 교역이 3억 4,779만 달러로 전체 교역액의 49.9%를 차지했고, 비거래성 교역은 3억 4,924만 달러로 전체 교역액의 50.1%를 차지했다. 통일부, 『2005 통일백서』(서울: 통일부, 2005), 89쪽.

〈표 6-2〉 남북교역 연도별 현황

(단위: 100만 달러, 출처: 통일부)

연도	89	90	91	92	93	94	95	96	97	98	99	00	01	02	03	04	05.10	계
반입	19	12	106	163	178	176	223	182	193	92	121	152	176	272	289	258	264	2876
반출	0	1	5	10	9	19	64	70	115	130	212	273	227	370	435	439	611	2990
합계	19	13	111	173	187	195	287	252	308	222	333	425	403	642	724	697	875	5866

까지 남북교역 사상 최초로 10억 달러 시대에 돌입하게 된다.[30]

남북한 간의 거래성 교역(상업적 매매거래, 위탁가공) 중 상업적 매매거래는 초기에 대부분 해외중개상을 통한 간접교역 형태로 진행되어 오다 1990년대 중반부터 농산물, 한약재 등 일부 품목을 중심으로 교역 당사자 간 직접계약을 체결하여 거래하는 직접교역의 비율이 늘어나고 있다. 그러나 아직까지 통행, 통신 제약에 따른 거래 위험을 줄이기 위해 중개교역을 하는 경우가 많다.[31]

남북한 간의 거래성 교역 중 위탁가공 교역은 1992년 처음으로 실현된 이래 빠른 증가추세를 보였으며, 2004년의 경우 전체 교역의 25.3%, 거래성 교역의 50.6%를 차지하였다. 위탁가공 교역의 급속한 증가는 남북한 모두가 유인을 갖고 있기 때문으로 분석된다.

즉 북한은 생산과정으로 쉽게 통제하고 손쉽게 외화를 획득할 수 있고, 남한 기업들은 대규모 투자의 위험부담 없이 남한에 비해 저렴한 노동력을 활용할 수 있다는 이점을 가지고 있다.[32]

위탁가공 교역 품목에 있어서는 섬유류가 80% 이상을 차지하나

---

30) 통일부 월간교류협력 동향(172호, 2005년 10월) http://www.unikorea.go.kr/index.jsp (검색일, 2005년 12월 6일)

31) 통일부가 2003년 9월 300여 개의 남북교역업체를 대상으로 실태조사를 실시한 결과, 직접교역이 17.4%인 반면 제3국 중개인을 통한 간접교역이 60.1%, 혼합교역이 22.5%인 것으로 조사됐다. 통일부, 『2005 통일백서』, 90~91쪽.

32) 오승렬 외, 『남북교류·협력과 북한의 변화』, 10~12쪽.

최근에는 전자 · 전기 분야 등으로 점차 위탁가공 교역 영역이 다변화되고 있다. 참여업체 수는 지속적으로 증가(2004년 118개 업체)하고 있으나, 전반적으로 이익을 실현하지 못하고 있다. 이것은 설비투자, 공정관리와 기술지도 등의 문제로 인한 생산성 향상이 아직 미흡하기 때문이다.

그러나 투자 부문에서는 개성공단 시범단지 18개 업체를 포함하여 2005년 1월 말 현재, 누적 협력사업 승인업체 수는 2002년 25개에서 54개로 2배 이상 늘어나는 등 괄목한 성장세를 보이고 있다.

한편 남한과 북한은 금강산관광 및 개성공단 사업으로 남북경협 교류와 협력은 한 단계 높은 수준에서 활성화되게 되었다. 금강산관광사업은 2003년 9월 이후 육로관광이 정례화한 데 이어 2004년에는 관광객이 획기적으로 증가하여 안정적 추진기반을 확보하였다.

개성공단사업은 2000년 8월 개성시와 판문점 일대의 2,000만 평을 3단계에 걸쳐 국제 경쟁력을 갖춘 자유경제지대(공단 800만 평)와 복합 배후도시(1,200만 평)로 개발하기로 합의서를 체결함으로써 추진한 사업이다.

개성공단사업은 그동안 북핵 위기 속에서도 사업 이행을 위한 남북한의 의지와 노력으로 2003년 6월에 착공식을 거행하고, 2004년 12월 첫 시제품을 생산함으로써 본격적인 사업추진에 돌입하게 되었다.

남한과 북한은 개성공단 건설 사업을 추진하기 위해 통관 · 통신 · 검역합의서 채택(2002년 12월 8일), 투자보장 등 4개 경협합의서 발효(2003년 8월 20일), 개성공단 · 금강산 통행합의서 체결(2004년 1월 29일) 등에 합의했다.

종합형 경제특구를 지향하고 있는 개성공단사업은 남한의 수도권에 인접해 있어 경의선 철도 · 도로 연결 시 인천공항과 인천항을 활용하는 것이 가능하다. 언어소통이 원활하고 양질의 저임금(월임금 US$ 57.5) 노동력을 활용할 수 있으므로 중국보다 나은 경쟁력을 가질 것으로 예상된다.

2. 남북 경제평화를 위한 교류협력: 평가와 문제점

남북한 간의 상업적 물자교역 규모는 1995년 2억 달러 수준을 넘어선 이래 증가율이 점차 완만해지는 수준을 보이고 있다.

대북지원 물자와 금강산사업 반출물자 및 경수로 사업관련 중유 지원분 등을 포함한 것이므로 이들 지원물자를 제외한다면 남한 경제가 침체한 1998년을 뺀 1995년부터 1997년까지 3년간 남북한 교역규모는 대략 2억 5천만 달러 수준에서 정체현상을 보여 왔다.

남한 경제가 회복국면에 접어든 1999년 이후 다시 남북한 간의 거래성 교역이 증가했으며, 특히 2000년도에는 남북정상회담 등 긍정적 환경변화에 힘입어 거래성 교역이 다소 증가했고, 2004년 말 현재 남북한 총 교역액은 7억 5,878달러에 이르렀다.33)

1989년 이후 지속적으로 추진된 교역 위주의 남북한 간 경제적 교류와 협력은 크게 경제적 동기에 의한 민간부문의 교역 및 투자 사업과 정치 및 인도적 동기에 의해 이루어진 정부차원의 대북 지원 사업으로 구분할 수 있다.

민간교역은 정군적 긴장상태하에서도 지속적으로 확대되었으며, 정부차원의 지원과 함께 남북관계의 극단적 악화를 예방하는 안전판

---

33) 대북식량차관 40만 톤 중 남북교역에 미집계된 태국산 21만 톤의 6,174만 달러를 반영한 것이다.

역할을 담당하였다.

예를 들면 금강산관광사업이 실행된 이후 2002년 6월 발생한 '서해교전' 사태가 조기에 수습될 수 있었던 것은 남북한 경제평화의 확대가 정군적 긴장을 완화시켰던 사례로 볼 수 있다.

남북한 간의 경제평화를 위한 교류와 협력의 확대는 금융위기 이후 '북한 리스크'를 경감시킴으로써 남한경제에 대한 국제적 신인도 제고에 기여하였으며, 남북교역 및 금강산관광사업으로 인한 외화수입은 북한경제의 유지 및 부분적 회복에 기여한 것으로 평가된다.

그러나 남북한 관계의 특수성으로 인해 아직 남북한 간의 경제평화를 위한 교류협력 관계는 많은 장애요인을 가지고 있다.[34] 우선 제3국을 통한 간접교역 위주의 교역은 높은 거래비용과 불확실성을 야기하고 있으며, 통신 및 왕래의 제약요인으로 인해 기업의 효율적 활동이 불가능한 상황이다.

또한 남한의 '남북교류·협력에 관한 법률'은 제정 당시 남북한 간의 교류협력을 촉진 장려한다는 긍정적 취지에서 출발하였으나, 그동안 남북관계의 변화에 따라 수정 보완되어야 할 부분이 나타나게 되었다.

특히 과도한 위임조항 및 준용조항을 축소해야 하며, 기타 국내법과의 모순가능성 해소 및 남북교역의 민족 내부거래 원칙과의 일치성 확보문제는 시급한 과제이다.

북한 측의 문제점은 더욱 심각하다고 볼 수 있는데, 나진·선봉지대 개발계획 추진 이래 외자유치 관련 법규의 개정 및 제정이 이루어졌으나, 과도한 행정적 규제 및 북한 국내경제와의 연계성 미비의 문제점은 물론 남북경협에 관한 법규의 모호성 등의 장애요인이

---

34) 오승렬 외, 『남북교류·협력과 북한의 변화』, 21~22쪽.

존재하므로 이의 개선이 시급하다.

더욱이 북한의 경제체제는 아직 자유로운 기업 활동을 보장하기 어려운 상황이므로 설사 남북한 당국 간에 합의된 투자보장 등 제도적 장치가 발효절차를 완료하더라도 실질적 적용 가능성은 여전히 의문으로 남는다.

또한 남북한 관계의 특수성으로 인해 정부와 민간기업의 명확한 역할 구분이 곤란하기 때문에 남북경협 사업의 수익성 추구 원칙이 지켜지기 어려우며, 이는 곧 남북경협사업 확대 심화의 제약요인으로 작용할 수도 있다.

즉, 위탁가공 교역을 포함한 거래성 남북교역의 지속적 확대와 남북한 산업 간의 상호 보완성 구현을 위해서는 남한기업의 대북 투자 확대 및 수익모델의 창출이 급선무이나 과다한 거래비용과 북한체제의 제약 요인 등으로 인해 투자확대를 위한 인센티브가 미약한 상황이다.

예를 들면, 최초의 본격적인 대형 대북 투자사업인 금강산 관광사업의 경우에도 수익성을 면밀히 고려하지 못한 계약내용, 육로 관광사업의 지연, 일방적인 외화 획득을 목표로 하는 북한의 접근 방식, 투자 주체의 자율적 의사결정의 어려움 등으로 인한 장래가 불투명한 것이 현실이다.

현재까지 남북한의 경제평화를 위한 교류협력은 교역 위주로 이루어지고 있으며, 금강산 관광사업을 제외한 대규모 직접 투자사업은 아직 부진한 상태라는 점에서 남한경제에 대한 실물경제적 기회비용은 미미하다.

상대적으로 외화유입과 인도적 차원의 지원 등을 통해 북한경제에 미친 영향은 긍정적인 것으로 평가되고 있으며, 남북관계에 대한 정군적·문화적 파급효과 역시 긍정적이었던 것으로 판단된다. 그러나 과도기적 상황하에서 남한기업의 비경제적 동기에 의한 경협사업 추진은 수익모델 창출을 어렵게 만들었다는 점에서 부정적인 영향을 미쳤음도 간과할 수 없다.

3. 남북 경제평화의 확대: 정책과제와 대안

남북한의 경제평화의 확대를 위한 교류협력은 개성공단사업 등을 통해 새로운 형태로서 정착되어야 한다. 현재 이루어지고 있는 남북한의 경제적 교류협력은 대부분 기술 및 자본, 자재공급 등 전 과정이 남한에 의해 '올인'되는 형태로 추진되고 있다. 이는 남북한의 경제평화를 위한 교류협력의 궁극적 목적인 북한 스스로의 경제개발이나 발전과는 거리가 먼 비효율적 모델이다.

남북한 간에는 보다 실질적인 경제교류협력이 이루어질 수 있는 모델이 필요하다. 남한 기업의 대북진출은 투자 효율성과 사업 타당성에 대한 진단모델을 개발하여 산업별·업종별·규모별로 나누어 장기 전략적인 구도하에 이루어져야 한다.

그리고 남북한의 경제적 교류와 협력은 기업의 수익성 차원에서 접근, 남북한 모두에게 실익이 담보되어야 한다. 남북한의 경제적 교류와 협력에 참여하는 남한 기업의 국제경쟁력 확보와 수익성을 창출해낼 수 있음은 물론, 북한 개발의 중요 모멘텀으로도 작용해야 한다.[35]

북한은 경제난 타개를 위해 변화가 불가피하다는 인식하에 '경제개선조치(2002년 7월 1일)'에 이어 시장기능 도입 등 추가 경제개혁조치를 시행하고 있다.[36] 북한은 이 같은 의식 변화로 시장경제 마

---

35) 김영윤, "개성공단 건설 사업의 경제적 과제와 정책방안", 26~27쪽.

인드가 확산되는 한편 농업·경공업 등 노동집약적인 산업에서 생산성이 향상되고 상거래가 활성화되는 성과를 거두었다.

그러나 북한은 물자 부족에 따른 인플레이션 심화, 환율 폭등 등 부작용이 발생하고 강·절도, 빈부격차 심화 등 자본주의적 병리현상도 점차 증가하고 있다.

특히 북한 지도부가 경제개혁에 대한 의지를 갖고 있으나, 체제에 미치는 부정적 영향을 우려하여 경제개혁·개방 노선을 공식적으로 채택하지 않고 있다. 이로 인해 식량·에너지 등 주요 물자를 대외원조에 의존하는 가운데 SOC가 낙후되고 자체 투자재원이 고갈된 데다 시장경제 운영전문가도 부족한 실정이다.

남북한의 경제평화를 위한 교류협력 확대를 위해서는 첫째, 남북한 간의 물류 및 거래비용이 감축되어야 한다. 둘째, 대북투자 및 거래의 안정성을 확보하기 위해 국제적 관행 수준에 맞는 법적·제도적 정비와 이의 조속한 정착이 이루어져야 한다.37) 셋째, 북한 경제의 개혁, 개방을 보장하는 단계별 청사진을 마련하여 일관되게 추진되어야 한다.

---

36) 북한은 경제개혁 조치와 관련 1984년 9월 합영법을 제정해 발표했고, 1991년 12월에는 '나진선봉경제무역지대'를 설립했다. 1997년 6월에는 독립채산제 강화 등 시장경제 요소 도입을 시범 실시했고, 2001년 1월 1일 '신사고'를 주창에 이어 1월 10일에는 '경제관리 개선방침'을 하달했다. 2002년 9월에는 '선군시대 경제건설 노선'을 새로운 경제 운용방침으로 제시와 함께 신의주·개성·금강산특구를 설립했다. 2003년에는 신진 테크노크라트를 등용하여 당정 세대교체를 추진했다. 2004년 1월에는 농업부문의 '가족단위 영농'과 공업부분의 '기업개혁'조치를 시범실시하고 당과 군의 경제개입을 축소했다. 김영윤 외, 『북한의 경제개혁 동향』(서울: 통일연구원, 2005), 7~8쪽.

37) 배종렬, "남북경제협력의 역사적 전개와 발전방향", 수은해외경제(2003년 2월), 12~16쪽 참조

제6장

남북 평화통합의 조건 3: 문화평화

1. 남북 문화평화를 위한 교류협력: 현황과 특징

남한과 북한의 문화평화를 위한 교류협력은 정군적·경제적 평화를 위한 교류와 협력을 제외한 나머지 분야로 남한과 북한의 가치, 의식, 태도 등에 변화를 가져오게 하여 동질성을 확대하는 것을 말한다.

구체적으로 교육, 문학, 예술, 보건, 체육, 신문, 라디오, 텔레비전 및 출판물 등 여러 분야에서의 교류협력을 실시하는 것을 말한다(남북기본합의서 제3장 '교류협력'의 이행과 준수를 위한 부속합의서 제9조~14조 '사회문화 교류협력').

또한 이산가족의 서신거래, 왕래와 상봉, 상호방문, 그리고 상대측 지역에서의 자연재해 발생 시에 인도적 제공 등도 포함한다(남북기본합의서 제3장 '교류·협력'의 이행과 준수를 위한 부속합의서 제15~18조 '인도적 문제의 해결').

남북한의 문화평화를 위한 교류와 협력은 1980년대 후반 사회주의권의 붕괴로 인한 국제정세의 급격한 변화에 의해 촉진되기 시작했다.

냉전 종식과 소련과 동구의 몰락, 북한의 국제적 고립 및 경제난 등 북한이 직면한 위기 상황은 남북관계 개선에 긍정적인 요인으로 작용하였다. 남한은 보다 적극적인 대북정책을 추진하여 남북한 간의 화해와 교류협력의 분위기를 조성하였다.

김대중 정부는 당장의 제도적 통일은 현실성이 떨어진다고 보고, 대북 화해와 교류협력을 통해 평화공존과 공존공영을 이룩하고, 점진적으로 통일을 이룩하는 '선 통합 후 통일'이라는 구도를 갖고, 남북한의 기능적 통합을 추진해 왔다.

남북한은 중국과 대만과 같이 경제교류 외에 친지방문을 포함한 문화적 교류협력을 통해 상호 간의 실질적 상호 의존도를 높이고 평화통합을 이루어 나가는 방식과 함께 당국 차원의 대화와 합의, 정상회담과 제도적 장치 마련 등을 동시에 추진하는 병행 방식을 채택하였다.

다시 말해 남북한이 정군적 위협을 완화하고 교류와 협력을 활성화하여 남북주민들이 자유롭게 왕래하면서 상호 이해의 폭을 넓힘으로써 민족 동질성을 회복하는 정책을 추진해 왔다.

남북한 간에 보다 많은 접촉, 정경분리에 의한 민간교류와 협력의 확대, 인도주의적 대북지원 지속 및 이산가족문제의 해결 등 상호 공통점을 확인하고 이를 발전시켜 문화평화를 확대해 왔다.

1998년 11월부터 시작된 금강산 관광사업을 통해 2005년 6월 7일 100만 명을 돌파했고, 2005년 10월 말 현재 110만 명 넘는 남한주민이 북한을 방문하였다.38) 1989년 이후 2004년까지 금강산관광객을 제외한 남한주민의 북한방문자 수는 총 8만 1,470명이고, 2004년도 방북인원은 2만 6,213명으로 전년도에 비해 71.5%나 증가했다.

동기간 북한주민의 남한방문은 65건 3,930명에 이르렀다. 북한핵문제가 표면화했던 1993년 이래 소강상태를 보였던 문화적 교류협

---

38) 『통일신문』, 2005년 11월 28일

력사업은 1997년과 1998년에 빠른 속도로 증가하였고, 더구나 최근에는 남북한 간 교류가 방북 일변도에서 벗어나 쌍방향으로 진행되고 있으며, 그 분야도 다양화되었다.

남한과 북한의 문화적 평화 확대를 위한 교류협력은 학술분야에서 평양기술대학 건립추진사업, 남북통일학술토론회, 반일문제에 대한 남북공동토론회와 전시회 등이 그간의 주요 성과이다. 예술분야의 경우는 평양교예단 서울공연, 남북공동사진전, 남북미술전, 평양노래자랑, 고구려전시회 등이 대표적 성과이다. 언론 분야의 경우는 주로 방북취재와 북측 예술단의 초청공연 등이 있다.

이 밖에 체육 분야에서 남북은 2000년 시드니올림픽 개막식에서 사상 최초로 공동 입장하여 세계의 이목을 집중시킨 이래, 2002년 부산 아세안게임에 북한 선수단과 응원단 파견, 2004년 일본 동계올림픽 개막식 및 아테네올림픽 개 · 폐막식 공동입장 등 주요한 국제체육무대에서 남북공동입장의 기조를 이어 왔다.[39]

북한의 식량난 악화로 인한 인도적 측면의 문화적 교류는 1995년 북한의 수해로 시작되어 현재까지 지속되고 있다. 인도적 측면의 문화적 지원교류는 국제사회뿐만 아니라 한국정부, 민간단체, 종교계 등에서 식량 및 비료농업개발, 의료품 · 분유 · 보건의료 지원 등 다양하게 전개되고 있다.[40]

그러나 남북한의 문화평화를 위한 교류협력은 현재 경제적 교류협력에 비해 매우 제한적인 수준에 머물고 있다. 그것은 문화평화를 위한 교류협력이 본질적으로 남한과 북한의 사회체제에 첨예한 논쟁

---

39) 통일부, 『2005 통일백서』, 138쪽.
40) 이윤환 외, "북한 보건의료지원의 활성화 방안", 『남북한 보건의료(제2권)』(서울: 이주남북한 보건의료연구소, 2001), 84~97쪽.

을 불러일으키고, 매우 민감한 영향을 끼치기 때문이다.

문화평화의 확대를 위한 교류협력과 관련, 남측의 시민사회단체들은 요구가 높은 반면, 북측에서는 이 분야의 교류와 협력을 체제적 차원에서 접근하고 있다. 북한은 주로 대규모사업으로 남측으로부터 상당한 금전적 대가를 획득할 수 있는 사업 외에는 아직 크게 관심을 보이지 않고 있다.

2. 남북 문화평화를 위한 교류협력: 평가와 문제점

1990년대 이후 경제적 · 문화적 평화 교류와 협력으로 북한주민들의 의식은 적지 않게 변화했다. 물론 이와 같은 북한주민들의 의식 변화가 전적으로 남북한 간의 교류와 협력의 확대에 기인한 것이라고 볼 수 없으나, 남북한의 교류협력의 확대가 북한 지도부 및 주민의 대남 인식에 커다란 영향을 미쳤음을 부인할 수 없다.

이러한 경향은 북한의 문학예술 작품이나 남한을 방문한 북한인사의 발언, 북한의 정군정책과 다른 정책과의 분리주의에서도 명확히 드러나고 있다.[41]

북한주민들은 과거와 달리 풍요로운 삶이나 이윤 추구, 그리고 외화 획득의 추구, 개인적 삶의 질 향상 추구 등 일상생활에서 자본주의적 가치를 부분적으로 중시하는 경향이 확대되고 있다.

북한의 이러한 변화는 2000년 6월의 남북정상회담 이후 현격하게 나타나고 있다. 보다 넓게 본다면 소련 및 동구 사회주의의 몰락, 중국의 시장 지향적 개혁개방 성공, 남한의 경제 발전, 북한경제의 위

---

41) 오승렬 외, 『남북교류 · 협력과 북한의 변화』, 157∼159쪽.

기 등 복합적인 요인이 북한의 자본주의와 남한에 대한 인식의 변화에 영향을 끼쳤다.

그러나 여전히 남북한의 문화평화를 위한 교류협력은 대체로 경제적 관계처럼 활발하지 못한 현상을 보이고 있다. 이는 중국과 대만관계와는 달리 정상회담 이후 남북한 당국 간의 협의 및 제도적 장치 마련이 가능해졌다고는 하나, 실질적 측면에서 남북한 간 교류협력의 경로가 여전히 많은 제약하에 놓여 있음을 보여 주고 있다. 이로 인해 남북한 문화적 관계와 북한의 대남인식은 한계성을 지니고 있다.

이것은 남북한의 경제적·문화적 평화교류와 협력이 북한의 평화통합의 변화를 어느 정도 유인해 내고 있지만 정군적 긴장도가 매우 강하기 때문이다. 결과적으로 남북한의 완전한 평화통합은 경제적·문화적 평화에 의하여 촉진되기는 하지만 정군적 갈등과 대립이 이를 상쇄시켜 상당한 시간이 걸릴 것으로 보인다.

3. 남북 문화평화의 확대: 정책과제와 대안

남한과 북한은 문화평화 확대를 위해서는 먼저 남한과 북한의 민족적 공통점을 찾아 동질성을 회복하고 이를 바탕으로 분단으로 인한 이질성을 단계적으로 축소해 나가야 한다. 이를 위해서는 인도적·민족적 교류협력이 조건 없이 확대되어야 한다.

남북한 간의 문화평화가 상호 의존이 심화되면 자연스럽게 서독과 동독이 1986년 ‘동서독 문화협정’을 체결한 것처럼 남한과 북한도 지적소유권합의서를 포함하여 ‘남북한 문화협정’을 체결할 필요가 있다.42) 남한과 북한은 이를 바탕으로 문화적 평화 확대를 위한 교류협력을 종합적으로 추진해야 할 정책과제들을 다음과 같이 정리해 볼 수 있다.

즉 첫째, 남한과 북한은 공히 문화평화의 교류협력의 촉진을 위한 국내법과 제도를 정비한다. 둘째, 문화의 개념을 평화 확대라는 측면에서 유연하게 개념을 정의하고, 영역을 넓혀 간다. 셋째, 남한과 북한의 이질적인 요인에 대한 문제를 해결하기 위한 상설적·제도적 '문화평화기구(가칭)'를 구성하여 가동할 필요가 있다. 끝으로 인도적 측면의 문화적 영역에 대한 남한과 북한의 상호 인식을 확대하고, 정부와 민간의 역할 분담과 협력제계를 구축해야 한다.

---

42) 이장희, "통독정책으로서 동서독간 문화협정", 『국제법학회논총(제33권 2호』(서울: 대한국제
　　법학회, 1988년 12월), 91~98쪽.

제7장

결론: 지속 가능한 남북통합의 길

남한과 북한의 평화통합을 촉진하기 위해서는 어떻게 해야 할까? 이 물음에 대한 답을 찾기 위해서는 다른 나라들의 교류와 협력 사례에서 시사점을 찾는 것도 유익할 것이다. 독일의 경우 정치·제도적 통합에 종속되어 동서독 간의 경제통합이 이루어졌다.

중국과 대만의 경우는 경제적·문화적 교류의 빠른 확대가 제도적 틀의 부재에도 불구하고 통합과정을 진전시키고 있다. 특히 중국의 개혁·개방에 대한 현실적 필요와 사상적 해방이 대만과의 관계 발전의 결정적 계기가 되었으며, 상호 간의 경제적·문화적 상호 의존관계의 심화는 경제적 부작용을 부분적으로 해소시키고 나아가 정군적 긴장에 대한 일종의 안전판 역할을 담당하고 있다.[43]

중국과 대만 간의 경제적 평화를 포함하여 문화적 평화 교류협력의 확대는 정군적 긴장을 완화시키며 상호 간의 신뢰를 심화시킴으로써 이질적 체제로부터 발생하는 대립과 갈등 해소에 기여할 수 있었다.

---

43) 중국과 대만은 분단 이후 1978년까지 양안 간 군사적 대결구도로 인하여 경제교역이 봉쇄되었다. 중국이 1979년 대만에 교류를 첫 제의하여 양안 간의 교역액이 7,700만 달러가 되었다. 그 후 해마다 큰 폭으로 증가하여 2002년에는 무려 446.4억 달러로 급증했고, 대만은 중국의 4대 교역상대로 부상하였다. 1997년까지 대만자본의 대중국 투자계약 건수는 38,000건에 이르고 실제투자액은 183억 8천만 달러에 달하였음. 인적 교류도 확대되어 1992년부터 중국을 방문한 대만주민이 매년 100만 명을 넘어서고 있고, 대만을 방문한 중국인도 2002년까지 2,000만 명을 초과했다(자료: 대만 행정원 대륙 위원회).

그러나 남한과 북한은 남북한 간의 합의에 의한 제도적 틀 형성과 제한적인 경제·문화적 교류와 협력을 동시에 진행하고 있다. 이로 인해 남한과 북한의 평화통합은 중국과 대만에 비해 상대적으로 덜 촉진되고 있다.

남북한도 중국과 대만 간의 교류협력을 모델로 하여 1차적으로 정군평화의 사안과 경제평화·문화평화의 사안을 분리하여 평화통합을 관리해 가는 것이 요긴하다. 그리고 이것을 토대로 경제적·문화적 평화를 확대, 심화시켜 남북한 간의 정군적 갈등과 대립을 완화하는 방식으로 접근해야 할 것이다.

독일통일 과정에서 동서독 간 장기간 지속된 교류협력은 국가통일로 가는 민족통일의 토대가 되었다. 독일분단이 동서냉전의 산물이라면 베를린 장벽의 붕괴는 다름 아닌 교류협력의 산물이라 할 수 있다.

독일통일은 '접촉을 통한 변화(Der Wandel durch Ann hrung)'에 의한 동·서 긴장 완화의 결과라 할 수 있다. 서독의 통일전략은 교류협력을 통해 상호 신뢰를 쌓아 민족공동체를 건설해 나가면서 정치통합의 기반을 조성해 나가는 방안이었다. 이는 결코 서두르지 않은 '작은 걸음의 정책(Die Politik der kleinen Schritte)'으로 기능주의적 접근방법에 의한 통합방안이었다.

그러나 독일통일의 방안은 통일을 앞당기는 데는 보다 효과적인 측면이 있으나 경제적·문화적 평화의 확대에는 크게 기여하지 못했다. 통일독일은 동서독이 통일된 이후 15년이 넘었지만 여전히 경제적·문화적 측면에서 평화적이지 못하기 때문이다.

독일은 통일 이후 경제침체와 빈부격차 확대, 동서독 주민 간의 이질화 등으로 상당한 후유증에 시달리고 있다.44) 동서독 간의 통일은

---

44) 과거 유럽경제의 기관차 역할을 했던 독일경제는 성장활력을 잃고 유럽경제의 '문제아'로 전

지나치게 상호주의와 기능주의적 통합으로 접근한 것의 부작용이다.

그러므로 남한과 북한은 독일통일 교훈에서 부작용과 후유증을 최소화시키려면 기능주의적 통합보다는 평화복합체적 평화통합을 추진해야 할 것이다. 다시 말한다면 한반도 평화복합체 내에서 남과 북이 경제평화를 실현하고 이를 토대로 문화평화, 정군평화를 실현해야 남북 간 평화통합을 실현할 수 있고, 통합 후의 후유증을 최소화할 수 있다.

한반도 지역의 평화복합체에 속한 남한과 북한의 정군평화, 경제평화, 문화평화의 확대를 위한 교류협력은 남한과 북한의 평화통합을 촉진시켜 한반도 긴장 완화와 평화 안정, 나아가 동북아 지역의 안정과 복지번영공동체 구상 실현에도 크게 기여한다.

그러므로 남한과 북한의 평화통합을 위해서는 정군적·경제적·문화적 평화 확대를 위한 측면에서 교류협력을 강화해야 한다. 평화의 조건인 정군평화, 경제평화, 문화평화에 있어서 우선순위는 경제평화, 문화평화, 정군평화라고 할 수 있지만 동시에 복합적으로 추진해야 효과를 극대화할 수 있다.

그리고 남북한의 평화통합을 위해서 가장 중요한 것은 문화평화라고 할 수 있다. 이것이 제대로 이루어지지 않는다면 평화통합의 구조는 취약성을 지닐 수밖에 없다. 왜냐하면 가치와 이념의 이질화는 결국 경제평화를 저해하고 나아가 정치군사평화까지 위협할 수 있기 때문이다.

따라서 지속 가능한 남북평화를 구축하기 위해서는 상호 인정과

락했다. 1996~2000년 독일의 연평균 경제성장률은 1.8%로 다른 EU회원국들에 비해 약 1%포인트 낮다. 독일은 2004년말 현재 성장잠재력 약화, 내수부진, 10.6%의 높은 실업률, 재정악화, 동서독 경제격차 확대, 시위 등으로 인한 사회혼란이라는 혹독한 통일 후유증에서 헤어 나오지 못하고 있다. 김득갑, "통일 후유증과 독일 경제개혁의 현주소", 『글로벌 이슈(제7호)』(서울: 삼성경제연구소, 2004년 11월 2일), 1~7쪽.

존중이라는 평화공존 의식을 갖고 공동번영할 수 있는 평화복합체적 평화공동체를 지향해 나가야 할 것이다.

남북교류협력 증진 방안 제시

장영권 한국평화미래연구소 대표(맨 왼쪽)는 2008년 12월 17일 오후 2시 국회도서관 소회의실에서 열린 '남북교류협력 증진을 위한 시민사회단체 초청 공청회' 토론자로 참석했다. 이날 공청회에는 우리민족서로돕기운동본부, 개성공단기업협의회, 남북민간교류협의회, 통일부, 민주당 등이 참석했다.

참고문헌

〈단행본〉

강성학, "한반도의 군축을 위한 신뢰구축 방안", 이호재 편, 『한반도 군축론』(서울: 법문사, 1989).

강순원, 『평화, 인권, 교육』(서울: 한울, 2000).

김영윤 외, 『북한의 경제개혁 동향』(서울: 통일연구원, 2005).

문흥호, 『中·臺관계의 현황과 발전방향』(서울: 민족통일연구원, 1933).

민병천, 『평화안보론』(서울: 대왕사, 2001).

박종철 외, 『동북아 안보·경제협력체제 형성방안』(서울: 통일연구원, 2003).

________, 『평화번영정책의 이론적 기초와 과제』(서울: 통일연구원, 2004).

세계평화교수회 편, 『평화사상의 모색』(서울: 세계평화교수협의회, 1980).

________________, 『평화사상의 연구』(서울: 일념, 1983).

손병해, 『경제통합의 이해』(서울: 법문사, 2003).

송대성, 『한반도 평화체제』(성남: 세종연구소, 1998).

오승렬 외, 『남북교류·협력과 북한의 변화 - 중국과 대만의 경험을 중심으로』(서울: 통일부 통일교육원, 2003).

우철구·박건영(편), 『현대 국제관계이론과 한국』(서울: 사회평론, 2004).

이상우, 『국제관계이론』(서울: 박영사, 1987).

이종원, 『유럽통합의 이해를 위한 유럽연합론 - 유로화와 EU확대 그리고 비즈니스』(서울: 해남, 2001).

이향규, 『한반도 평화 정착과 유럽연합의 교훈』(서울: 통일부 통일교육원, 2005).

이호재 편, 『한반도평화론』(서울: 법문사, 1989).

일본평화학회 편집위원회 편, 이경희 역, 『평화학 - 이론과 실제』(서울: 문우사, 1987).

조한범 외, 『동북아 평화문화 비교 연구』(서울: 통일연구원, 2004).

최상용, 『평화의 정치사상』(서울: 나남출판, 1997).

최상용 편, 『현대 평화사상의 이해』(서울: 한길사, 1976).

최송화·권영설 편저, 『21세기 동북아문화공동체의 구상』(서울: 법문사, 2004).

장영권, 『시민이 세상을 바꾼다』(서울: 도서출판 청어, 2003).
통일부, 『2004 통일백서』(서울: 통일부, 2004).
_____, 『2005 통일백서』(서울: 통일부, 2005).
황병무, 『전쟁과 평화의 이해』(서울: 오름, 2001).

〈논 문〉

김득갑, "통일 후유증과 독일 경제개혁의 현주소", 『글로벌 이슈(제7호)』(서울: 삼성경제연구소, 2004년 11월 2일).
김영윤, "개성공단 건설 사업의 경제적 과제와 정책방안", 아시아사회과학연구원, 『개성공단사업 활성화를 위한 정책적 방안』시민토론회 자료집(2004년 10월 29일).
배종렬, "남북경제협력의 역사적 전개와 발전방향", 수은해외경제(2003년 2월).
이윤환 외, "북한 보건의료지원의 활성화 방안", 『남북한 보건의료(제2권)』(서울: 아주남북한보건의료연구소, 2001년 12월).
이장희, "통독정책으로서 동서독간 문화협정", 『국제법학회논총(제33권 2호)』(서울: 대한국제법학회, 1988년 12월).
장영권, "지속가능한 평화-평화복합체와 영구평화체제론", 『평화만들기』(2005년 5월 23일).
홍순직, "참여정부의 남북경협 주요 성과와 과제", 평화통일시민연대 정책토론회 자료집(2005년 2월 23일).

〈외국문헌〉

Arendt, Hannah, *The Human Condition*(Chicago: The University of Chicago Press, 1958).
_____________, *On Violence*(New York: Harcourt, Brace & World, 1970).
Barry Buzan, Ole Wæver and Jaap de Wilde., *Security: A New Framework for Analysis*(Boulder: Lynne Rienner Publishers, 1998).
_____________, People, *State and Fear: An Agenda for International Security Studies in the Post-Cold War Era.*
_____________, "Regional Security as a Policy Objective: The Case of South and Southwest Asia", in A. Z. Rubinstein(ed.), *The Great Game: The Rivalry in the Persian Gulf and South Asia*(New York: Praeger, 1983).
Bruce Russett and John Sullivan, "Collective Goods and International Organization", *International Organanization*, vol.25, 1971.

Bueno de Mesquita, Bruce, Jamnes D. Morrow, Randolph M. Siverson, and Alastair Smith. "An Institutional Explanation of the Democratic Peace". *American Political Science Review 93,* 1999.

Dasgupta, Sugata, *Problem of Peace Research: A Third World View*(New Delhi: Council of Peace Research, 1974).

David Mitrany, *A Working Peace System*(Chicago: Quadrangle Books, 1966).

Johan Galtung, "Nach dem Kalten Krieg gespräch mit Erwin Koller", Zürich(1993).

______________, *Peace: Research · Education · Action: Essay in Peace Research,* vol.1(Copenhagen: Christian Ejlers, 1975).

______________, *Peace by Peaceful Means*(London: sage Publications, 1996).

Kenneth E. Boulding, *Stable Peace*(Austen: University Texas Press, 1978).

Keohane, Robert O., *After Hegemony: Cooperation and Discord in the World Political Economy*(Princeton: Princeton University Press, 1984).

M. G. Marshall and T. R. Gurr, *Peace and Conflict 2005: A Global Survey of Armed Conflict, Self Determination Movement and Democracy.* Center for International Development and Conflict Management, University of Maryland, College Park, 2005.

Michael P. Sullivan, *International Relations: Theories and Evidence* (Englewood Cliffs: Prentice－Hall, 1976).

______________________, *International Relations: Theories and Evidence* (Englewood Cliffs: Prentice－Hall, 1976).

Philip Powlick, "U.S. Public Opinion of the Two Koreas", in Tong Whan Park, ed., *The U.S. and the Two Koreas: A New Triangle*(Boulder: Lynne Rienner Publishers, 1998).

Steven Krasner, "Structural Causes and Regime Consequences: Regimes as Intervening Variables", in Steven Krasner, ed., *International Regimes* (Ithaca: Cornell University Press, 1983).

〈기 타〉

http://mail.swu.ac.kr/～swsi/expr/down/%B9%DA%C0%E7%BD%C5.hwp(검색일: 2005년 5월 25일)

평화의 섬·들판

〈7〉 21세기 한반도 평화의 두 조건: 독도와 평택1)

---

1) 이 글은 평화연대의 기관지인 〈평화와 통일〉 제23호(2006년 6월 8일)에 기고한 것을 수정 보완한 것이다. 장영권, "21세기 한반도 평화의 조건: 평택", 『평화와 통일(제23호)』(서울: 평화연대, 2006년 6월 8일), 12~15쪽.

제1장

평화의 섬 독도와 평화의 들판 평택

과거 한반도에서 독도와 평택은 평화의 섬, 평화의 들판, 그 자체였다. 역사적으로 정치·군사적 의미에서 독도와 평택은 그리 중요한 지역은 아니었다. 독도는 그저 평범한 무인도 중의 하나에 불과했다.

평택도 평야지대이긴 하지만 특별히 의미가 있는 무대는 아니었다. 독도와 평택은 대한민국의 한 점 섬이거나 너른 들판에 불과했다. 이것은 이들 지역이 상대적으로 평화스러운 곳이었음을 반증한다.

그러나 20세기 침략과 약탈의 제국의 시대가 시작되면서 독도와 평택, 두 곳은 분쟁의 상징으로 바뀌고 있다. 외세가 노린 한반도 해역의 첫 침탈대상이 독도였다면, 한반도 내륙의 첫 침탈대상이 평택이었다. 두 곳은 21세기 한반도 평화와 분쟁의 중요한 지역으로 부각되고 있다.

독도와 평택은 우리의 선택에 의한 것이 아니라 외세가 일방적으로 점령했었거나, 점령하려고 하는 곳이다. 이 때문에 우리의 의지와 관계없이 분쟁의 상징화가 되고 있다는 점에서 한반도 평화의 중요한 두 조건이 되고 있다.

한반도 평화의 첫 조건이 되는 독도는 일본에 의해 분쟁 지역화되고 있다. 일본은 한반도 및 대륙의 침탈의 첫 대상지로 독도를 지목

하고 침략적 야욕을 보여 왔다. 제2차 세계대전의 패전으로 평화헌
법을 채택했음에도 불구하고 경제력을 바탕으로 한반도 침탈의 거점
으로 삼아 온 것이다.

한반도 평화의 또 다른 조건이 되는 평택은 미국이 동북아 패권
확보의 거점 기지화하고 있는 곳이다. 미국은 냉전시대 대소 봉쇄와
대북 공격 저지를 위해 휴전선과 의정부 중심으로 인계철선을 만들
었다. 그러나 탈냉전 이후 세계 유일의 패권국이 된 미국은 전략적
유연성이라는 신군사전략을 내세우고 평택을 패권 기지화하고 있다.

따라서 21세기 한반도 평화의 두 지역적 조건은 독도와 평택이라
고 할 수 있다. 독도는 일본의 대륙 침략적 근성을 확인할 수 있는
곳이라면, 평택은 미국의 패권적 근성을 확인할 수 있는 곳이다.

두 곳은 모두 한반도의 지속 가능한 평화의 실현이라는 측면에서
매우 중요한 곳이다. 다시 말하면 21세기 한반도 평화를 위해서는
독도를 평화의 섬, 평택을 평화의 들판으로 만들어야 한다.

본 연구에서는 한반도 평화의 두 조건이 되는 독도와 평택의 외세
에 의한 침탈의 역사를 간단히 살펴본 후 일본과 미국의 침략적 속성
을 알아보고 한반도 평화를 위한 정책적 대안을 제시해 보고자 한다.

제2장

일본의 독도 침탈 역사와 한반도 평화위협

1. 일본의 독도 침탈 역사

1) 일본 방어와 대륙 침략의 전초기지 확보를 위한 침탈

독도는 신라가 서기 512년(신라 지증왕 13년)에 우산국을 병합하면서 한국의 고유영토가 되었다. 프랑스의 지리학자 당빌(J. B. B. D'Anville)은 1737년 '조선왕국전도'를 그리고 독도가 조선왕국의 영토라고 표현했다.

일본에서 1667년 독도를 처음 기록한 고문헌인 '은주시청합기'도 울릉도(당시 일본 호칭 竹島)와 독도(당시 일본호칭 松島)는 고려의 영토라고 적었다. 이후 오늘에 이르기까지 독도를 일본의 영토로 기록한 자료는 어디에도 없다.

일본의 주류는 러·일전쟁이 한창이던 1904년 9월까지만 해도 독도 침탈을 주저했다.2) 어업인 나카이 요사브로(中井養三郎)가 같은 달 29일 일본 정부에 '독도 편입 및 대하청원(貸下請願)'을 제출했다. 그러나 내무성 이노우에(井上) 서기관은 이를 반대했다. 그 이유

---

2) '동북아의 평화를 위한 바른역사정립기획단' 홈페이지 참고(www.truehistory.go.kr 검색일 2006년 4월 20일).

는 "한국 땅이라는 의혹이 있는 쓸모없는 암초를 편입할 경우 우리를 주목하고 있는 외국 여러 나라들에게 일본이 한국을 병탄하려고 한다는 의심을 갖게 한다"는 것이었다. 이것은 당초 일본 메이지 정부의 '독도는 한국의 영토라는 인식'을 그대로 반영한 입장이었다.

그러나 요시다 쇼인(吉田松陰)이 1856년 처음으로 정한론(征韓論)을 제기했다. 그 이후, 기도 다카요시(木戸孝允), 사이고 다카모리(西郷隆盛) 등 이른바 정한론자(征韓論者)들이 틈만 나면 한국을 강제로 일본 땅으로 만들려는 '한국병탄' 계획을 주창했다. 일본의 한국병탄 계획은 1904년 러 · 일전쟁을 계기로 본격화됐다.

한국은 1900년인 광무 4년에 칙령 제41호를 발표하여 울릉군수가 독도를 관할하도록 했다. 일본은 러 · 일전쟁 도발 직후인 1904년 2월 23일 한 · 일의정서를 강제로 체결하여 한국 영토를 병참기지로 이용할 근거를 마련해 두고 같은 해 9월과 11월 군함 니타카(新高)호와 쓰시마(對馬)호를 파견하여 독도에 망루 건설 가능성 조사를 했다. 그러나 겨울철의 험악한 날씨와 작전 수행의 어려움 등으로 독도 망루 건설은 늦어졌다.

그러던 중 러 · 일전쟁이 매우 긴박하게 전개되자 일본은 1905년 1월 28일 독도의 강제 편입을 전격 단행했다. 그동안 부정적이었던 독도 관련 청원을 승인하는 형식으로 독도를 '죽도(竹島, 다케시마)'라고 명명하고 시마네현 소속으로 한다는 첫 결정을 내렸다.

그 후 일본 해군은 1905년 5월 28일 독도 근처에서 러시아 발트함대를 맞아 대승을 거두었다. 일본은 이 해전에서 독도의 전략적 가치를 더욱 절감하고 같은 해 8월 서둘러 독도 망루를 준공했다.

그러나 미국의 중재로 그해 10월 15일 예상보다 빨리 종전되자 독도 망루는 그 기능을 상실하고 10월 24일 철거됐다. 하지만 독도는 당시 일본 언론에 큼직한 사진과 함께 전승기념 명소로 소개됐다.

일본은 종전 직후 곧바로 1905년 11월 을사늑약을 강제로 체결하여 대한제국의 외교권을 박탈하고 항거 불능의 상태로 만들었다. 그리고 한·일신협약(1907년 7월)에 이은 한·일병합조약(1910년 8월)으로 한반도를 침탈했다. 1905년 일본 내각의 독도편입 결정은 일본의 한반도 침탈을 위한 서곡이었던 셈이다.

제2차 세계대전 후 독도는 연합국총사령부 명령(SCAPIN 677호, SCAPIN 1033호) 등에 의해 일본의 관할대상에서 명시적으로 제외됐고, 1945년 해방과 더불어 다른 모든 섬들과 함께 한반도 부속도서로 대한민국에 반환됐다. 연합군은 1946년 연합군 최고사령부 지령 제677호를 통해 독도를 일본 영토에서 제외했다.

하지만 일본의 독도 침탈 야욕은 다시 집요하게 시작됐다. 일본은 1947년 독도가 일본의 영토라는 홍보책자를 발간해 미 국무부의 참고자료로 활용하도록 했다.

또 윌리엄 시볼드(W. J. Sebald)라는 친일인사를 통해 대일강화조약에서 독도를 일본의 영토로 규정하려는 로비를 적극적으로 펼쳤으나 다른 연합국들의 반대로 실패로 돌아갔다. 그러자 일본은 새롭게 국제사법재판소(ICJ) 제소를 들고 나와 이를 계속 주장하고 있다.

일본은 패소가 예견되는 쿠릴열도(북방 4개 섬)나, 승소해도 별로 나아질 것이 없는 조어도(센카쿠열도)에 대해서는 국제사법재판소 회부를 거부하고 있다. 그러면서 유독 독도에 대해서만 회부를 주장하는 것은 한국이 독도를 실효적으로 지배하고 있지만 패소하더라도 현재보다 별로 손해 볼 것이 없다는 의도로 보인다.

한국은 1953년 독도의용 수비대를 창설한 데 이어 1956년부터 한국 경찰이 독도 경비를 시작하여 실효적으로 지배하고 있다. 일본은

2000년 이후 독도해역 200해리 이내 접속수역에서 4~5차례 몰래 해양조사를 하기도 했다.3) 일본은 독도를 일본 본토방위와 대륙 침략의 전초기지로 설정하고 20세기 초부터 100여 년간 침탈을 위한 도발을 계속해 왔다.

2) 한일어업협정의 울릉도 기점 설정

일본의 독도 침탈 주장의 또 다른 빌미를 제공한 원인은 어업협정의 문제이다. 한국과 일본은 1965년 12월 한일어업협정을 체결했다. 그런데 일본은 1996년 동해 쪽에 배타적 경제수역(EEZ)의 기점을 독도로 하여 일방적으로 선포했다. 이듬해 한국정부는 울릉도를 기점으로 EEZ을 선포하는 중대한 잘못을 범했다.

당시 독도 영유권과 관련하여 한국은 일본을 자극하지 않기 위해 무대응으로 일관한 결과, 일본의 독도에 대한 영유권 주장을 묵인해 주는 최악의 결과를 초래했다.

일본은 그 이후 수차례 한일 EEZ의 경계선으로 주장해 온 독도와 울릉도 사이의 중간선을 묵인받아 한국의 독도 영유권을 크게 훼손하는 한편 국제적으로 자신들의 영유권을 주장할 근거를 마련하기 위해 고도로 계산된 도발을 해 왔다. 일본의 해양탐사구역이 독도에서 12해리 밖 북쪽에 위치하지만 그 연장선이 정확하게 독도와 울릉도 사이 중간선을 가로지르고 있다는 점이 이를 여실히 증명한다.4)

---

3) 독도수호대는 2006년 일본해양자료센터 자료를 입수하여 분석한 결과, 일본이 2001년을 전후해 집중적으로 독도 24해리 이내 접속수역에서 4~5차례 해양조사를 한 것으로 나타났다고 밝혔다.

4) 신용하 한양대학교 석좌교수 인터뷰, 『동아일보』 2006년 4월 19일.

일본은 나아가 1998년 1월 23일 1965년에 체결한 한일어업협정을 파기한다고 선언했다. 그리고 한일 양국은 1998년 11월 28일 이른바 '신한일어업협정'을 체결하고 1999년 1월 23일 발효시켰다.

그런데 신한일어업협정 역시 일본의 제안대로 독도를 중간수역에 포함시켰다. 이로 인해 한국의 영토인 독도의 영유권에 대해 국제적으로 의심받기 시작했다.

한국정부는 신한일어업협정을 체결한 후 독도에 거주하던 주민(김성도 씨)을 철수시켰는가 하면 국민들의 자유로운 관광을 금지시키는 등 일본의 독도 영유권 주장에 부응하는 듯한 정책을 편 것이 또 하나의 잘못이었다.

신한일어업협정은 다행스럽게도 2002년 1월 23일부로 3년 만기가 끝남에 따라 한일 어느 일방이 종료를 통보하면 자동 폐기되고 6개월 이내에 재협상하도록 되어 있다.

한일 양국의 해안에 200해리의 배타적 경제수역의 성립을 인정하되, 그 경계가 겹치는 일부 지역에 중간수역을 설정했다. 이후 양국은 EEZ의 완전한 경계획정을 위해 4차례 회담을 열었지만 결론을 내지 못했다. 한일 양국이 다시 재논의한다고 해도 합의에 이를 가능성은 거의 없다.

3) 역사교과서 왜곡과 조례 등 국내 정비

일본은 2005년 3월 16일 시마네현 의회의 '독도의 날' 조례제정 이후 독도 영유권 침해시도를 확대해 왔다. 일본은 2006년 2월 22일 시마네현의 독도의 날 기념행사를 강행했다. 그리고 2006년 3월 29일 독도 영유권을 왜곡 기술한 일본 고교교과서 검정 결과를 발표했다.

일본 문부과학성은 2006년 3월 29일 '교과서 도서검정 조사심의회'의 심의를 거쳐 2007년도 고교 저학년용 교과서의 검정·심의 결과를 발표했다.

일본 정부는 독도 영유권을 명확히 서술하지 않은 부분에 대해서는 '일본 고유 영토'라는 표현 등으로 자신들의 영유권을 명확히 하는 방향으로 검정의견을 제시했다.

한국은 2006년 3월 30일 외무장관이 주한일본대사를 초치해 항의를 전달하고, 외교부 대변인 성명을 발표하는 등 강력히 대응했다.

일본은 또한 2006년 4월 14일 국제수로기구에 독도 주변 해양조사계획을 통보했다. 한국은 이에 대해 즉각 철회를 요구하며 국내법에 따라 나포 등의 조치를 취하겠다고 발표했다.

한일 양측은 서로 강경하게 맞서다 4월 21~22일 이틀간 한국의 유명환 외교부 제1차관과 일본의 야치 이치로 외무차관 간의 회담 끝에 3개 항에 미봉적으로 합의했다.

즉 △일본은 6월 30일까지로 예정된 동해 해저지형 조사를 중지, △한국은 국제수로기구에 한국식 해저지명 등록을 적절한 시기에 추진, △한일 배타적 경제수역 경계획정협의를 재개 등에 합의했다.

2. 일본의 독도 침탈과 영토 분쟁화 원인

일본이 한국과는 독도문제로, 중국과는 센카쿠 열도(중국명 댜오위섬), 러시아와는 북방 4개 섬(러시아명 쿠릴열도) 등 마찰을 일으키는 일련의 외교적 행태의 원인은 여러 가지로 파악할 수 있다.

일본의 '동북아 분쟁화'는 안보를 내세운 지역패권 의식과 민족주의, 자원문제 등을 복합적으로 고려하여 치밀하게 계산된 것이다. 특히 일본은 독도에 대한 '영토 침탈적 발언'을 정부 차원에서 다양하게 제기해 왔다. 그 이유를 몇 가지로 정리할 수 있다.

첫째로 일본은 독도 분쟁화를 통해 영유권을 확보하려 하고 있다. 일본의 독도 분쟁화는 자국의 영토로 편입시키기 위한 사전 정지작업의 일환으로 볼 수 있다. 일본의 독도 영유권확보는 군사·안보적 측면에서 매우 중요하다. 일본은 한반도 유사시 또는 일본 방어에 대비하여 독도는 중요한 전략기지이다.

일본은 이미 러·일전쟁에서 독도의 중요성을 체득했다. 나아가 독도와 독도 주변에는 풍부한 어족이 서식하고 있으며, 해저에는 상당한 양의 천연가스 등 엄청난 자원이 매장되어 있다. 일본의 미래 에너지원의 안정적 확보를 위해서도 독도 침탈을 지속화하고 있는 것이다.

둘째로 일본은 동북아 지역에서 일본을 중심으로 한 세력 균형을 꾀하려는 의도를 갖고 있다. 일본의 계속되는 독도 도발의 배경에는 한국의 노무현 정부의 등장 이후 일본 보수파들의 대한반도 인식변화가 자리 잡고 있다.

한·미·일 동맹관계에 대한 인식이 희미해지고, 미국의 대북·대중 정책이 한국과 멀어지는 상황에서 한국에 대한 자세를 조절하고 있는 것이다. 일본 보수파들은 한국이 반일·친중 국가가 되면 일본 안보의 최전선은 독도가 될 수밖에 없다고 인식하고 있다.

'중국위협론'이 고조되는 일본 분위기에서 '한반도에 중국이 영향권에 들어간 통일국가가 수립되면 일본이 고립될 위기에 빠진다'는 정세인식을 하고 있다.

셋째로 일본은 국내정치적 상황도 고려한 것이다. 즉, 일본은 국내적으로 보수우경화의 길을 걷는 자민당의 선택에 더해 '아시아 무시-친미' 일변도의 외교행태를 고수하는 고이즈미 총리와 극우성향인 아베 신조(安倍晋三) 관방장관의 정책기조와도 밀접한 관련이 있다.

일본은 독도 도발을 통해 우익세력을 결집시키고, 군사대국화의 명분을 강화해 왔다. 특히 일본 고이즈미 총리와 아베 관방장관 등 보수 정치인들은 국내 정치의 입지강화를 위해 독도 침탈, 역사 왜곡 등을 주도해 왔다.

제3장

미국의 평택 침탈 역사와 한반도 평화위협

1. 미국의 평택 침탈 역사

평택은 경기도의 최남단에 위치한 지역으로 24.5㎞의 해안선에 접하여 있다. 높은 산이 없는 중부지방의 대표적인 평야 곡창지대이다. 역사적으로 940년 고려 태조 23년에 처음으로 '평택'이라는 지명이 등장한다. 예로부터 평택쌀은 대표적인 한국의 쌀로 인식되어 왔다. 이러한 평화의 들판, 평택이 분쟁의 한가운데 선지 60여 년의 세월이 흘렀다.

일제강점기인 1942년 일본군은 팽성 송화리, 안정리 등 일대의 논밭과 야산을 강제로 탈취하고 활주로와 격납고를 건설했다. 30~40만 평의 땅을 빼앗기고 쫓겨난 주민들은 한 푼도 보상받지 못했다. 주민들은 그 후 인접 땅을 다시 개간하여 대추리와 도두리를 만들었다.

일제가 패하여 물러가자, 다시 평화가 찾아오는 줄 알았다. 그런데 한국전쟁이 발발하고 이번엔 미군들이 들이닥쳤다. 미군들은 1952년 10월 불도저로 대추리와 도두리를 밀고 들어와 집과 논, 조상 묘지까지 허물고 미군기지(K - 6, 일명 '캠프 험프리스')를 만들었다.

평택주민들은 미군 진주와 동시에 군기지 확장으로 또다시 밀려나

군기지 끝 바닷가에 제3의 터전에 옥토를 만들었다. 이 지역이 바로 팽성 대추리 일대이다. 갯벌 위에 움막을 짓고 가래와 지게질을 해 가며 개간해 농사를 짓기 시작했다.

그러나 염분이 많은 땅은 6～7년간 수확을 거의 못 했고, 소금기를 빼는 작업만 30여 년간 이어졌다. 옥토로 만드는 데 거의 30～40년이 걸렸다. 대추리와 도두리는 쌀 수확량이 높고 미질이 뛰어나 '평택쌀'의 주산지가 되었다.

그런데 이 옥토를 내주고 또다시 강제이주가 예고된 것은 2002년 10월이었다. 국회의 비준 동의안 처리로 발효된 한·미 간 연합토지관리계획(LPP) 협정에 따라 팽성지역 285만 평이 미군기지 확장 이전지로 결정된 것이다. 이에 따라 대추리와 도두리 마을의 집과 농토는 기지 이전 예정지로 편입됐고 이곳 주민들은 세 번째 강제 이주를 앞두게 됐다.

평택에는 팽성읍에 있는 150만 평 규모의 캠프 험프리 기지 외에 많은 미군기지가 있다. 신장동과 서정동 고덕면, 서탄면, 진위면 일대에 경계를 맞대고 있는 200만 평 규모의 미7공군 사령부(일명 K－55)와 팽성읍 송화리에 미군 사격장과 CPX훈련장도 있으며, 고덕면에는 탄약고도 있다. 평택에는 이렇게 다섯 개의 미군 공여지가 있으며, 모두 합쳐서 현재 457만 8천 평이나 된다.

여기에 새로 확장되는 팽성 대추리지역 285만 평과 오산비행장 일대 64만 평 등 349만 평을 합치면 평택에는 총 806만 8천 평의 미군기지가 들어서게 된다. 여의도의 3배가 훨씬 넘는 방대한 규모이다.

특히 미국은 팽성 지역이 침수의 위험이 높으므로 285만 평을 3m 높이로 흙을 쌓아 지반을 높여 달라고 요구하고 있다. 남산의 200개에 달하는 어마어마한 흙이 필요하다.

2. 미국의 평택 침탈 배경과 한반도 평화위협

미국은 탈냉전 이후 주요 국가 이익의 목표로 미국 본토의 안전, 경제적 이익과 무기 수출 확대, 동맹 강화와 패권의 유지 등으로 설정하였다. 미국은 이를 위해 해외주둔 미군을 전면 재배치하고 전략적 유연성을 추진하기 시작했다.

미국은 가장 먼저 주한미군에 대한 전략적 유연성을 확보하기 위해 재배치를 추진했다. 그리고 미국은 2006년 1월 한국과 '전략적 유연성' 허용에 관한 공동성명을 발표하였다.

전략적 유연성은 주한미군이 미국의 이익을 위하여 전략상 필요하다고 판단할 때 '유연성'을 발휘해서 한반도뿐 아니라 대만이나 이라크도 갈 수 있다는 개념이다.

더 이상 주한미군은 한반도 안보만을 위한 존재가 아니며, 주한미군이 출격하는 분쟁에 한국도 간접적으로 개입하게 된다. 정부는 주한미군이 들고나는 것을 제어할 수단을 마련하겠다고 했지만, 현재로서는 주한미군의 동북아 분쟁 개입을 제어할 실질적인 장치가 없다.

미국은 전략적 유연성에 따른 전 세계에 걸친 '해외주둔 미군 재배치계획'의 일환으로 주한미군을 평택과 대구·부산의 2개 권역으로 재배치하는 계획을 추진하고 있다.

냉전시대 소련과 북한을 봉쇄하기 위한 인계철선으로 동두천과 의정부, 용산 등 전방에 주둔했던 미군기지를 모두 평택으로 옮기게 된다.

미국이 대부분의 주한미군기지를 평택으로 옮기려는 이유는 공군기지와 해군항이 있어서 신속기동력과 정밀타격력을 핵심 요건으로 하는 '아시아·태평양 신속기동군'의 역할을 수행할 수 있기 때문이다.

특히 주한미군의 핵심전력을 북한의 장사정포 사거리에서 벗어난

한강 이남 지역인 평택에 재배치함으로써 주한미군의 안전과 북한에 대한 효과적인 공격을 도모할 수 있다. 현재 주한미군 재배치는 북에 대한 선제공격계획(CONPLAN 8022)에 의하여 진행되고 있다. 이 계획에 따르면 북한에 대한 선제공격 여부를 미국이 결정한다는 것이다.

주한미군은 북한에 대한 정밀타격과 신속한 공격을 위해 전력을 증강하고 있다. 따라서 남북의 화해와 협력 노력에도 불구하고 오직 미국의 결정에 의해 이 땅에서 또 다른 전쟁의 참극을 불러올 수도 있다.

주한미군은 지금까지 '한국방어'라는 명분—실질적으로는 소련과 북한의 봉쇄—으로 우리나라에 주둔하였다. 하지만 미국은 탈냉전 이후 한국방어의 역할을 한국군에게 넘기고 주한미군은 세계 다른 나라들의 분쟁, 소요사태에 신속하고, 적극적인 개입을 하겠다는 것이다.

이는 동북아 지역에서 일어나는 수많은 분쟁들에 주한미군을 투입한다는 것을 의미한다. 다시 말하면 우리나라, 평택이 상시적인 주한미군 해외침략의 전초기지 또는 병참기지가 된다는 것을 의미한다.

우리나라는 미국을 적국으로 삼는 수많은 나라들의 테러의 대상이 될 수 있고, 최악의 경우 미국이 일으키는 전쟁에 말려들어 전쟁의 참화를 겪게 될 수도 있다.

평택은 이제 우리의 평화를 지켜 준 삶의 터전이 아니라, 미국에 의해 한반도 평화를 최대 위협하는 전쟁을 위한 전초기지로 바뀌고 있다. 평택은 미국의 동북아 패권을 위한 전초기지로 한반도 및 동북아의 평화를 최대 위협하는 곳으로 되어 가고 있다.

제4장

한반도 평화의 조건과 실현 방안

한반도 평화를 위한 두 조건인 '독도'와 '평택'은 매우 중요한 함의를 지니고 있다. 먼저 한국령 독도에 대해 일본은 전략적 · 민족적 이익에 따라 영유권을 주장하며 국제 분쟁화하고 있다. 한일 간의 독도 분쟁은 일본이 영유권 주장을 철회하지 않는 한 당분간 해결될 가능성이 없다.

그리고 평택은 한미동맹에 따른 한국의 기지 공여로 한국의 동맹 파기 외에는 평화의 들판으로 회복시키기는 쉽지 않다. 한반도 평화의 두 조건인 독도와 평택문제는 안보딜레마처럼 해결이 어려운 과제이다. 그렇다면 한반도 평화를 위해서 이들 문제를 어떻게 해결해야 할까?

1. 한반도 평화의 조건 1: 독도 '평화의 섬' 만들기

한반도 평화를 위해서는 첫째 조건인 독도문제를 평화적으로 해결하여 평화의 섬으로 만들어야 한다. 물론 독도 문제에 대한 가장 좋은 해결방법은 일본이 양심에 따라 현명한 선택을 하는 것이다.

즉 일본이 역사적·실효적으로 한국 땅인 독도에 대한 영유권을 완전히 폐기하는 것이다. 일본은 아시아의 평화와 공동번영을 위한 책임 있는 당사자로서 이웃 나라의 영토에 대한 야욕을 버리고 성숙한 동반자적 자세를 견지해야 한다.

그러나 일본은 당분간 일본의 국내정치적 요인으로 인하여 일본이 독도 영유권을 한국에 완전히 인정하기 어렵다. 일본 외무성은 내부 보고서를 통해 노무현 대통령이 정치적 지지를 끌어올리기 위해 반일감정을 이용하고 있다고 비판한 바 있다.

일본도 국내정치적 요인으로 인하여 다분히 그러한 측면이 있다. 2006년 4월의 독도 도발을 주도한 장본인은 아베 신조 관방장관이다. 그는 아소 다로 외무장관, 후쿠다 야스오 전 관방장관과 함께 '포스트 고이즈미'를 노리는 일본 정계의 실력자다.

후쿠다 전 관방장관의 지지율이 상승세를 보이면서 아베의 입지가 축소되고 있는 것이다. 아베 신조의 독도 도발은 이 와중에서 나왔다. 즉, 고이즈미 총리가 9월에 총리직을 내놓겠다고 하자 유리한 국면으로 전환시키기 위해 독도 도발을 감행한 것이다. 일본에서 이 같은 정치인이 계속 나오는 한 독도에 대한 망언은 계속될 것이다.

한국은 일본의 독도에 대한 망언을 종식시키고 국제적인 공인을 받기 위해서는 복합적인 평화전략이 필요하다. 우선 한국의 실효적 지배를 강화하기 위해서 돌섬과 무인도를 나무와 땅이 있는 섬으로 만들고 주민들이 사는 유인도로 만들어야 한다.5) 울릉도와 연결하여 미래형 해저 수상도시도 건설할 수 있을 것이다.

---

5) 한일 독도분쟁의 핵심 중 하나는 독도를 '섬(island)'으로 보느냐 아니면 '바위(rock)'로 보느냐 하는 것이다. 유엔해양법상 섬은 12해리의 영해, 24해리의 접속수역, 200해리의 배타적 경제수역을 갖지만 바위는 12해리의 영해를 가질 뿐 접속수역이나 EEZ를 갖지 못한다고 규정하고 있다.

둘째로 논란이 되고 있는 한일어업협정을 파기하고 재협상하여 EEZ 분기점을 독도로 해야 한다. 셋째로 국제법상의 공인을 받을 수 있는 작업을 서둘러 완료해야 한다. 일본은 국제재판소(ICJ)를 통한 해결을 제안하고 있지만 현재의 상황으로는 확실한 승산이 없고, 나아가 실익도 없다.

종국에는 일본이 요구하는 국제사법재판소, 국제해양법재판소, 중재재판소, 특별중재재판소 등 국제기구를 통한 해결을 위해서도 국제적인 공인 작업을 서둘러 마무리해야 한다. 독도가 일본으로부터 더 이상 영유권 주장의 대상이 되지 않도록 국제적 홍보도 병행해야 한다.

독도가 분쟁의 대상이 아닌 평화의 섬으로 회복시키기 위해서는 한국 정부의 적극적인 의지가 가장 중요하다. 감정적·일시적 대응이 아닌 외교적·지속적 평화전략으로 독도가 더 이상 분쟁의 섬이 되지 않도록 해야 한다.

즉, 한일어업협정에 대한 재검토, 국제법에 대한 세밀한 검토를 통해서 독도를 평화의 섬으로 만들기 위한 장기적이고 포괄적인 해법을 모색해야 할 것이다.

2. 한반도 평화의 조건 2: 평택 '평화의 들판' 만들기

독도를 평화의 섬으로 만드는 것보다 평택을 평화의 들판으로 만드는 것이 더욱 어렵다. 독도에 대해서는 과거 '조용한 외교'라는 소극적인 대응을 한 경우가 있으나 이제는 보다 원칙적인 접근을 하고 있다.

이로 인해 국민적 목소리가 크건 작건 한목소리를 내게 됐다. 그러나 평택은 정부 스스로가 나서서 미국에 기지를 공여한 땅이어서 평화를 회복하기가 쉽지 않다.

한국은 한미동맹의 주술에서 벗어나지 못하고 있다. 한국의 안보를 위해서는 미군이 절대적이라고 인식하고 주장하는 사람들이 많다. 일반시민들은 물론 국제정치를 전공한 학자들도 상당수가 한미동맹의 강화를 주장하고 있다. 언론과 정치권도 예외는 아니다.

냉전시대에 주한미군이 한반도 평화를 일정 부분 기여한 것이 있다. 그래서 한미동맹은 나름대로 존재의 이유가 있었다. 그러나 탈냉전시대의 한미동맹은 존재의 이유가 사실상 상실됐다. 동맹은 기본적으로 '공동의 적'을 군사적 협력을 강화하여 제어하는 것이다.

냉전시대 한미의 공동의 적은 북한과 소련이었지만, 탈냉전시대에는 공동의 적이 없어졌다. 일각에서 북한을 여전히 우리의 주적이라고 주장하고 있지만 북한은 더 이상이 '위협이 되는 적'이 아니다. 따라서 한미동맹을 유지해야 할 명분과 실리가 약해졌다.

평택이 평화의 들판으로 회복하기 위해서는 한미동맹을 폐기하는 것이 최우선의 일이다. 구태여 한미동맹의 유지가 필요하다면 '정치동맹화'하여 주한미군의 규모도 5,000명 이내로 대폭 축소하고 기지의 규모도 최소화해야 한다. 이렇게 된다면 평택 주민들을 또다시 강제로 '추방'하지 않아도 된다.

한국정부는 한미동맹의 재편과 조정을 위해서 적극적인 재협상을 해야 한다. 자주국방을 내세우며 2010년까지 20~30조의 군사비를 지출하기로 한 것도 평화 지향적 국방정책이 아니다. 21세기에는 포괄적 집단안보체제를 구축하는 방향으로 국방정책을 추진해야 할 것이다.

일본, 미국은 물론 중국과 북한, 러시아 등 모든 동북아 국가들을 아우르는 평화안보공동체를 구축하는 전략이 필요하다. 지금처럼 미국 중심으로 양자동맹을 강화하는 전략은 이러한 안보공동체의 출범을 어렵게 한다.

평택 주민들이 평화롭게 살고 있는 땅에서 국가가 일방적으로 내모는 것은 국가의 폭력성을 입증하는 것이다. 더욱이 군인들에게 곤봉을 지급하고, 진압도록 한 것은 국가의 국민에 대한 의무를 망각한 것이다.

국가의 진정한 안보는 국민들 스스로가 국가를 존경하며 국가에 대한 충성을 다할 때 강화된다. 국가가 국민의 동의를 얻지 못하고 일방적으로 추진하는 것은 폭력이다. 평택을 평화의 들판으로 다시 서게 하기 위해서는 평화국가의 실현이 우선적으로 고려되어야 할 것이다.

제5장

결론: 평화의 땅

한국의 잠재적 주적은 어느 나라인가. 아직도 우리 국민들의 상당 수는 북한을 주적이라고 생각하고 있다. 북한은 남한을 침입한 사실이 있기는 하지만 우리의 주적이 아니다. 비록 우리가 휴전선을 사이에 두고 여전히 대치하고 있지만 언젠가는 통일을 이루어 함께 살아가야 할 한 민족이다.

우리의 주적은 우리의 국가 영토를 침범하려 하거나 국가 안보를 위협하는 나라들이다. 이러한 측면에서 일본은 우리 영토를 침범한 전례가 있고 지금도 독도를 침탈하려고 하고 있기 때문에 분명한 우리의 주적이다.

미국은 우리의 영토를 침범하지는 않았지만 우리를 평화위협에 빠뜨리고 있다. 다시 말한다면 미국은 우리나라를 전쟁 위험 지역화하고 있기 때문에 안보위협 국가이다.

미국 자체가 우리에게 안보위협 국가는 아니지만 미국군이 한국 땅에 존재함으로써 군사적 긴장이 고조되고 안보 불안을 야기하고 있다. 결국 미국도 우리나라의 평화를 위협하는 국가이다.

미국과 일본은 미일동맹의 강화로 한반도 및 동북아의 군사적 긴장을 고조시키고 있다. 미국에 의해 촉발된 군사비 증액도 다른 지역과 달리 경쟁적으로 확대되고 있다. 미국의 최대 동맹국인 일본은 미국의 또 다른 동맹국인 한국의 독도를 침탈하려 하고 있다.

미국은 한미동맹의 명분하에 평택을 동북아 패권을 위한 전초기지로 삼으려 하고 있다. 군사적으로 최강국들인 이들로부터 국가의 평화정체성을 확보하고 지켜가는 일은 매우 중요하다.

한반도의 평화를 위해서는 독도를 평화의 섬으로 만들고, 평택을 평화의 들판으로 만들어야 한다. 누가 이 일을, 그리고 어떻게 할 것인가? 평화의 힘과 평화의 전략의 필요한 시점이다.

남북관계 위기 타개 촉구
장영권 한국평화미래연구소 대표는 2009년 6월 9일 오전 10시 국회의원회관에서 기자회견을 갖고 6월 16일로 예정된 한미정상회담에 즈음한 제 정당과 시민사회단체의 입장을 발표하고 주한 미국대사에 전달했다. 이날 기자회견에는 박주선 민주당 의원, 강기갑 민노당 대표를 비롯하여 김상근 6 · 15남측위원회 상임대표 등이 참석했다.

　우리가 할 수 있는 일 중의 하나는 평화정부를 세우고, 평화국가를 건설하는 것이다. 그리고 탁상공론에서 벗어나 평화의 현장으로 달려가서 평화의 피와 땀, 그리고 눈물을 흘리는 일이다. 유월의 저 태양보다 더 뜨겁게 말이다.

평화의 경제

〈8〉 남한과 북한의 경제협력 확대 방안과 전략

– 경제평화론적 접근[1]

제1장

경제가 평화를 만든다

2008년 2월 이명박 정부의 출범 이후 남한과 북한의 교류협력 방식은 서로 이질성, 대립성을 보이며 갈등이 나타나고 있다. 북한은 한반도 평화에 있어서 정군적 의제가 가장 중요하다고 여기고 있고, 이를 위해 북미평화협정을 통해 한반도 평화체제를 구축하려 하고 있다.

남한의 이명박 정부는 '비핵·개방·3000' 구상에 따라 북한이 핵을 폐기해야 경제협력을 강화할 수 있다는 상호주의적 입장을 견지하고 있다. 즉, 이명박 정부는 정군 의제와 경제 의제를 상호 연계시키고 있는 것이다.

이에 반해 북한은 핵문제는 사실상 남북 간의 의제가 아닌 만큼 6·15남북공동선언과 10·4남북정상선언에 따라 핵문제와 분리해서 경제협력을 추진해야 한다고 주장하고 있다.

특히 북한이 2008년 12월 1일부터 개성관광 및 남북철도운행 중단 조처 등을 단행했다. 이로 인해 남한과 북한의 교류협력은 개성공단사업을 제외하고 모두 중단된 상태이다. 이처럼 남한과 북한 간의 대결적 구도가 장기화되면서 경제협력은 상당히 위축되고 있다.

1992년 남한과 북한이 체결한 '남북기본합의서'에서 남한과 북한은 "나라와 나라 사이의 관계가 아닌 통일을 지향하는 과정에서 잠정적으로 형성되는 특수관계"라고 규정했다.

나아가 남한과 북한은 경제 분야 등 다각적인 교류와 협력을 실현하여 민족공동의 이익과 번영을 도모하기로 합의했다. 즉 남한과 북한의 경제협력의 가장 중요한 목표는 민족공동의 이익과 번영을 도모하여 평화통일을 이룩하는 것이라 할 수 있다.

그렇다면 '남한과 북한의 경제협력'이란 무엇을 의미하는가?[2] 남한과 북한의 경제협력은 문자 그대로 '남한과 북한, 두 국가 당국이 경제 분야에서 상호이익을 확대하기 위해 협력하는 것'이다.

남한과 북한은 민족경제의 통일적이며 균형적인 발전과 민족 전체의 복리 향상을 위하여 자원의 공동개발, 민족 내부 교류로서의 물자교류, 합작투자 등 경제 분야에서 서로 협력을 추진하고 있다.[3]

구체적인 경제 분야의 협력 내용은 일반 경제교역 외에 과학·기술은 물론 철도와 도로 연결, 해로 및 항로 개설, 전기통신 교류협력 등도 망라된다. 법적으로는 남한과 북한의 주민(법인, 단체 포함)이 경제적 이익을 주된 목적으로 하여 공동으로 행하는 협력을 말한다.[4]

남북기본합의서, 6·15공동선언과 10·4남북정상선언, 남북교류협력법 등에서 남북한의 경제협력의 개념과 내용을 구체적으로 적시하고 있다. 남북기본합의서 제3장에서는 경제 분야의 교류협력 내용을 열거하고 있다.

6·15공동선언 4항에서는 "남과 북은 경제협력을 통하여 민족경

---

2) 이 글에서 남북(또는 남과 북, 남북한)을 '남한'과 '북한'이라고 특별히 구분하여 표현한 것은 두 국가(집단)의 이질성, 차별성, 그러나 통일을 지향해야 하는 특수성을 강조하기 위한 것이다.

3) 남북기본합의서 제3장 남북교류·협력 제15~23조에서 이러한 내용을 구체적으로 명시하고 있다.

4) '남북교류협력에 관한 법률' 제2조 4항에서 '협력사업'이라 함은 남한과 북한의 주민(법인·단체를 포함한다)이 공동으로 행하는 문화·관광·보건의료·체육·학술·경제 등에 관한 제반 활동을 말한다고 규정하고 있다. 교류협력은 경제협력 이외에 문화협력 등 모든 분야를 망라하고 있다.

제를 균형적으로 발전시키고 사회, 문화, 체육, 보건, 환경 등 제반 분야의 협력과 교류를 활성화하여 서로의 신뢰를 다져 나가기로 하였다"고 명시했다.

남한과 북한의 경제협력을 확대하기 위한 사업은 남북 주민 간의 합작, 단독투자, 제3국과의 합작투자를 위한 사업은 물론 북한 주민의 고용, 용역제공, 조사 연구활동 등의 협력과 그 사업을 의미한다. 통일부장관이 경제관계의 특성을 고려하여 경제협력(사업)으로 인정하는 분야이며, 단순 인적 교류나 서신교환 등은 제외된다.

현행 남한과 북한의 경제협력 사업은 '남북교류협력법'에 따라 협력사업자가 사업계획을 구체화하여 이를 북측 당사자와 최종적으로 합의한 이후에 이의 실행이 가능하도록 하고 있다. 즉, 남한과 북한의 경제협력 사업을 추진하기 위해서는 반드시 통일부장관으로부터 남북경제협력 사업에 대한 승인을 받아야 한다.

따라서 남한과 북한의 경제협력은 단순히 민간 차원에서 의욕을 갖고 추진한다고 하여 확대되는 것이 아니다. 남한과 북한의 당국 간의 협력과 갈등 양상에 따라 확대 또는 경색될 수 있다. 그러므로 남한과 북한의 경제협력은 일반적으로 남한과 북한 두 당국 간의 갈등이 해소되고 상호 신뢰가 강화되어야 확대될 수 있다.

현재 남한과 북한의 경제협력은 경제원조와 같은 교류형태와 인식에서 개성공단 사업 등을 통해 양적·질적 변화를 이룰 수 있는 전환점에 이르렀다. 남한과 북한의 경제협력은 북한의 입장에서 비슷한 경제 발전단계에 있는 중국이나 베트남보다는 남한과의 경제협력이 훨씬 이익이 된다.

남한의 입장에서도 동남아보다 인건비와 물류비를 절약할 수 있어 북한과의 경제협력이 유리하다. 그리고 무엇보다도 남한과 북한의 경제협력은 차후에 통일경제공동체라는 거시적인 목표에 대한 실현 과정이기도 하다. 이 때문에 남한과 북한의 경제협력은 하나의 당위적·민족적 과제가 되고 있다.

그렇다면 남한과 북한의 경제협력을 지속적으로 확대할 수 있는 방안과 전략은 무엇일까? 이 물음에 대한 해답을 모색하는 것이 이 글의 주된 목적이다.

이하에서는 '경제평화론'이란 새로운 접근이론을 토대로 남한과 북한의 경제협력의 환경을 분석하고 남북 간의 경제협력 확대 방안과 전략을 논의해 보고자 한다.

제2장

경제협력에 대한 이론적 접근: 경제평화론의 모색

1. 경제평화론의 개념과 분석틀

남한과 북한은 1945년 분단 이래로 동족상잔의 전쟁까지 벌인 관계로 60여 년이 지났지만 갈등과 대립이 여전하다. 남한과 북한 간에 전쟁을 완전히 종식하고 평화통일을 실현하기 위해서는 여러 분야의 상호 협력과 추진 경로를 모색할 수 있다.

즉, 남한과 북한은 '상위정치(high politics)'에서 정치군사적 협력, '중위정치(middle politics)'에서 문화적 협력, '하위정치(low politics)'에서 경제적 협력을 추진할 수 있다.[5] 그렇다면 과연 어떤 조합과 우선순위가 보다 실질적이고 효율적인 접근방법일까?

이러한 물음에 대해 남한과 북한이 화해와 교류협력을 통해 평화통일을 촉진하기 위한 핵심적 접근경로로 '경제평화론(economic peace theory)'을 제시한다.[6]

---

5) 일반적으로 상위정치와 하위정치로 구분하고 있지만 여기서는 상호 협력의 용이성에 따라 상위정치, 중위정치, 하위정치로 구분한다. 즉, 하위 → 중위 → 상위정치 순으로 협력의 용이성이 확대된다고 본다.

6) 장영권, 『한반도 평화구상과 남북경제공동체 건설 전략』(서울: 국회사무처, 2007), pp.15~16.

‘경제평화(economic peace)’란 국민경제 간 경제협력을 확대하여 상생과 공동번영을 추구하되 상호 간에 차별이나 불균형, 나아가 착취·억압 등이 존재하지 않는 상태 혹은 이에 이르는 과정이라고 정의된다.

남한과 북한 간의 경제평화는 경제체제의 이질성을 극복하고 민족 간의 균형경제를 실현하여 남북주민들이 호혜적 상호 협력을 통해 공동번영을 이룬 상태 또는 이를 추진해 가는 과정이다.[7]

경제평화는 결과적으로 경제협력 과정에서 나타날 수 있는 갈등을 해소하고 국가통합을 촉진하기 때문에 이러한 것을 ‘경제평화통합’이라고 표현한다.

남한과 북한의 경제협력은 기본적으로 소통화·상생화·공영화의 기조로 추진될 필요가 있다. 이러한 기조로 추진되는 남한과 북한의 경제협력은 갈등 유발을 극소화하기 때문에 경제평화로 연결된다.

그런데 경제평화론은 일각에서 주장하는 ‘경제(자본, 시장)가 평화를 창출한다’는 기능주의적 성격이 강한 ‘평화경제론’ 또는 ‘자본(시장)평화론’과는 다소 다른 개념이다.[8]

경제협력을 통해 평화를 확대·구축해 간다는 점에 있어서는 유사하다고 볼 수 있다. 그러나 경제평화론은 경제협력의 과정에서 일방

---

7) 북한은 2007년 경제성장률을 -2.3% 기록하여 2년 연속 마이너스 성장을 했다. 이에 따라 북한의 경제규모는 남한의 36분의 1로 2006년의 35분의 1보다 격차가 더 벌어졌다. 남과 북의 균형성장은 민족경제의 공동 성장이란 측면에서 매우 중요한 과제가 되고 있다. 한국은행, 보도 자료 ‘2007년 북한 경제성장률 추정 결과’. http://www.bok.or.kr/index.jsp(검색일: 2008. 6. 18.)

8) 자본(시장)평화론은 칸트의 지적인 연원에서 비롯되었다. 칸트는 일찍이 경제적인 상호 의존으로 국가 간의 상업적 이해관계가 심화되면 될수록 전쟁의 가능성은 적어지고 평화의 가능성은 높아진다고 예측했다. 경제적인 상호 의존도가 높은 단계에서 전쟁이 일어나면 상거래를 통해 구축해 놓은 경제적인 부가 일순간에 파괴될 수 있기 때문에 각 나라의 자본가들은 정치적 압력을 가하여 전쟁 방지를 도모한다는 것이다. 장영권, 『지속 가능한 평화체제 구축 모델과 방안－동북아지역 분석』(서울: 성균관대학교 대학원 정치외교학과 박사학위논문, 2007), p.32.

이 타방에 대한 억압, 착취, 불평등을 모두 배제하는 것이다.

경제협력은 그 자체가 그대로 평화로 귀결되는 것이 아니라 오히려 경제협력의 과정에서 불평등과 착취 등이 나타나면 갈등이나 분쟁이 발생할 수 있다. 그러므로 경제평화론은 경제협력을 강화하되 착취와 억압을 배제하고 호혜적 분배를 토대로 상생과 공동의 번영을 추구해 나가는 것이다.

경제평화론적 접근에 의한 남한과 북한의 경제협력은 남북한 경제 활성화를 통한 상호 이익 증대를 가져오므로 한반도평화 정착에 기여하게 된다. 나아가 남한과 북한의 경제평화통합, 즉 남북경제공동체의 구축을 촉진하므로 평화통일의 중요한 경로가 된다.

경제평화론적 접근에 의해 남한과 북한의 경제협력을 확대하고 남북한의 경제평화통합과 경제공동체를 구축한다는 것은 암묵적으로 남한과 북한의 경제협력이 심화되어 감에 따라 북한의 경제가 남한과 균형 발전이 이루어질 것이라는 것을 전제로 하고 있다.9)

즉, 경제평화적 남한과 북한의 경제협력은 궁극적으로 남북 간의 균형발전을 통해 공동번영의 경제공동체를 건설하는 것이다. 남한과 북한 간의 존재론적 평화는 정군평화문제, 경제평화문제, 문화평화문제 등 세 영역으로 유형화된다.10) 이들 세 평화의제들의 우선순위에 따라 평화의 지속 가능성이 달라진다.

가장 지속 가능한 평화구축 모델은 경제평화문제를 시작으로 문화평화문제, 정군평화문제의 순으로 단계적으로 추진되는 것이다.11) 즉

---

9) 이석기, "북한 산업발전 전략과 남북경제통합", 『제2차 남북정상회담과 남북경제공동체 건설』 (서울: 통일문제연구협의회, 2007. 9. 14.), p.15.

10) 전쟁의 발발원인은 매우 다양하지만 존재론적으로 정치군사적 요인, 문화적 요인, 경제적 요인 등 세 가지로 유형화된다. 이에 따라 지속 가능한 평화를 구축하기 위해서는 정치군사적 접근, 문화적 접근, 경제적 접근이 필요하다.

11) 이에 관한 자세한 설명은 장영권 『지속 가능한 평화체제 구축 모델과 방안 – 동북아 지역 분

지속 가능한 한반도 평화구상의 실현 전략의 출발은 경제평화 협력을 통한 평화구축이 가장 중요하다고 할 수 있다.

경제평화론에 의한 한반도의 지속 가능한 평화 실현 구상은 3단계의 경로를 거쳐 점진적·단계적으로 추진하는 것이 바람직하다. 즉 상위정치인 정군평화[12]와 중위정치인 문화평화[13] 측면의 변수들을 하위정치인 남한과 북한의 경제협력을 상호 연계시켜 단계적으로 남북 평화공동체를 구축하는 것이다.

다시 말하면 남북통합의 시발점으로 가장 협력이 용이한 영역인 경제 분야의 우선적인 협력을 통해 단계적으로 상호 신뢰와 의존을 심화시켜 나가는 것이다.

경제평화협력이 보다 심화되면 이를 토대로 가치나 이념의 동질화를 위한 문화평화협력을 추진해 나갈 필요가 있다. 정군평화협력은 남한과 북한의 문화평화협력이 어느 정도 진척되어 민족 동질성이 회복되고 통합의 여건이 이루어지면서 본격적으로 모색될 수 있다.

남한과 북한 간의 경제평화를 위한 상호 협력은 미래의 남북통합을 보다 체계적이고, 효과적으로 대비하는 측면이 있다. 남한과 북한의 경제협력의 확대를 통한 남북평화공동체 건설 구상은 잠재적으로 흡수통일 의도를 내포하고 있다는 측면에서 북한의 수요 등을 외면한 채 남한만의 일방적 구상이라는 점에서 다소 논란이 제기될 수 있다.

남한과 북한의 경제협력은 남한과 북한 한쪽만이 일방적으로 추진할 경우 기대하는 성과를 거두기 힘들다는 근본적인 한계를 지니고

석』 참조

12) 정군평화란 정치군사적 평화를 약칭한 용어이다. 정군평화는 주권침해, 정치군사적 억압, 위협이나 폭력의 부재상태 또는 이를 추진해 가는 과정을 말한다.

13) 문화평화란 국가 간 또는 집단 간 가치·이념 등의 이질성을 극복하고 동질화되어 가는 과정 또는 동질화되어 가치·이념 등이 일체화된 상태를 말한다.

있다. 남한과 북한 간의 경제평화 협력은 북한의 수요와 수용능력, 필요성 공감, 지도자 변수 등을 종합적으로 고려한 쌍방향 접근이 필수적으로 수반되어야 성공할 수 있다.

따라서 남한과 북한의 경제협력은 새로운 평화 패러다임의 전환에 따른 보다 현실적이고 미래 지향적인 해결 방안으로 추진되어야 할 것이다. 즉 단기적으로 북미관계 정상화나 평화체제로의 전환이 쉽지 않을 것으로 예상된다.

그런 만큼 정군평화, 문화평화, 경제평화를 각각 분리하여 접근이 가장 용이한 경제평화문제부터 남북평화협력을 단계적으로 확대해 가는 것이 보다 효과적일 것이다.

물론 정군적·문화적 이슈에 대한 갈등 해소와 협력 강화를 위해서는 별도의 대화채널을 확보하여 이와 병행하는 것은 시너지효과를 극대화할 수 있다. 그러나 이들 의제들 사이에 협력보다는 갈등과 대결적 상황이 야기될 때는 서로 연계하지 말고 분리되어야 한다.

다만 아직 남한 내의 국민적 여론이 서로 연계하지 않고 분리하는 것, 일종의 '분리 원칙'에 대해서 부정적인 면이 있기 때문에 국민적 합의의 도출 및 이를 제도화하는 노력이 병행되어야 할 것이다. 남북관계의 특수성과 정치경제적 역할 등을 고려해 경제평화론적인 관점에서 무엇보다 남한 정부가 원칙과 소신을 갖고 여론을 수렴할 필요가 있다.

남한 정부나 기업은 경제 외적 불안요인을 최소화하고 남북경제협력 확대에 대한 국민적 공감대를 형성하기 위한 다양한 노력을 기울여야 한다. 특히 국내적으로 정권 교체와 관계없이 남북경제협력의 정책기조나 방향이 크게 흔들리지 않도록 국민적 합의를 도출하고, 이를 안정적으로 뒷받침할 수 있는 제도적 장치를 마련해야 할 것이다.

2. 경제평화론의 이론적 타당성

경제평화론은 광범위하게 교역 및 통상, 경제협력을 하는 국가들 간에는 전쟁충돌의 가능성이 낮다는 고전적·자유주의적 사상에 기초하고 있다. 두 국가 간의 경제교역과 협력은 그들 간의 '전쟁으로 인한 경제적 비용(economic costs of war)'을 감소시키는 경향이 있다.

경제교역은 교역 상대국 간의 대화를 개선시키며, 이러한 대화의 증가는 상대국 간의 상호 의존성의 증가를 가져오고 오해 발생의 가능성을 감소시킨다. 또한 국가 간 협력을 안정화시키고 충돌을 평화적으로 해결하기 위한 기구나 제도의 설립을 용이하게 한다.[14]

그런데 '경제평화론'이 남한과 북한 간의 경제협력을 확대하고 한반도와 평화번영을 이론적 틀로서 타당하기 위해서는 몇 가지 조건이 충족되어야 한다.

즉 첫째, 이 이론의 기본 가정이 남북한 특히 북한정권의 통치전략과 경제협력 방침이 부합하는가, 둘째 이 이론이 실제로 남북한의 갈등과 긴장상태의 변화를 개선할 수 있는가가 검증되어야 할 것이다.[15]

다시 말하면 경제평화론은 남한과 북한 간의 경제협력 확대를 통해 남한과 북한 간의 갈등을 해소하고 평화적 통합을 촉진하는 틀로서 적합하여야 한다.

'경제평화론'의 타당성에 대해 이 이론의 기본 가정과 현실 적합성을 인정하지 않는, 북한이 호전적이라고 생각하는 소위 보수적인

---

14) 김승국, "남북경제공동체와 10·4남북정상선언 이행", 장영권 외, 『한반도 평화구상과 남북 경제공동체 건설 전략』(서울: 국회사무처, 2007), pp.125~127.

15) 김승국, "남북경제공동체와 10·4남북정상선언 이행", p.126. Johan Galtung 지음, 강종일 외 옮김, 『평화적 수단에 의한 평화(Peace by Peaceful Means)』(서울, 들녘, 2000) 참조.

학자, 정책 수립가, 시민들은 이의를 제기할 수 있을 것이다.

그리고 이 이론이 남한의 일방적 지원과 남북경제교류협력 확대 노력에도 불구하고 북한이 전혀 변하지 않고 있다고 생각하는 이들에게 여전히 위험스러운 정책으로 비춰질 수 있을 것이다.[16]

따라서 한반도에서 남한과 북한 간의 화해 · 협력을 도출하고 장기적으로 평화통일을 지향할 수 있는, 즉 한반도에 '적극적 평화'를 정착시킬 수 있는 방법은 남한과 북한 간의 경제협력을 통한 상호 의존성의 확대가 가장 바람직한 정책수단이 된다고 볼 수 있다.[17]

경제협력이 평화를 증진시킬 수 있느냐 아니냐는 논쟁을 해결하기 위해서는 경제협력과 분쟁 사이의 인과성이 먼저 해결되어야 한다. 그리고 이것은 통일을 지향하는 남한과 북한의 상호 체제가 다른 특수한 상황 속에서도 인과성이 검증되어야 할 것이다.

남한과 북한 간의 경제평화협력의 전형적 모델인 금강산 관광사업을 창조적으로 발전시키면 남북한 경제평화론의 전형이 될 수 있을 것이다.

금강산 관광사업모델은 2002년 6월 서해교전의 발발에도 불구하고 남한과 북한이 경제협력과 정군적 문제와 '분리 대응'함으로써 상호 갈등과 전쟁위협을 감소시키고 상생과 공동번영의 기본틀로 작용했다는 측면에서 '경제평화론'의 대표적인 사례가 된다.

김대중 정부에 이은 노무현 정부 기간의 북한과의 경제협력(금강산관광 및 개성공단사업 사업)과 정군적 문제(서해교전)와의 상호 관계를 분석해 보면 다음과 같은 인과성이 나타난다.[18]

---

16) 김승국, "남북경제공동체와 10 · 4남북정상선언 이행", p.126.

17) 주성환, "교역을 통한 평화이론과 남북한 경제교류 · 협력", 『동북아 경제연구』 제14권 제1호(서울: 한국동북아경제학회, 2002), pp.166~167. pp.183~184.

18) 자세한 내용은 주성환, "교역을 통한 평화이론과 남북한 경제교류 · 협력" 참조할 것

즉, 남한과 북한 간에는 첫째, 교역 등 경제협력이 분쟁 방지에 긍정적 영향을 준 반면에 분쟁은 경제협력에 거의 영향을 주지 않았다. 이는 남북한 간에 정군적 의제와 분리되어 추진된 경제협력이 증가(감소)하면 남북한 정군적 갈등관계가 완화(악화)되어 왔음을 보여 준다.

또한 남한과 북한 간의 갈등 및 분쟁 증가(또는 감소)는 경제협력의 증가나 감소를 초래하지 않고 있다. 특히, 남한과 북한의 경제협력과 갈등·분쟁 간에는 어떠한 인과관계도 나타나지 않았다.

경수로 건설사업, 금강산 개발사업, 기타 대북 투자사업 및 대북지원 등의 비거래성 경제협력은 김대중 정부의 출범과 함께 추진된 '분리정책'에 따라 크게 증가하였다.

'분리정책'은 소위 정경분리를 원칙으로 하여 남북한 간의 정치상황과 관계없이 남북한 관계 개선을 통해 한반도의 평화와 화해·협력을 목적으로 추진되어 왔다. 하지만 원조적 성격의 비거래성 경제교역을 통해 남한과 북한 간에 화해·협력과 평화를 이끌어 내고자 했던 정부의 정책은 크게 효과를 거두지 못한 측면이 있다.

이 때문에 보수적 현실주의자 등 일각에서는 경제협력을 통한 한반도 평화통합 내지는 평화 정착에 대해서 문제를 제기하고 있다. 그러나 세계화시대에 남한과 북한이 적대적 상호 의존 체제를 지양하고 관계 개선을 꾀할 수 있는 길은 사실상 경제협력뿐이라고 할 수 있다. 특히 최근 남한과 북한의 경제위기는 그 가능성을 더욱 높여 주고 있다.

남한과 북한 관계에서 경제협력을 통하여 정군관계의 평화를 이끌어 내기 위한 '경제평화론'이 보다 큰 실효성을 갖기 위해서는 남한만의 일방적 지원이 아닌 상생적 협력구조를 통해 추진될 필요가 있다. 즉, 북한체제의 진로에 효과적인 영향력을 행사할 수 있는 보다 실질적인 접근은 인내심을 발휘하여 장기적인 안목에서 적극적인 경제협력을 통해 '평화에 대한 투자'를 지속화하는 일이다.19)

유럽의 경우도 제2차 세계대전 이후 앙숙이었던 프랑스와 독일의 화해를 통한 유럽통합의 길을 튼 것은 1952년에 출범한 유럽 석탄·철강 공동체(ECSC)였다.

여러 차례 전쟁을 치른 프랑스와 독일이 중심이 된 6개국 유럽 경제부흥의 생명선인 석탄과 철강을 공동으로 생산하고 관리하자는 발상에 따라 ECSC가 출범했다. 이러한 정군의제와 경제 및 문화의제의 분리 발상은 오늘날 유럽공동체의 출발점이 되었다.

현재 유럽은 경제협력을 통한 경제평화통합과 협력안보의 총화를 통한 유럽 평화공동체를 지향하고 있다. 이렇게 경제협력을 통한 경제공동체가 평화공동체의 하부구조가 된 유럽의 성공사례를 경제평화론으로 정립한 뒤 이를 한반도에도 원용할 필요가 있다.

그러나 유럽통합의 특징은 체제와 이념이 민주주의와 시장경제를 지향하고 있는 국가들 사이에서 성취된 통합이라는 점에 있다. 그에 비하면, 지금 남한과 북한이 가려고 하는 길은 이와 다른 길이다.

즉 체제가 다르지만 같은 민족끼리 경제적 통합을 통해서 문화적 통합, 정군적 통합을 이루려는 것이다. 그러므로 유럽보다도 더욱 철저한 분리원칙에 따라 지속적으로 추진하는 것이 요구된다. 중국과 대만의 분리원칙에 따른 경제평화협력 모델이 커다란 시사점을 줄 것이다.

---

19) 함택영, 『국가안보의 정치경제학』(서울: 법문사, 1998), p.384.

제3장

남한과 북한의 경제협력 현황과 확대 방안

1. 남한과 북한의 경제협력 목표와 필요성

1) 남한과 북한의 경제협력 목표

남한과 북한의 경제협력의 궁극적 목표는 남북평화공동체의 건설을 통한 남북 평화통합이라고 할 수 있다.[20] 남한과 북한이 평화공동체를 조기에 건설하기 위해서는 경제협력 과정에서 갈등과 대립이 나타나지 않아야 한다. 특히 거시적 경제평화협력이 이루어진다고 하여도 미시적인 측면에서 착취나 불평등이 나타나면 또 다른 갈등이 나타날 수 있다.

남한과 북한의 경제협력과 관련하여 노무현 정부는 2007년 8월 "과거 남북의 경제협력 관계가 일방적 · 소비적 지원이었다면 투자적 · 쌍방적 · 장기적인 협력을 통해 공동체로 나아가는 것"이라고 밝혔다.[21] 상호 신뢰를 바탕으로 투자와 이에 따른 이익 창출로 공동번영을 위한 남북경제공체로 건설해 나가겠다는 구상이다.

---

20) 장영권, 『한반도 평화구상과 남북경제공동체 건설 전략』, pp.22~23.
21) 노무현 대통령 2007년 8 · 15경축사, 『서울신문』, 2007. 8. 16.

그러므로 남한과 북한의 경제협력의 궁극적 목표는 남한과 북한의 상생과 공동번영을 위한 경제적 평화공동체를 실현하기 위함이라고 할 수 있다.

남한과 북한 간의 상생의 경제평화를 위한 교류협력은 과거처럼 단기적·소모적 지원이 아니라 경제평화의 원칙에 따라 남북경제의 균형적 발전을 위한 방향으로 추진되도록 할 필요가 있다.

즉 남한의 자본과 기술을 북한의 노동과 결합하여 북한의 경제 발전을 이끌어 내고, 이것이 다시 남북경제의 새로운 발전 동력으로 이어지는 상생적 경제평화의 구조로 정착되어야 할 것이다.

남한과 북한이 경제평화 협력을 강화하기 위해서는 일방적이고 단기적인 대북지원에서 탈피해 상호 호혜적인 대등관계를 이뤄 나가야 한다.

남한의 기술과 자본이 북한의 자원 및 노동력과 만나 경제적인 성과를 이뤄 낼 수 있는 모델을 만들어 냄으로써 일방적인 '대북 퍼주기' 논란을 잠재우는 동시에 평화와 상생의 기반을 다짐으로써 통일과 평화번영으로 가는 토대로 삼을 필요가 있다.

남한과 북한의 경제평화 협력의 실질적 진전을 통해서 상호 의존관계를 확립하는 것이 평화 정착의 기본이 될 것이다. 이는 경제적 교류와 협력을 통해서 실질적인 평화를 구축해 가는 것이다.

지속 가능한 남북경제평화를 목적으로 먼저 상품과 서비스의 교역을 자유화하고 세제혜택을 부여할 수 있다. 그리고 이런 방안이 제대로 시행되고 정착돼 경제협력이 활성화되면 다음 단계로 상호 화폐 통용을 허용하거나 남북 단일화폐의 제정까지 추진해 나가야 할 것이다.

남한과 북한의 경제협력 확대를 통한 경제평화공동체 구축이 어느 정도 구체화되면 남북 간의 이질적 이념과 가치를 보편적 가치로 형성하여 문화공동체의 건설을 모색할 필요가 있다.

그리고 남한과 북한은 이러한 단계적 평화통합을 확대하여 최종적으로 군사적 긴장 해소와 함께 신뢰를 구축하여 군비 축소를 통한 정군적 평화통합의 단계로 나아갈 수 있게 된다.

2) 남한과 북한의 경제협력 확대 필요성

남한과 북한 경제협력의 확대는 금강산관광 및 개성공단 활성화 등 단기적 과제뿐만 아니라 핵문제 해결 또는 그 이후까지 고려한 중장기적 한반도 평화비전과 과제를 준비하는 것이다.

남한과 북한 경제협력을 통한 남북경제공동체 건설은 지속적인 남북 공동의 평화발전을 위한 필수적인 과제이다. 또한 북한의 빈곤 해소와 지속 가능한 성장과도 밀접한 관계가 있는 만큼 남북 상생을 위해 중단 없이 추진해야 할 민족적 과제이다.

남한과 북한의 경제협력 확대의 필요성을 크게 세 가지로 정리할 수 있다.[22] 첫째, 남한과 북한의 경제협력은 무엇보다도 남한과 북한의 상생과 공동번영을 위한 것이다.

남한과 북한의 경제협력을 생산적 투자협력으로, 쌍방향 협력으로 발전시켜 하나의 경제평화권으로 묶는 남북경제공동체를 조기에 건설할 필요가 있다. 즉 남한과 북한의 경제협력을 통해 남북한 간의 경제적 유대 및 상호 협력을 강화함으로써 남한과 북한이 공동번영을 추구해 나가야 할 것이다.

남한과 북한의 경제협력 확대는 남북경제의 상생을 가져오고, 한반도 단일경제권을 형성하는 미래 지향적 경제평화 프로젝트라고 할

---

22) 임을출, "민족경제의 희망, 개성공단 - 경협과 통일", 『평화통일시민연대 평화통일 아카데미 자료집』(서울: 평화통일시민연대, 2007년 6월), p.74.

수 있다. 남한과 북한의 경제협력은 남한의 측면에서 '한강의 기적'에 이은 '압록강의 기적'을 이룰 수 있는 첫 출발이 된다는 측면에서 매우 중요하다.

남한은 북한과의 경제협력을 통해 한반도 경제의 활로 개척과 제2의 도약의 계기로 삼을 수 있다.[23] 북한은 남한의 자본과 기술을 수용함으로써 경제의 회복 및 재건의 기회가 될 것이다.

둘째, 남한과 북한의 경제협력의 확대는 상호 의존의 심화를 통해 한반도 평화체제 구축을 촉진하고, 실질적인 남북 평화통합을 실현하기 위한 것이다. 남한과 북한의 경제협력의 확대는 한반도의 평화를 정착하는 실질적인 기본축이 된다.

한반도에서 항구적인 평화를 구현하는 데 있어 경제평화를 통하여 첫 단추를 여는 것이 매우 효과적인 접근방법이기 때문이다. 즉 평화의 제1요소는 경제이므로 '경제평화론'의 시작으로 평화를 정착해 감으로써 한반도 평화체제를 구축할 수 있다.

남한과 북한의 경제협력의 확대는 남북 상생과 공동 번영을 가져오는 것이므로 상호 의존의 심화를 통해 평화를 유지ㆍ구축시킨다. 남한과 북한의 경제협력 확대 차원에서 추진된 경의선ㆍ동해선 철도 및 도로 연결사업, 금강산관광사업, 개성공단사업 등 3대 남북경협사업은 남북한의 교류를 촉진시키고 한반도 평화를 증진시켰다.

셋째, 남한과 북한의 경제협력의 확대는 남북한의 평화통합을 토대로 동북아공동체 형성과 국제평화에 기여하기 위한 것이다. 남북 경제협력의 확대는 남과 북의 국가통합을 통한 명실상부한 신한반도 시대의 개막을 여는 단초를 제공한다.

---

23) 최수영, "남북경제공동체 형성의 실질적 추진방향", 『제2차 남북정상회담과 남북경제공동체 건설』(서울: 통일문제연구협의회, 2007), p.3.

이것은 북방으로 진출을 확대함으로써 동북아 경제공동체 형성을 촉진하는 계기가 된다. 경제공동체 건설과정에 수반하는 북한의 개방, 시장화는 남북경제협력을 촉진하고 동북아 공동체 형성에도 기여하기 때문이다. 남한과 북한 간의 경제협력 강화는 남북이 공동번영을 추구해 나가 한반도 평화공동체를 구축하고 동북아 평화에 기여하는 것이다.

동북아에서 차지하고 있는 한반도의 지리적 이점을 잘 활용하여 한반도가 동북아 공동체 형성과 국제평화에 기여할 수 있도록 해야 할 것이다. 남한과 북한의 경제협력 확대는 동북아를 통하여 세계로 향하게 되며 동북아 공동체 형성을 촉진하는 계기가 될 것이다.

2. 이명박 정부 출범 이후의 남북경제협력 현황

김대중 정부에 이은 노무현 정부의 민주정부 10년간 추진한 화해협력정책, 즉 포용정책은 그동안 한국 경제에 부담이 되어 온 북핵 및 전쟁위협과 이에 따른 불안정성을 낮추는 데 커다란 역할을 하였다.[24] 중장기적으로 대외신인도 개선과 신용등급 향상 등 국내는 물론 북한경제 전반에도 긍정적인 영향을 주었다.

남한과 북한의 경제협력은 북한의 경제 발전을 촉진시켰을 뿐만 아니라 남한의 자본과 기술, 북한의 노동력과 토지를 결합함으로써 남북 공동번영을 위한 경제평화를 도모하여 남북한 상호 의존의 심화와 점진적 평화통일에 기여해 왔다.[25]

---

[24] 김대중 정부(햇볕정책)와 노무현 정부(평화번영정책) 10년간 추진된 대북정책의 핵심기조는 '화해협력정책'이라 할 수 있다. 이 두 정부는 역대 정부보다 한반도의 평화와 민주화에 증진했기 때문에 편의상 '민주정부'라고 표현하기로 한다.

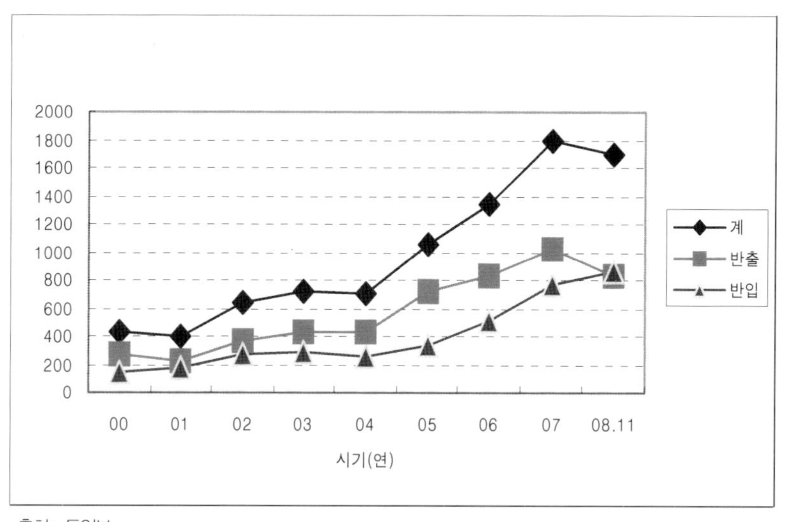

출처: 통일부

〈그림 8-1〉 연도별 남북교역액(단위: 백만 불)현황〉

그러나 이명박 정부가 2008년 2월 출범하면서 민주정부의 성과에 대한 '흔적 지우기' 또는 '전면 거부하기'로 인하여 남한과 북한 당국 간의 관계가 경색되고 있다. 이명박 정부는 대북핵심 구상인 '비핵·개방·3000'을 '연계정책'으로 추진하려 하고 있다.

이에 대해 북한 당국도 이명박 정부를 원색적으로 비난하며 '통미봉남'의 전략을 구사하고 있다. 즉 남한과 북한 당국은 정치적 대결을 서로 경제문제와 연계시키고 있어 경제협력이 크게 위축되고 있다.

김하중 통일부장관은 2008년 3월 개성공단 입주업체 간담회에서 "핵 포기 없이는 개성공단을 확대할 수 없다"며 '핵-경협 연계' 방침

---

25) 박승 전 한국은행 총재는 "대북지원규모는 한 달에 100만 원을 버는 형이 동생에게 600원을 주는 격이다. 금강산 관광을 제외한 대북 유무상 지원을 합하면 5억 달러(한화 약 4,800억 원)로 국내 총생산 9,000억 달러의 0.06% 수준일 뿐이다"라고 강조했다. 그리고 "휴전선에서 작은 도발이 있거나, 핵실험만 해도 국내 주가가 출렁이고 국가신용등급이 안 오르기 때문에 현재의 대북지원은 가정평화를 위한 최소한의 보험이고 지원액수"라고 덧붙였다. 『머니투데이』, 2007. 6. 20.

을 공개적으로 천명했다. 북측은 이에 반발하여 남측 개성사무소 당국 인원 11명의 3일 내 철수를 구두로 요청했고, 이명박 정부는 2008년 3월 27일 0시 55분 전광석화와 같이 전원 철수시켰다.

또한 이명박 대통령은 2008년 3월 통일부 업무보고에서 "가장 중요한 남북한 정신은 1992년에 체결된 남북기본합의서"라고 강조함으로써 '6·15 남북공동선언과 10·4 남북정상선언'의 전면적인 이행을 사실상 부정하였다. 북한은 줄곧 이명박 정부에 대하여 대화 조건으로 '6·15 남북공동선언과 10·4 남북정상선언' 이행을 촉구해 왔지만 이명박 정부는 이를 거부했다.

결국, 북한은 2008년 4월 1일 이명박 정부의 대북정책을 "우리의 존엄과 체제에 대한 용납 못 할 도발"이라고 강력히 비난하는 사태가 발생했다.

2008년 4월 26일에는 이명박 대통령의 "서울·평양 상주 연락사무소를 설치하자"[26)는 제안에 대해 "북남 관계 악화의 책임을 회피하여 여론의 시선을 딴 데로 돌리기 위한 얕은 수"라고 공개적으로 거부했다.

이후 북한은 『노동신문』 등을 통해 이명박 대통령을 '역적'으로 표현하다가, 2008년 5월 8일에는 "제2의 6·25, 제3의 서해교전" 등을 운운하며 비난의 강도를 한층 높였다.

그리고 2008년 7월 11일에는 북한군에 의한 남한 여성 금강산 관광객 피격 사망사건이 발생하였다. 남한은 피격사건 사과 및 진상규명, 재발방지 등을 요구하며 금강산관광을 전면 중단하였다.

또한 북한은 2008년 11월 장성급회담 북측 대표의 성명을 통해 "12월 1일부터 군사분계선 육로통행을 제한"한다고 밝혔다. 북한은

---

26) 이명박 대통령의 상주 연락사무소 설치 제안은 제안 시점에서부터 그 실효성에 논란이 발생했다.

<표 8-1> 연도별 남북교역액 현황

<단위: 백만 달러>

구분	89	90	91	92	93	94	95	96	97	98	99	00	01	02	03	04	05	06	07	08.11	계
반입	19	12	106	163	178	176	223	182	193	92	122	152	176	272	289	258	340	520	765	862	5,100
반출	-	2	6	11	8	18	64	70	115	130	212	273	227	370	435	439	715	830	1032	836	5793
계	19	14	112	174	186	194	287	252	308	222	334	425	403	642	724	697	1055	1350	1797	1698	10893

성명에 따라 개성관광 및 남북철도 운행을 중단했다. 이처럼 남북 당국 간의 연계정책으로 인하여 현재 남한과 북한 당국 간의 대화는 사실상 전면 중단된 상태다.

남북 당국 간의 경제협력도 지난 10년간 남북경협의 핵심 사업으로 진행되었던 남북한 철도 및 도로연결, 금강산관광사업, 개성공단 사업 등 3대 경협사업이 위기적 상황을 맞았다.

다행히 남한과 북한의 경제협력은 당국 간만 중단됐을 뿐 개성공단 등 일부 민간 차원은 유지되고 있다. 이로 인해 이명박 정부 출범 이후 남한과 북한 정부 차원의 경제협력은 크게 감소한 반면 민간 차원의 교역은 예년의 증가율과 비슷한 양상을 보이고 있다.

개성공단 생산액은 2007년 65개 기업이 1억 8,478만 달러를 기록했으나, 2008년에는 10월 말 기준으로 88개 기업이 2억 958만 달러를 기록한 것으로 나타났다.

통일부가 2008년 12월 발표한 남북관계 현황 자료에 의하면 <표 8-1>에서처럼 이명박 정부 출범 이후 남북교역액이 둔화세를 보였다.[27] 2007년 남북 교역액이 17억 9,789만 달러를 기록했으나, 2008년 11월 말 현재 16억 9,800만 달러로 나타났다.

2008년 남북교역액은 총 18억 2,037만 달러를 기록하여 전년 대

---

27) 통일부, "2008 남북관계 어떻게 추진되었나?". http://www.unikorea.go.kr(검색일: 2009년 1월 14일)

<표 8-2> 대북지원 현황

<단위: 억 원>(출처: 통일부)

구분		95	96	97	98	99	00	01	02	03	04	05	06	07	08.11	합계
정부차원	무상지원	1854	24	240	154	339	978	975	1140	1097	1313	1360	2273	1983	357	14087
	식량차관	–	–	–	–	–	1057	–	1510	1510	1359	1787	–	1505	–	8728
	계	1854	24	240	154	339	2035	975	2650	2607	2672	3147	2273	3488	357	22815
민간차원(무상)		2	12	182	275	223	387	782	576	766	1558	779	709	909	633	7793
총액		1856	36	422	429	562	2422	1757	3226	3373	4230	3926	2982	4397	990	30608

비 1.2% 증가하였다. 2007년에 전년 대비 33%나 급증한 것과 비교하면 2008년은 사실상 남북경협이 정체된 것이다. 남북경제협력사업 승인도 2007년 176건으로 급상승했으나 2008년 11월 말 현재 57건으로 크게 위축됐다.

특히 남한과 북한의 경제협력의 상징인 개성공단에 대한 이명박 정부의 지원책 부재로 인해 입주기업 및 입주예정기업의 경영 차질도 심각한 것으로 나타났다.

즉 정부의 특례보증 지원한도 축소로 개성공단에 분양받은 기업의 입주가 지연되거나 입주를 포기하는 경우가 다수 발생했다. 이명박 정부는 <표 8-2>에서처럼 2008년 대북지원도 거의 하지 않아 전년 대비 크게 감소하였다.

중소기업중앙회가 2007년 일반 공장용지를 분양받은 167개사 중 85개 입주예정기업을 대상으로 2008년 4월 실시한 입주 준비현황에 따르면, 78.5%는 아직 착공을 못 했으며, 62.4%는 시공사 선정도 이뤄지지 않은 것으로 조사됐다.

13개사는 입주 포기의사를 밝혔으며, 이 중 5개사는 토지공사와의 분양계약을 이미 해지한 것으로 확인됐다.[28] 이와 같은 문제들이 발생한 것은 통일부가 신용보증기금을 통한 입주자금 마련 특례보증에서 엄격하게 규제하고 있기 때문이다.

또한 이명박 정부가 남북협력기금 사용의 투명성과 국민합의 도출을 강조함에 따라 기금 집행사업도 줄어 2008년 8월 말 현재 10.4%인 것으로 나타났다.29) 당초 정부는 1조 2,745억 원을 운용계획으로 편성했지만 실제 집행금액은 1,329억 원(10.4%)에 불과했다.

이것은 이명박 정부 들어 남북관계가 경색되면서 각종 경제협력사업이 중단 또는 축소상태에 빠진 것으로 분석된다. 지방자치단체의 대북 교류협력사업도 축소 또는 전면 중단된 상태이다.30)

그런데 문제는 남한과 북한 당국 간의 관계가 경색되면 될수록, 그 공간을 중국과 러시아 등 제3국이 북한을 선점하기 위해 더욱 경쟁하게 된다는 점이다.31) 북한은 각종 합작사업, 천연자원이나 항만개발, 철도산업에 대한 중국과 러시아의 진출을 용이하게 할 것이다.32)

더 나아가 미국을 포함, 일본과도 새롭게 협력하는 길을 찾을 가능성이 크다. 그러므로 남한과 북한 간의 정군적 갈등과 경색을 조속히 해소하기 위해서는 정군문제와 분리하여 경제협력을 적극 확대해 나가야 할 것이다.

---

28) 개성공단기업협의회는 2008년 12월 3일 개성공단 입주기업들이 남북경색의 심화로 2008년 9월부터 기업당 매출액이 30~60%가량 감소해 월 평균 3,800만 달러의 매출 손실을 보고 있으며, 12월 1일부터 통행제한 조치로 손실이 더 확대될 것이라고 우려하고 있다. 양문수. "이명박 정부의 남북경협 평가와 2009 전망". 『민주정책연구원 정책토론회 자료집』 (2009년 1월 21일), 9쪽.

29) 『통일신문』, 2008년 10월 8일

30) 경기도는 한강하구 공동개발 등을 위해 2008년 남북교류협력사업 예산 60억 원을 편성했지만 8월 말 기준 지출액은 15억 8천 5백만 원에 불과하다. 『통일신문』, 2008년 10월 8일.

31) 김영윤. "남북한 경색될수록 중·러 어부지리". 『매일경제』, 2008. 5. 21.

32) 중국은 북한과 공동으로 서해합영회사를 설립하고, 2007년 하반기부터 옹진군에 있는 옹진철광을 개발하는 등 북한 자원개발을 적극 추진하고 있다. 『연합뉴스』, 2008. 6. 19.

3. 남한과 북한의 경제협력 확대 3단계 추진 방안

남한과 북한 당국 간의 경제협력을 확대하기 위한 방안은 다양하게 논의될 수 있다. 남한과 북한 간의 경제협력이 상생과 평화번영의 핵심적 요인이 되기 위해서는 남한과 북한 간의 적극적인 교류와 협력이 요구된다.

북한은 남한 기업들이 북한에 쉽게 진출할 수 있도록 각종 위험요소와 장애요인을 완화할 필요가 있다. 남한은 북한의 정치체제, 문화양식을 인정하고 존중하며, 공동의 이익 창출을 통해 북한개발사업을 적극 활성화해 나가야 할 것이다.

남한과 북한 간의 경제협력 확대는 크게 교류화, 안정화, 지속화 3단계 방안으로 추진하는 것이 바람직하다.[33]

1) 교류화: 신뢰 회복을 통한 대화틀 형성

남한과 북한의 경제협력을 확대하기 위해서는 우선 교류를 통한 대화틀을 형성하는 것이 가장 중요하다. 즉 남북 간에는 서로간의 불신으로 인하여 신뢰의 균열이 심각하다. 현재 남한과 북한 당국 간에는 정군문제로 경제협력 대화가 중단된 만큼 이를 복원하는 것이 급선무이다.

경제협력이 다른 요인에 의해서 중단되거나 경색되지 않도록 하기 위해서는 정군평화의제와 분리할 필요가 있다. 그리고 경제협력의 효율성과 추진력을 높이기 위해서는 남북경협 확대 및 발전의 수준

---

33) 이서령, "남북경제협력을 위한 여건 조성과 남북경제협력 가속화 방안", 『2008 남북경제협력촉진대회 자료집』(서울: 남북경제협력포럼, 2008. 6. 5), pp.52~55.

에 부응하여 '남북경제협력추진위원회'를 현행 차관급에서 장관급으로 격상시켜야 할 것이다.

대화의 재개를 위해서는 서로가 필요한 경제협력 대화를 통해 경색된 구조를 극복하고 대화채널을 상설화할 필요가 있다. 대화채널의 상설화는 각종 남북경제협력 현안을 긴밀히 협의하고 문제점을 개선해 나갈 수 있어 협력을 촉진시킬 수 있다. 상설적인 남북경제협력 대화채널을 확보하기 위해서는 상주 대표부를 평양 및 서울에 설치하는 것이 바람직하다.

2) 안정화: 남북경제협력의 제도화 정착

남북 간의 대화가 재개되면 대화틀이 보다 안정화·공고화되어야 한다. 다른 요인에 의해 중단되거나 깨지지 않도록 제도화할 필요가 있다. 제도화의 방향은 남한과 북한의 경제협력이 안정적으로 확대되도록 해야 한다.

남북경협의 제도화를 위해서는 남북 간의 '경제협력강화협정(Closer Economic Partnership Arrangement)'을 체결할 필요가 있다. 남한과 북한이 CEPA 체결을 통해 남북 간 무관세 거래의 국제적 인정과 남북 교역·투자의 제도적 안정성 보장 등을 도모해야 하기 때문이다.

현재 남한과 북한 간의 거래는 '남북교류·협력의 이행과 준수를 위한 부속합의서'에 따라 무관세이나, 교역규모가 확대될 경우 여타 국이 세계무역기구(WTO) 규범상 문제를 제기할 소지가 크다. 이 때문에 국가 간 FTA 체결이 확대되는 만큼 남한과 북한의 공동 대응책이 필요하다.

또한 남한과 북한이 경제협력의 제도화를 통해 체계적으로 추진하기 위해서는 '한반도 종합발전계획'을 공동으로 수립할 필요가 있다. 남한과 북한을 하나의 경제공동체 단위로 보고 산업배치·국토이용 등의 효율성, 균형성을 제고할 수 있는 종합경제 발전 전략을 공동으로 수립하는 것이다.

즉 남한과 북한이 공동번영의 중장기 비전을 공유하고, 경제협력 전략을 종합적으로 마련하는 것이 중요하다. 북한의 경제 현대화와 남한의 경제성장 동력 창출에 기여하는 경제협력 사업을 체계적으로 발굴·추진해 나가는 종합적인 계획이 마련되어야 할 것이다.

특히 남한과 북한 간의 경제협력의 제도화를 정군적 문제와 관계없이 안정적으로 추진될 수 있도록 법적 정비를 해야 한다. 남한과 북한이 1991년 체결한 남북기본합의서를 비롯하여 2000년의 6·15 남북공동선언, 2007년의 10·4 남북정상선언 등 기존의 합의서를 성실히 이행해 나가는 것이 필수적이다.

나아가 기존의 합의서 이행을 토대로 보다 구체적인 문제점들을 합리적으로 해결할 수 있도록 노사문제, 통신문제 등도 국제적 수순에 맞도록 정비해 나가야 할 것이다. 남한과 북한 간의 경제협력의 확대를 위해서는 남북 간의 이질적인 제도를 합리적으로 개선하여 협력의 효율성과 균형성을 추구해 나가는 것이 바람직하다.

3) 지속화: 상생의 경제평화 협력 사업 개발

남한과 북한의 경제협력이 지속적으로 추진되기 위해서는 상생(win-win)의 경제평화 협력사업을 적극 발굴해야 할 것이다. 개성 이외의 경제특구, 즉 평양·남포·해주·신의주·나진·선봉 등에 개성공단과 유사한 경제협력 특구를 추가 개발하여 공동평화 사업

기회를 창출해 나가는 것이 필요하다.

즉, 남한과 북한이 서로 상생할 수 있는 쌍방향 경제평화 협력 사업을 다양하게 개발해 나가야 한다. 여기에는 두 가지 형태로 나누어 볼 수 있다. 하나는 남한과 북한의 경제 보완성을 활용하는 방안이고, 다른 하나는 경제와 평화의 선순환구조를 창출하는 것이다.

우선 남한과 북한의 경제 보완성을 활용하는 것으로는 단천,[34] 서안만 분지,[35] 안주분지 등 북한의 자원개발지구를 지정하여 남측의 자본·기술과 북측의 노동력을 결합시켜 공동 성장의 토대를 구축하는 것이다. 이들 지역은 남북 공동의 경제의 성장을 위한 필수 자원 확보가 가능해 남한과 북한 모두가 개발을 필요로 하는 곳이다.

경제와 평화의 선순환구조를 창출할 수 있는 경제평화 협력 사업은 금강산을 비롯하여 개성·백두산 등 주요 관광명소에 대한 관광 사업을 확대하는 것이다.

관광은 기본적으로 인적·물적 교류 확대와 부의 분배가 이루어지도록 하므로 공동의 평화협력을 촉진한다. 그러므로 주요 관광단지를 연계하는 '관광평화벨트'를 적극 추진할 필요가 있다

또한 남한과 북한의 경제협력 사업을 촉진하기 위해서는 철도·도로·항로·해로 등을 통한 평화의 물류체계 구축이 요구된다. 이를 위해서는 먼저 경의선·동해선 철도 완전개통 및 대륙철도(TSR·TCR)를 연결하여 철도를 통한 유라시안 평화프로젝트를 조속히 추진할 필요가 있다.

개성–평양 간 고속도로를 이용한 물자수송체계 구축은 개성(우리

---

34) 단천지구에는 룡양 마그네사이트광(세계 1위), 검덕 연·아연광(동아시아 최대), 대흥 마그네사이트광, 상농 철광, 동암 인광석·석회석광 등 대규모 광산이 운집해 있다.

35) 서한만분지에는 50~60억 배럴의 석유가 매장된 것으로 추정된다.

기업) – 평양(북한기업) 간 분업구조를 형성해 개성공단의 경쟁력을 높이고, 북한 내륙의 생산을 자극한다는 점에서 중요한 의미를 갖는다.

서울과 평양·원산·백두산 간 항공기 정기운항을 통해 남한과 북한 간의 원활한 인적·물적 왕래를 도모하는 항공로 개설도 필요하다.

남포항을 남북 간 물류의 거점항으로 개발하고, 나진항에서는 나진항 → 부산항 → 미주·유럽으로 반출되는 동북 3성, 러시아의 화물을 유치해 부산항과 함께 동반 발전할 수 있는 방안도 모색할 필요가 있다.

이밖에 중국이 싹쓸이 조업을 하고 있는 동·서해상에 남북공동어로수역을 설정하여 남북평화어장을 확대하는 사업, 중립수역인 한강 하구 유역에서 남한과 북한이 공동으로 골재를 채취하여36) 남한 측은 골재를 안정적으로 확보하고 북한 측은 골재판매수익을 창출하는 사업 등을 공동 추진할 수 있다.

또한 남한의 자본·기술과 북한의 노동력 결합으로 제3국의 탄광·벌목·가스·유전·건설·IT 등의 분야에 진출하는 사업, 홍보예보체계 수립, 산림조성 등을 통해 임진강 유역의 반복적 수해를 방지하는 사업들을 공동 추진해 볼 수 있을 것이다.

---

36) 한강 하구의 골재 매장량은 10.8억㎥으로 추정된다. 남한 수도권의 골재수요는 연간 4,500 만㎥ 정도이다. 건교부조사에 따르면 전체 개발 시 골재 개발비용은 8만 4,252억 원, 판매 수익은 13만 828억 원, 순이익은 4만 5,536억 원으로 추정된다.

제4장

남한과 북한의 경제협력 확대 전략

1. 전제와 기조: 연계정책 아닌 분리정책 추진

남한과 북한의 경제협력의 확대는 무엇보다도 남북관계를 정상화하고 남북의 공동번영을 앞당겨 한반도의 평화를 공고히 하는 것이다. 이를 위해서는 남북관계를 정군평화문제와 문화평화문제, 경제평화문제를 상호 연계하지 말고 분리하는 것이 필수적이다. 그리고 여러 평화의제 중 가장 협력이 용이하고 파급력이 큰 경제 분야부터 추진하는 것이 효율적이다.

앞에서도 언급했지만 각 평화의제 간 연계정책을 추진하면 서로 대립과 불신이 심화되어 어떠한 협력도 어렵게 만든다. 그러므로 각각의 의제별로 분리하여 협력이 가장 용이한 분야의 현안을 해결한 후, 이를 지렛대로 하여 보다 어려운 분야의 협력을 모색해 나가는 것이 바람직하다.

김대중 정부와 노무현 정부가 분리정책을 추진하여 남북경제협력을 확대했다. 반면에 이명박 정부는 연계정책을 추진하여 남북 간의 긴장을 고조시키고 경제협력을 위축시키고 있다. 그러므로 남북 간의 경제협력을 안정적·지속적으로 확대하기 위해서는 분리정책을 추진해야 할 것이다.

2. 경제협력 확대 3대 전략

1) 평화벨트의 구축: 평화의 점, 선, 면 확대

남한과 북한의 경제협력을 확대하기 위해서는 우선 '평화의 점'을 만들어 평화의 선과 평화의 면을 확대하여 단계적으로 평화벨트를 구축해 나가야 할 것이다.[37] 현재 대표적인 평화의 점은 관광분야에서 금강산 및 개성관광사업이 진행 중이고, 경제협력 분야에서는 개성공단사업이 추진 중이다. 이들 사업이 정군적 요인에 의하여 각각 2008년 7월과 11월 중단되었지만 조기에 재개되어야 한다.

관광평화의 점인 '금강산관광사업'을 모델로 하여 개성, 평양, 백두산 등도 관광지역 거점화하여 상호 연계를 확대할 필요가 있다. 또한 남북경제협력을 집중적으로 전개할 수 있는 제2, 3의 개성공단 사업의 추진이나 새로운 경제협력 특구를 개발하는 것도 남북경제 평화협력을 확대하는 효과적인 전략이 된다.

1998년부터 시작된 금강산관광사업은 비군사적 교류 협력이 군사 문제까지 해결할 수 있다는 좋은 사례가 되었다. 한반도 서부 지역에서도 개성관광의 문호를 활짝 열어 비무장지대가 점차 평화지대로 바뀌고 있다는 사실을 한반도는 물론 전 세계에 보여 주고 있다.

<그림 8 - 2>와 같이 남북접경 지역 동부지역에서는 '평화의 산

---

37) 김승국, "남북경제공동체와 10·4남북정상선언 이행", 장영권 외, 『한반도 평화구상과 남북 경제공동체 건설 전략』, p.143.

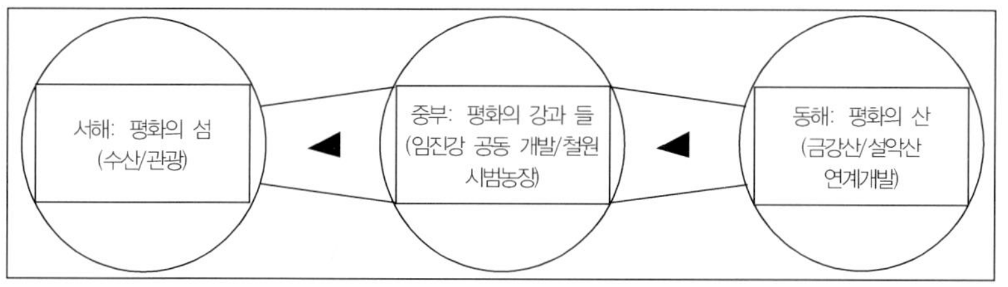

출처: 이상준, "남북접경 지역의 평화벨트 구축과 설악산", p.20.

〈그림 8-2〉 남북경제협력 확대를 위한 평화벨트

(금강산-설악산)'을 중심으로 한 협력을 추진하고, 접경지역 중부지역에서는 '평화의 들(철원)과 강(임진강, 북한강)'을 중심으로 한 협력을 추진하며, 서부지역에서는 '평화의 섬(서해 5도)'을 중심으로 협력을 추진해 감으로써 남북 간의 평화벨트를 구축해 갈 수 있다.[38] 그리고 이러한 평화벨트를 한반도의 북으로 이동시키면서 궁극적으로는 전 방위적으로 평화구축을 확대해 나갈 수 있을 것이다.

2) 경제평화 창출: 경제평화 창출 사업의 공동 발굴

남한과 북한 간의 경제협력을 통한 공동의 평화를 창출할 수 있는 사업은 다양하게 모색될 수 있다. 금강산관광사업, 개성공단사업 등은 남북의 경제평화를 창출할 수 있는 대표적인 경제평화 창출 사업이라고 할 수 있다.

남한과 북한의 경제평화 창출 사업들은 남한과 북한의 경제협력을 확대하고 상생과 공동발전에 기여한다. 남북경제공동체의 건설을 조기에 구축하기 위해서는 이러한 경제평화를 창출할 수 있는 사업들

---

38) 이상준, "남북접경 지역의 평화벨트 구축과 설악산", 『통문협 동향과 논단』 제1회(서울, 통문협, 2004년 여름), pp.19~20.

을 공동으로 발굴하여 적극 추진할 필요가 있다.

또한 경제평화협력 사업장은 일종의 평화협력지대로 남한과 북한의 인적 교류와 협력이 촉진될 것이다. 특히 평화협력지대를 지나는 남북연계 교통망(철도·도로)과 이 교통망 주변에 부설될 통신·전력수송망, 에너지 수급망 등이 건설되면서 상호 경제협력이 확대될 것이다.

3) 평화비전 확산: 분배의 공평과 경제평화 비전의 공유

남한과 북한의 경제평화협력 확대를 지속화하기 위해서는 분배를 공평화하고 경제평화 비전을 공유할 필요가 있다. 남한과 북한의 경제협력 과정에서 분배가 왜곡되어 착취와 억압이 나타나면 많은 혼란이 야기된다. 경우에 따라서는 시위, 소요, 물리적 충돌 등 상당한 비용이 발생할 수 있고, 이로 인해 경제협력이 크게 위축될 수 있다.

나아가 남한과 북한 간의 경제협력에 대한 분명한 평화비전이 공유되어야 할 것이다. 상생과 공동번영의 평화비전이 공유될 때 협력은 가속화된다.

남북 경제협력 과정은 궁극적으로 남북평화공동체를 건설하는 것이다. 이 과정에서 여러 가지 혼란이 생길 우려가 있기 때문에 남한과 북한은 각기 정부와 민간, 시민사회의 보완적 역할 분담이 필요하다.

즉, 남한과 북한 당국은 남북경제의 균형성장을 위한 '공익모델'을 중심으로 정책을 추진하고 민간기업은 '수익모델'을 중심으로 투자를 촉진시켜 나가야 한다. 시민사회는 공익과 수익의 균형점을 도출할 수 있도록 조정 역할을 해야 할 것이다.

제5장

남한과 북한의 경제협력 확대 전망과 제언

1. 남북경제협력 전망

통일부는 2008년 12월 새해 업무보고에서 남북관계와 관련하여 "북한의 태도변화가 없는 한 현재와 같은 상황이 지속"될 것으로 전망했다. 그리고 미 오바마 행정부, 북핵문제의 진전 여부, 북한의 정세, 우리 국민들의 대북정책에 대한 지지 정도에 따라 유동적일 것이라고 밝혔다.[39]

그러나 남한과 북한의 향후 경제협력 확대는 크게 두 가지 변수에 따라 달라질 것으로 보인다. 즉 북미 간의 국제적 변수와 남북 간의 민족적 변수이다. 특히 남북 간의 민족적 변수는 국제적 변수, 즉 북한의 미사일 발사실험, 핵실험과 6자회담 등 정군적 현안으로부터의 자율성이 부족하다.[40]

그러므로 남한과 북한이 경제협력을 안정적으로 확대해 나가기 위해서는 모든 변수와 상관없이 '분리정책'을 통해 단계적으로 추진해 나가야 할 것이다. 그러나 남북경제협력문제를 정군적 의제와 연계시킨다면

---

39) http://www.unikorea.go.kr(검색일: 2009년 1월 14일)

40) 장영권, 『한반도 평화구상과 남북경제공동체 건설 전략』, pp.105~108.

현실적인 남북경제협력의 확대 전망은 불투명하다고 할 수 있다.

1) 북·미 변수에 따른 변화 전망

향후 남한과 북한의 경제협력의 확대에 있어서 가장 큰 국제적 변수는 북핵문제 해결과 북미관계의 개선이라고 할 수 있다. 북미관계가 안정적인 국면으로 진입했는지는 2009년 상반기 북핵문제 해결 과정을 지켜보아야 판단이 가능하다.[41]

한반도 비핵화문제의 해결 양상에 따라 미국 오바마 행정부와 남한 당국의 대북정책, 북한의 대응이 급변할 가능성도 상존한다.[42] 이에 따라 남북경제협력의 확대 여부가 이들 요인에 의하여 크게 영향을 받을 수 있다.

한반도 비핵화가 순조롭게 진행되고 북·미관계가 정상화되면 남북경제협력의 확대는 급물살을 탈 것이다. 북한의 핵 시설 불능화 및 핵 프로그램 신고가 이루어지면 북핵문제의 새로운 전기가 마련될 것이다. 이에 따라 남북경제협력도 보다 확대될 것으로 보인다.

한반도 비핵화와 함께 북미관계가 호전되면 이명박 정부도 남북경제협력을 적극 확대할 것으로 전망된다. 미국은 북한의 비핵화에 대해 행동 대 행동으로 북한에 대한 경제적 지원을 약속했다. 이명박 정부도 북한이 핵문제에 진전을 보이면 경제지원을 확대하기로 했다.

북한도 한반도 비핵화에 '전략적 결단'을 하였다면 북한경제 재건과 현대화를 위해 남북경제협력의 확대에 적극적으로 나설 것이다.

---

41) 임수호·동용승, 『정상회담 이후 남북경협의 향방』(서울: 삼성경제연구소, CEO Information 2007. 11. 7), p.14.

42) 삼성경제연구소는 한반도 비핵화 및 남북관계가 순항할 확률이 70%, 북미관계가 교착할 확률이 30%라고 전망했다. 임수호·동용승, "정상회담 이후 남북경협의 향방", p.14.

<표 8-3> 한반도 비핵화 및 북미관계 개선 로드맵

구 분	한반도 비핵화	북미관계 개선·보상	시 기
1단계	▪북한핵시설폐쇄 및 봉인	▪BDA 금융제재 해제 ▪북미관계 개선 논의시작	2007년 8월 이행 완료
2단계	▪북한핵시설 불능화-핵심부품 제거후 특별관리 ▪핵 프로그램 신고	▪테러지원국 지정 해제 ▪적성국교역법 적용 해제 ▪한반도 평화포럼 가동	2009년 상반기 완료 추진
3단계	▪사찰을 통한 핵프로그램 폐기-모든 핵시설 해체, 플루토늄 반출 ▪핵무기 신고	▪북미연락사무소 개설 ▪한반도 종전선언 ▪경수로 제공(북측 요구)	추진 중
4단계	▪핵무기폐기(비핵화 완성) ▪장거리미사일 폐기	▪평화협정 체결 ▪북미수교 및 추가보상	미정

북한은 스스로 '우리 민족끼리' 정신을 강조해 왔기 때문에 남북경제 평화협력에 적극성을 보일 것이다.

특히 노무현 대통령과 김정일 국방위원장이 2007년 10월 발표한 '10·4 남북정상선언'의 이행이 구체화될 것이다. 즉 해주특구, 개성공단, 백두산관광, 지하자원개발, 한강하구 공동개발, 서해 공동어로수역 조성 등 남북 상생의 평화창출 사업들이 활성화될 것으로 보인다. 이는 곧 한반도 평화번영시대를 앞당기는 중요한 요인으로 작용할 것이다.

그러나 북미관계의 교착 및 남북관계의 냉각이 지속된다면 남한과 북한의 경제협력은 더욱 축소되거나 위축될 것이다. 북미 간의 관계가 북핵문제로 교착상태에 빠질 경우 남한 당국의 유연한 전략이 요구된다. 그러나 보수적인 남한 당국이 한미관계를 고려해 남북관계에 비판적 태도를 보일 경우 남북경제협력은 여전히 냉각될 가능성이 높다.

더구나 북미관계의 교착상태가 장기화되면 북한이 또다시 핵실험

등과 같은 극단적인 수단을 동원할 가능성도 있다. 특히 군부의 입지가 다시 강화되고 김정일 후계문제가 대두되면 1994년 북핵위기 이후 선군정치가 등장했던 것처럼 강경노선으로 전환될 수도 있다. 이 경우 국제적 차원의 전면적인 대북제재조치가 발동되고 남북관계도 냉각되어 남북경제협력이 전면 중단 또는 위축될 가능성이 높아지게 된다.

2) 남북변수에 따른 변화 전망

남한과 북한의 경제협력 확대에 대한 북한 측의 변수로서 가장 큰 문제점은 북한이 남북경제 평화협력에 대한 수용 능력이 총체적으로 부족한 것이다.

즉, 북한은 체제안정을 위해서 개혁·개방에 대하여 경계하고 있으며, 남한과의 전면적인 경제협력을 통한 남북경제공동체 건설에도 신중한 반응을 보이고 있다.

더구나 북한은 접촉 및 방북 제한, 상거래 관행에 무지 혹은 무시하기도 한다. 높은 물류비용과 기술자의 현지 상주가 제한적으로 허용됨에 따라 기술지도 및 품질관리의 어려움도 있다. 북한 내 경협 전담기구의 관료주의, 보신주의와 관련 부처, 기관 간 과도한 경쟁도 걸림돌로 작용한다.

남한 측의 가장 큰 문제점은 남한 내의 다수를 차지하고 있는 보수층은 '남북경협 = 일방적인 대북지원'이라는 부정적 인식을 하고 있다는 점이다. 남한정부 차원에서도 중장기적 목표와 전략에 따른 체계적인 접근이 부족하다. 상호성·투명성·효율성을 고려하지 않고 절대적 상호주의로 추진하는 경향이 강하다.

개성공단 외 지역에 대한 경제협력사업 지원전략과 방법도 부재한 상황이다. 국내 농수산물 생산업자를 보호한다는 명목으로 북한산 제품의 반입을 제한하고 있는 현실도 남북경제협력 확대의 제약요인으로 작용하고 있다.

2. 한반도의 지속 가능한 평화를 위한 제언

경제평화론은 한반도평화가 존재론적으로 정군적 · 경제적 · 문화적 요인으로 구성되어 있으며, 교류와 협력이 가장 용이한 경제 분야의 협력 확대를 통해 경제평화를 우선 정착하는 것이다. 그리고 이를 지렛대로 하여 문화평화, 정군평화를 단계적으로 추진해 나가면서 지속 가능한 평화를 구축해 나가는 것이다.

역사적으로 무역과 통상의 확대는 상호 의존성을 높이고 상호 평화협력을 강화시킴으로써 관련 국가들 간의 평화를 증진시켜 왔다. 두 차례에 걸친 서해교전과 북한의 미사일 발사 · 핵실험이라는 최악의 군사적 긴장에도 불구하고 한반도 상황을 안정적으로 관리할 수 있었던 것은 남북 간 경제평화 확대의 영향이라고 할 수 있다.

남한과 북한의 경제협력의 확대를 통한 경제공동체 건설은 점진적인 평화통합을 추진하는 것이다. 사전 준비 혹은 학습이 없는 통일은 재앙이 될 가능성이 높다. 특히 탈북자들의 국내 적응 · 부적응 사례가 주는 시사점을 참조할 필요가 있다. 그러므로 남북경제협력을 확대해 가면서 남한과 북한이 공존 및 상생을 사전에 연습하는 것은 중요한 의미가 있다고 볼 수 있다.

따라서 남한과 북한의 통일은 상호 호혜적인 경제평화론적 접근이 바람직하다. 이는 통일에 대한 저항과 후유증을 최소화하는 방책이다. 즉 통일은 '평화의 실현'으로 재개념화할 필요가 있다. 통일은 평화의 정착 및 확대를 위해서 필수불가결한 것으로 인식해야 한다.

통일을 위한 통일론은 통일지상주의에 빠질 우려가 있고, 이 경우 폭력통일론 또는 흡수통일론이나 통일반대론을 조장할 수 있다. 그러므로 진정한 통일의 의미는 남한과 북한 모든 구성원들의 상생과 공동번영을 위한 것이 되어야 할 것이다.

남한과 북한이 경제협력을 통해 남북공동체를 건설하는 것은 기본적으로 남북경제평화를 통한 평화공동체를 만들어 가는 첫 과정이다. 그러나 남북 간의 정군평화는 대립과 불신으로 가장 실현하기 힘든 특성이 있다. 그리고 문화평화도 분단의 장기화로 인하여 이질화되어 있기 때문에 동질성을 회복하기가 쉽지 않다.

그러므로 남한과 북한 간의 상생과 공동번영의 토대가 되며 평화협력이 가장 용이한 경제평화를 통한 경제공동체를 건설함으로써 문화공동체, 정군공동체를 단계적으로 건설해 나가는 것이 효과적이다. 한반도의 평화구상은 바로 경제평화 → 문화평화 → 정군평화를 단계적·선순환적으로 건설함으로써 실현해 가는 것이다.

남한과 북한의 경제협력을 안정적·지속적·효율적으로 확대해 나가기 위해서는 경제평화의제, 문화평화의제, 정군평화의제를 서로 연계해서는 안 되는 것이다. 이들 의제들을 각각 분리하되 경제평화의제를 먼저 추진하고 상호 신뢰와 의존이 심화되면 이를 토대로 문화평화, 정군평화의제로 확대해 나가는 것이 바람직하다.

이명박 정부도 북핵문제 등 정군의제를 효율적으로 해결하고 한반도의 지속 가능한 평화를 정착하기 위해서는 연계정책 대신에 분리정책을 추진할 필요가 있다. 북핵문제가 진전되어야 남북경제협력을

확대할 수 있다는 연계론은 북핵문제 해결에도 남북통합 확대에도
장애가 된다는 것을 깊이 인식해야 할 것이다.

DMZ 생태평화 운동 전개

장영권 한국평화미래연구소 대표는 2010년 9월 14일 오후 3시 서울시청 앞 서울광장에서 열
린 DMZ생태띠잇기 행사 발대식에 주관단체 대표로 참석했다.
장영권 대표(오른쪽 여섯 번째)를 비롯한 DMZ생태띠잇기 조직위원회 참가 단체 대표들이 연단에서
유엔 생물다양성협약 총회 유치 백만인 서명운동 선포를 하고 성공을 기원하는 박수를 치고 있다.

참고문헌

〈국문류〉

김승국, "남북경제공동체와 10 · 4남북정상선언 이행", 장영권 외, 『한반도 평화
　　구상과 남북경제공동체 건설 전략』(서울: 국회사무처, 2007).

양문수, "이명박 정부의 남북경협 평가와 2009 전망". 『민주정책연구원 정책토
　　론회 자료집』(2009년 1월 21일).

이상준, "남북접경 지역의 평화벨트 구축과 설악산", 『통문협 동향과 논단』 재1
　　호 (서울, 통문협, 2004년 여름).

이서령, "남북경제협력을 위한 여건 조성과 남북경제협력 가속화 방안", 『2008
　　남북경제협력촉진대회 자료집』(서울: 남북경제협력포럼, 2008. 6. 5.).

이석기, "북한 산업발전 전략과 남북경제통합", 『제2차 남북정상회담과 남북경
　　제공동체 건설』(서울: 통일문제연구협의회, 2007. 9. 14.).

임수호 · 동용승, 『정상회담 이후 남북경협의 향방』(서울: 삼성경제연구소, CEO
　　Information 2007. 11. 7).

임을출, "민족경제의 희망, 개성공단 – 경협과 통일", 『평화통일시민연대 평화통
　　일 아카데미 자료집』(서울: 평화통일시민연대, 2007년 6월).

장영권 · 김승국, 『한반도 평화구상과 남북경제공동체 건설 전략』(서울: 국회사
　　무처, 2007).

장영권, 『지속 가능한 평화체제 구축 모델과 방안 – 동북아 지역 분석』(성균관대
　　대학원 정치외교학과 박사학위논문, 2007).

주성환, "교역을 통한 평화이론과 남북한 경제교류 · 협력", 『동북아 경제연구』
　　제14권 제1호(서울: 한국동북아경제학회, 2002).

최수영, "남북경제공동체 형성의 실질적 추진방향", 『제2차 남북정상회담과 남
　　북경제공동체 건설』(서울: 통일문제연구협의회, 2007).

한국은행, 보도 자료 '2007년 북한 경제성장률 추정 결과'.
　　http://www.bok.or.kr/index.jsp(검색일: 2008. 6. 18.)

함택영, 『국가안보의 정치경제학』(서울: 법문사, 1998).

〈영문류〉

Johan Galtung 지음. 강종일 외 옮김. 『평화적 수단에 의한 평화(Peace by Peaceful Means)』(서울, 들녘, 2000).

Johan Galtung 지음. 京都YMCAほーぽのぽの會 옮김. 『平和を創る發想術』(東京, 岩波書店, 2004).

Katherine Barbieri. 「Globalization and Peace: Assessing New Directions in the Study of Trade and Conflict」, 『Journal of Peace Research』 Vol.36, No.4(July 1999).

〈기타〉

http://www.unikorea.go.kr(통일부 홈페이지)
『매일경제』
『머니투데이』
『서울신문』
『연합뉴스』

평화의 도시·산

〈9〉 금강산전철 조기 복원의 의미와 방안

- 평화도시 철원의 염원 해결 모색을 중심으로[1]

---

1) 이 논문은 2007년 10월 15~17일 금강산에서 〈금강산선 조기복원을 통한 남북한 교류협력〉
이란 주제로 개최된 철원군·통일문제연구협의회 학술회의에서 발표한 것을 수정·보완한 것
이다.

제1장

평화도시 철원군의 염원:
'철마는 달리고 싶다'

강원도 북단에 위치한 철원은 태백산맥의 금강산에서부터 경기도 쪽으로 뻗어 내린 광주산맥을 등받이처럼 동쪽에 대고 있다. 북위 38도, 동경 127도에 위치한 철원은 휴전선 155마일 중 28%인 43.6마일을 포함하고 있다. 이 때문에 철원은 한반도의 중심부에 자리 잡고 있는 역사, 평화, 미래의 도시이다.

철원은 역사의 도시이다. 철원이 역사적으로 우리의 주목을 끈 것은 고구려시대로 알려졌다. 궁예는 서기 901년에 기병하여 나라를 세우고 도읍을 풍천원(현 철원군 북면 홍원리)에 정하고 국호를 마진이라 하였다. 서기 911년에 국호를 태봉이라 개칭하고 918년까지 18년간 통치하였다 .

철원은 평화의 도시이다. 철원은 1945년 8월 15일 일제로부터 해방과 동시에 북위 38도선을 경계로 남북으로 분단되어 전역이 북한지역에 편입되었다. 6·25전쟁 이후 국군의 북진에 따라 일부 지역이 수복되었다. 통일의 전초기지로 한반도 평화를 상징하는 지역이 되었다.

철원은 미래의 도시이다. 철원은 금학산, 명성산, 대성산 등 명산과 절경이 곳곳에 자리 잡은 아름다운 천혜의 땅, 미래의 도시이다. 청정한 자연환경과 풍요로운 먹을거리, 세계적인 철새(두루미) 도래지로 통일한국의 중심도시로의 평화미래의 꿈을 키워 가고 있다.

"끊어진 철길! 금강산까지 90키로" — 1926년 철원 한탄강 위에 세워진 금강산철도 교량인 '정연철교'에 흰색으로 쓰인 이 표현은 철원의 꿈이 서려 있다. 철원의 꿈인 금강산전철의 복원은 철원의 역사, 평화, 미래를 연결하는 것이다.

이 글에서는 금강산전철 조기 복원의 의미와 방안, 전략을 간략히 살펴본다.

제2장

금강산전철 조기 복원 개요와 의미

1. 금강산전철 조기 복원 개요

경원선과 금강산선 철도는 6·25전쟁 이후 남북으로 끊어진 채 아직 복원되지 못하고 있다. 정부는 경원선(서울~원산)과 금강산선 (철원~내금강) 철도 복원을 추진하고 있다.

정부는 경원선의 본격적인 복원에 앞서 남측 구간인 경기도 연천군 신서면 신탄리역~철원역 간 9.2km 구간에 대한 보완 설계를 거쳐 조만간에 철도를 다시 연결하는 공사에 착수할 예정으로 알려졌다.

경원선은 복원 후 주로 물류 수송을 맡고, 금강산선은 금강산 관광용으로 활용될 것으로 알려졌다. 이와 관련 정부는 서울 용산에서 출발하는 경원선의 남측 구간인 신탄리역~철원역 간 9.2km 연결 공사를 연말에 착공해 2010년 말까지 완료할 계획이다. 이들 역 사이에 있는 대마리에는 역이 추가 설치되며 이 역은 경원선과 금강산 전철선으로 갈라지는 분기역이 될 것으로 예상된다.

금강산전철선은 경원선 중간역인 철원역에서 내금강까지 290여 리(1 16.6km)로 네 시간에 닿는 전기철도였다. 비록 일제강점시대이긴 하지만 1921~31년에 걸쳐 철원역에서 내금강역까지 관광과 산업겸용의

〈그림 9-1〉 경원선, 금강산선 노선도

전기철로를 별도로 부설하여 6 · 25 전쟁 전까지 운행되었다.

과거에 서울사람들이 금강산 여행을 하려면, 용산역에서 경원선을 타고 두 시간을 달려가 철원역에서 금강산 전기철도로 갈아타고 내금강까지 갔었다. 하루 8차례 운행한 금강산전철은 철원역을 기점으로 하여 종착지인 내금강까지는 모두 12개의 역이 있었다.

시간은 대략 4시간 반이 걸렸고, 요금은 쌀 한 가마 값인 7원 56전이었다.2) 금강산이 가까운 화계역과 오랑역을 지나 단발령에 접어들면서 단숨에 오르기 힘들어 열차가 '꽥꽥' 소리를 지르면, 여행객들은 모두 내려 밀며 힘겹게 걸어서 넘는 낭만도 있었다고 한다.

정부는 금강산전철 복원과 관련, 이미 1998년에 경원선의 철원~남측 군사분계선 간 7km 구간과 금강산선의 철원~금곡~남측 군사분계선 32.5km 구간에 대한 설계를 마쳤다고 한다.

그리고 남북이 철도 복원에 합의할 경우 노반에 대한 보완 설계를 거쳐 정식 공사에 들어갈 방침이다. 정부는 경원선과 금강산선의 노반 보완설계 작업과 공사를 동시에 할 경우 3년이면 철도를 연결할 수 있다고 보고 있다.

---

2) 철원군청 홈페이지 http://tour.cwg.go.kr/open_contents/content_04.asp?MCode=7030301
   (검색일: 2007년 10월 15일)

2. 금강산전철 조기 복원의 의미

경의선·동해선에 이어 경원선, 금강산선 등이 모두 복원되면 끊어졌던 남북의 철길이 완성되는 것이다. 금강산전철길이 지금은 잡초 속에 묻혀 있어 옛날의 영화조차 가늠하기 어렵지만, 철원군민들은 철원평야 한가운데를 가로질러 간 옛 전철길을 보면서 이 철길이 하루속히 다시 열리기를 비원의 심정으로 기도하고 있다.

금강산전철길이 열리게 되면 지금처럼 10여 시간씩 먼 길을 돌아갈 필요 없이 5~6시간을 쾌적하게 즐기면서 오갈 수 있을 것이다. 금강산전철의 조기 복원은 대표적인 '평화창출사업'으로서 몇 가지 중요한 의미를 지니고 있다.

첫째는 철원과 내금강을 잇는 금강산전철을 복원하면 뱃길에 이어 육로, 철도를 통해 더 많은 국민이 편리하게 금강산 관광에 나설 수 있게 된다. 관광은 사람과 사상, 문화의 이동을 의미하며 특히 서로에 대한 이해와 협력을 유발한다.

남북 간의 관광 확대는 서로에 대한 문화이해 증진의 계기를 제공하고 차이에 대한 관용의 정신을 제공한다. 남북 간의 이질화를 녹여내고 화해와 협력의 단초를 제공한다. 그러므로 관광을 통한 평화, 즉 관광평화는 서로 간의 갈등을 해소하고 평화를 확대할 수 있는 매우 중요한 요인이 된다.

둘째는 경기 북부권 및 강원도 지역발전 및 남북 상생의 경제협력을 유발하여 한반도 평화번영에도 크게 기여하게 된다. 철도는 단순히 사람만을 실어 나르는 길이 아니다.

철도는 도시와 문화의 발전을 촉진하고, 미래의 평화발전을 가져오게 한다. 철도의 연결은 서로에 대한 이해와 협력을 강화시키고,

물류 발전의 지역협력과 공동번영의 전제조건이 된다.

한반도 분단으로 인하여 휴전선 주변의 접경지역의 발전이 낙후되었다. 금강산전철선의 1942년의 영업실적은 여객 90여 만 명, 화물 23만여t의 수송량을 기록하였으며 연 125만 원의 수입을 올린 것으로 나타났다.

그러므로 금강산전철의 복원은 경기북부 및 강원도의 발전뿐만이 아니라 북한경제 재건에도 크게 기여하여 남북의 공동번영을 촉진하게 된다. 남북 간의 경제 발전은 국가통합을 가속화시켜 평화 정착을 촉진시킬 것이다.

셋째는 남북분단과 민족상잔의 역사를 극명하게 보여 주는 금강산전철의 복원은 한반도 평화시대의 창출을 선언하는 것이다. 6·25전쟁으로 단절된 철로를 다시 복원하는 것은 남북의 화해를 의미하는 것이고 진정한 의미의 한반도 평화가 시작됐음을 상징하는 것이다. 길은 전쟁과 갈등을 야기하기도 하지만 화해와 평화를 가져오기도 한다.

금강산전철의 복원을 통한 금강산관광의 확대는 남북 긴장을 완화하고 적대관계 해소의 계기가 된다. 금강산전철은 우리 민족의 정신적 영산이자 세계적 명승지로 안내하는 길이므로 남북의 통일과 평화를 가져오게 하는 평화의 길, 통일의 길로 연결될 것이다.

제3장

금강산전철 조기 복원 방안과 전략

1. 2007 남북정상선언 후속 회담 핵심 의제화

남북정상은 2007년 10월 4일 남북정상선언을 통해 남북경제 평화협력을 확대하기 위해 총리급 회담을 11월에 서울에서 개최하기로 하였다. 정부는 남북총리급 경제회담 및 후속 실무회담 의제에 경원선 및 금강산전철선 복원, 대륙철도 연결 등을 핵심 의제에 포함해서 논의해야 할 것이다.

남북경제평화를 확대하는 기본적인 사업은 평화창출사업을 개발, 확충하는 것이다. 남북 간의 평화를 조기에 정착할 수 있는 사업 중 하나가 금강산전철의 복원이다. 그러므로 철원군과 강원도 차원에서 '금강산전철 조기복원 추진단'을 구성하여 정부에 적극적으로 제안할 필요가 있다.

물론 정부와 한국철도공사 측에서도 이 문제의 중요성과 필요성을 잘 알고 있고, 조기 복원을 위해서 여러 방안을 강구하고 있다. 그러나 2007 남북정상선언에서 이 사업의 추진문제가 아쉽게도 빠졌다. 그러므로 남북총리급 회담의 구체적인 의제로 확정되기 이전에 금강산전철 복원 사업의 조기 추진을 요구해야 할 것이다.

2. 지자체 – 기업 – 시민사회 '평화 거버넌스' 형성

정부 차원의 남북평화협력 사업뿐만이 아니라 지자체와 기업, 시민사회 간의 네트워크를 형성하여 금강산전철의 조기 복원을 공동 추진할 필요가 있다. 민간기업인 현대아산이 북한 당국과 금강산관광사업을 추진하고 있다.

그런데 2006년 10월 북한의 핵실험 직후 군사적 긴장 고조로 인하여 중단위기에 놓여 있었다. 이때 금강산사랑운동본부 등 시민단체들이 금강산관광 살리기 운동을 전개하여 그 성과를 거둔 사례가 있다.

철원군 차원에서도 1919년 '금강산전기철도 주식회사'가 사설로 건설했듯이 현대아산 측과 민자유치 등을 통해 금강산전철 조기 복원문제를 추진할 수 있을 것이다. 현대아산은 금강산관광객을 확대하기 위하여 해로에서 육로로 전환하였다.

철원군이 현대아산과 사설철로까지 개통하게 된다면 금강산관광이 더욱 확대될 것이다. 이렇게 되면 철원군뿐만 아니라 현대아산, 북한 모두가 이익이 되는 상생 평화사업으로 자리매김될 것이다.

한국미래연대를 비롯하여 금강산사랑운동본부나 남북경협국민운동본부 등 시민단체와 연대하는 방안도 검토해 볼 수 있을 것이다. 물론 시민단체가 인력이나 전문성 등에서 한계가 있지만 어느 정도는 도움이 될 것이다.

정부나 지자체, 기업이 해결하기 어려운 문제도 시민사회와 네트워크형 '평화 거버넌스'를 형성하여 추진한다면 보다 큰 효과가 있을 것이다.

핵 없는 세상 호소

장영권 한국평화미래연구소 & 한국미래연대 대표는 2011년 4월 21일(목) 오전 11시 서울 광화문 세종문화회관 앞 계단에서 '지구의 날'을 맞아 한국미래연대를 비롯하여 50여 시민사회단체로 구성된 한국환경회의와 핵발전정책전환공동행동이 주최한 기자회견에 참여하여 "핵 없는 세상을 만들어 가자"고 호소했다. 장영권 대표가 맨 앞줄 가운데서 현수막을 들고 행사에 참여하고 있다.

3. 방북단 결성 북한 측과 직접 협상

남북교류는 현재 다양한 채널로 다양한 분야에서 전개되고 있다. 민간기업이 독자적으로 남북경제협력 사업을 추진하는 것처럼 철원군과 강원도, 경기도가 남북경협단을 결성하여 북한의 관계기관과 협의하여 직접 성사시킬 수 있는 방안도 검토해 볼 수 있을 것이다.

즉, 철원군이 내금강지역을 직접 현장 답사한 만큼 북측과 금강산 전철 조기 복원문제를 논의하여 풀어 가는 것도 한 방법이 된다. 남북정상회담 등 남북평화협력의 확대로 금강산지역의 관광이 더욱 확대될 것으로 보인다. 북측이 해로, 육로를 개통하고 서해 해주특구까지 개발하기로 했으므로 금강산전철 조기 복원을 수락할 가능성이 어느 때보다 높다고 할 것이다.

제4장

결론: 평화는 의지의 산물이다

평화는 평화의지의 산물이다. 철원이 평화도시, 통일도시로 발전하기 위해서는 평화의지가 가장 중요하다. 뜻이 있으면 길이 있다고 했다. 이미 뜻도 있고, 길도 이미 있다. 남은 것은 조기 복원의 강한 의지이다.

한반도 평화번영을 여는 금강산전철이 조기 복원되어 철로로 금강산을 찾아갈 수 있는 날이 빨리 오기를 기대한다. 또한 한반도 중심부에 위치한 철원의 염원이 조속히 해결되어 통일기반 도시로 도약하고 더욱 발전할 수 있기를 희망한다.

금강산전철선의 '철마'를 타고 하루빨리 금강산에 달려가 보고 싶다.

제3부

문화평화론

평화와 운동

〈10〉 한반도 평화체제의 구축 방안과 실행전략

– 남북기본합의서의 '평화조약화' 운동을 중심으로[1]

---

1) 이 논문은 2005년 10월 17일 국가인권위원회 11층 배움터에서 평화연대 주최로 열린 〈남북기본합의서와 한반도 평화체제 구축〉 토론회에서 발표한 것을 수정 보완한 것이다. 장영권, "한반도 평화체제 구축 대안과 실행전략 – 남북기본합의서의 '평화조약화' 운동을 중심으로", 『남북기본합의서와 한반도 평화체제 구축(토론회 자료집)』(서울: 평화연대, 2005년 10월 17일), 44～73쪽.

제1장

평화, 멀지만 반드시 가야 할 길

한반도는 아직도 법적으로 전쟁이 완전히 끝나지 않았다. 전쟁을 일시 중단한 휴전상태, 즉 정전 중이다. 그리고 이를 규정하는 것이 '정전협정'이다. 한반도는 1953년 7월 한국전쟁을 완전히 종식하지 못하고 정전협정을 체결하여 정전상태로 50여 년을 유지해 왔다.

한반도의 전쟁을 완전히 종식하고 재발되지 않도록 영구적인 평화체제를 구축하는 문제는 매우 중요하고 절박하다. 멀지만 반드시 가야 할 길이 한반도 평화체제를 구축하는 일이다.

다행히 남·북한과 미국, 중국, 일본, 러시아 6개국은 2005년 9월 19일 중국 댜오위타이(釣魚臺)에서 2단계 제4차 6자회담 전체회의를 열고 북핵문제 해결 및 한반도 평화체제 관련 문구가 포함된 6개항의 공동성명을 채택했다. 소위 '9·19베이징 공동성명'을 채택함으로써 북핵문제의 평화적 해결과 한반도 평화체제의 구축이 본격적으로 모색하게 됐다.

4차 6자회담에서 채택한 베이징 공동성명은 "한반도 비핵화를 실현하기 위해 북한은 모든 핵을 포기하고 다른 참가국들은 이에 대한 상응조치로 안전보장과 중유 및 전력 지원, 각종 제재 해제, 관계 정상화에 나선다"는 내용을 담고 있다.

"북한이 핵무기비확산조약(NPT)에 가입하고 국제원자력기구(IAEA)의 안전협정을 준수하는 등 국제사회의 신뢰를 얻게 되면 평화적 핵 이용권을 가질 수 있다"는 취지의 내용과 경수로 관련 문구도 공동성명에 포함되었다.

경수로 문제와 관련, 공동성명은 "적당한 시기에 경수로 제공 문제를 논의하기로 했다"고 밝혔으며, 평화적 핵 이용권과 관련해서는, "북한은 핵의 평화적 이용권에 대해 설명했고 각 측은 존중 의사를 밝혔다"고 명시했다.

베이징 공동성명은 또 한반도 평화체제의 구축과 관련하여 4항에서 "6자는 동북아시아의 항구적인 평화와 안정을 위해 공동 노력할 것을 공약하였다"고 밝혔다. 직접 관련 당사국들은 이와 관련 "적절한 별도 포럼에서 한반도의 영구적 평화체제에 관한 협상을 가질 것"이라는 내용도 명시했다.

나아가 6자회담 참가국들은 "동북아시아에서의 안보 협력 증진을 위한 방안과 수단을 모색하기로 합의했다"고 밝혔다. 6자회담의 베이징 공동성명의 채택은 한반도 평화체제의 구축에 중요한 전기가 될 것으로 보인다.

그러나 한반도 평화체제의 구축은 북핵문제 해결 못지않게 매우 복잡한 문제이다. 한반도의 평화를 정착하기 위해선 상호 신뢰 회복과 군사적 긴장 완화를 실천하는 문제가 중요하기 때문이다. 또한 이 과정에서 다양한 의제가 제기되고 이해관계의 대립으로 상당한 진통이 따를 것으로 보인다.

그렇다면 한반도의 지속 가능한 영구평화체제를 어떻게 구축해야 할까? 그리고 이를 구축하기 위한 실행전략을 어떻게 짜야 할까? 본 연구는 대안적 측면에서 한반도 평화체제의 의미와 구축 방안을 살

펴보고, 구체적 사례인 남북기본합의서의 '평화조약화(국회비준 동
의)' 운동 고찰을 통해 실행 전략을 논해 보고자 한다.

제2장

평화와 평화체제의 구축을 위한 이론적 분석틀2)

1. 평화복합체적 의미의 평화개념

평화의 개념은 다의적이고, 가치 대립적이어서 정의하기가 매우 어렵다. 더구나 평화의 개념은 탈냉전기 이후에 새로운 평화위협 요인이 등장하고 있고, 이를 지속 가능한 영구평화체제로 구축하기 위해서는 새롭게 접근할 필요가 있다. 즉, 한반도 및 동북아의 전쟁방지와 지속 가능한 평화체제를 구축하기 위해서는 평화의 개념을 복합체적 의미로 재정의해야 한다.

물론 여기서의 평화의 개념은 우선 '전쟁의 방지'라는 소극적 개념을 중시한다. 내전을 포함한 전쟁의 부재상태로서의 평화는 국민들에게 행복, 복지의 충실, 번영 등을 보장할 수 있는 기본전제가 되기 때문이다. 그러면서도 국가 간의 이익 추구에 따른 갈등과 군사적 경쟁과 위협이 없는 상태도 평화의 개념 속에 포함시키고자 한다.

---

2) 복합체적 평화 개념론에 관한 내용은 장영권, "남한과 북한의 평화통합에 관한 연구"(한국사회정책학회, 2005), 장영권, "복합체적 의미의 평화개념과 평화복합체론"(평화만들기: http://peacemaking.co.kr/, 2005년 8월 17일) 등 참고. 또한 장영권, 『지속 가능한 평화론』(파주: 한국학술정보, 2010) 등에서 재인용함.

즉, 복합체적 의미의 평화란 "인권·자유·정의와 같은 원리에 따라 개인의 삶의 질이 보장되고 인류공동체의 공동번영을 위하여 국가 사이에 또는 국가와 국가내부 집단, 국가군 또는 국제기구 사이에 경제적 이익, 문화적 가치 추구에 따른 갈등, 정치적 주권침해 및 이를 위한 군사적 위협, 폭력(전쟁)과 착취가 없는 상태"라고 정의하고자 한다.

개별국가와 세계 속에 존재하는 각종 구조적·제도적 폭력과 착취의 해소를 추구한다는 점에서 '인류공동체적 평화'라고도 할 수 있을 것이다. 이것은 개별 국가 간에 전쟁의 부재와 불간섭뿐만 아니라 갈등·대립·폭력·착취의 근본원인까지 제거하여 공동번영을 위한 인류공동체를 형성해야 지속 가능한 영구평화가 유지, 구축된다고 보는 것이다.

그런데 인류공동체적 평화를 실현하기 위해서는 '평화의 조건(경로)'이 존재론적으로 충족되어야 한다. 평화의 존재론적 조건은 요한 갈퉁(Johan Galtung)의 이론을 다소 보완한 것이다.

갈퉁은 냉전이 종식된 1990년대 이후에는 구조적 폭력이 인간의 욕구를 다치게 해도 가해자가 확실치 않아 그 누구도 책임질 수도 없는 문제라고 보고 직접적 폭력과 구조적 폭력으로 구분했던 것을 확산시켜 직접적 폭력, 구조적 폭력, 문화적 폭력의 삼각관계로 역동한다고 설명했다.[3]

여기서는 갈퉁의 폭력 개념을 확대하여 폭력의 목적이 착취에 있다고 보고, 정치·군사적 폭력과 착취, 경제적 폭력과 착취, 문화적 폭력과 착취로 나누고 이를 외재적 폭력과 착취로 규정하고자 한다.

---

3) Johan Galtung, "Nach dem Kalten Krieg gespräch mit Erwin Koller", Zürich(1993), p.54. 박재신, "독일의 평화통일". http://mail.swu.ac.kr/~swsi/expr/down/%B9%DA%C0%E7%BD%C5.hwp(검색일: 2004년 4월 5일)

정치·군사적 폭력과 착취는 갈퉁의 직접적 폭력과 유사한 개념으로 정치적 탄압과 전쟁·테러 등과 이 과정에서 발생하는 착취를 의미한다.

그리고 정치적으로 당하는 가치·역사·사상·제도 등의 왜곡·배척을 문화적 폭력과 착취라고 개념화하고자 한다. 경제적 폭력과 착취는 약탈적 경제구조 형성과 이를 통한 경제적 수탈, 배분의 왜곡, 고용·노동시장·소득의 불평등과 불안정을 의미한다.

외재적 폭력과 착취는 개별국가와 개별국가 또는 이에 준하는 기구 등에 의한 폭력과 착취를 말하고, 내재적 폭력과 착취는 인간과 인간 사이에 있어서 인간의 인간에 대한 폭력과 착취로 욕설, 희롱, 모욕, 폭행, 차별 등의 폭력과 이 과정에서 발생한 인권, 자유의 착취를 지칭한다.

따라서 평화란 외재적 평화와 내재적 평화로 구분하고 정군적 폭력과 착취, 경제적 폭력과 착취, 문화적 폭력과 착취의 부재상태를 외재적 평화라고 개념화하고자 한다. 외재적 평화를 추진해 가는 동학을 특히 외재적 '평화복합체(peace complexes)'라고 명명하고자 한다.

그리고 인간의 인간에 대한 폭력과 착취, 즉 내재적 폭력과 착취가 없는 상태를 내재적 평화라고 개념화하고, 이를 추진해 가는 동학을 '내재적 평화복합체'라고 하고자 한다.

그러므로 외재적 폭력과 착취, 내재적 폭력과 착취가 없는 상태인 온전하고 참된 평화란 평화복합체에 의하여 완전한 평화가 실현된 것이라고 말할 수 있다.

평화는 일차적으로 외재적 폭력과 착취의 부재상태, 즉 외재적 평화복합체에 의한 평화의 실현을 중시한다. 왜냐하면 내재적 폭력과 착취는 인간의 욕구를 다치게 해도 가해자가 확실치 않아 그 해결

방법을 객관화하기가 쉽지 않기 때문이다.

그렇다고 하여 개별국가나 국제적 기구가 외재적 평화만을 정책목표로 삼게 되면 '평화유지(peace keeping)'에는 어느 정도 실효성이 있으나, 본질적이고 근원적인 평화의 실현이 어려워질 수 있다.

그러므로 지속 가능한 영구평화를 실현하기 위해서는 개별국가들이 국가 간에 평화적인 수단에 의하여 갈등과 대립, 전쟁, 착취를 예방하고, 이를 토대로 내재적·외재적 평화를 건설하기 위하여 부단히 노력해야 한다.

2. 평화체제의 개념과 성격

개별 국가 간에 전쟁의 부재뿐만 아니라 갈등·대립·폭력·착취의 근본 원인까지 제거하여 복지와 번영을 위한 인류공동체를 형성하고, 지속 가능한 영구평화를 유지하기 위해서는 평화체제를 구축할 필요가 있다.

평화체제(peace regime)란 일반적으로 전쟁 가능성이 있는 국가 간 평화조약이나 평화협정을 체결하여 이에 규정한 대로 갈등과 분쟁의 가능성을 제도적으로 봉쇄하여 평화를 관리·유지·구축하는 체제를 말한다.4)

---

4) 체제에 관한 정의는 학자마다 다소 차이가 있다. Krasner는 레짐 또는 체제를 국제관계의 주어진 한 영역에서 행위자(actor)의 기대가 합치되는 명시적·묵시적 원칙, 규범, 의사결정절차 등의 총합체라고 정의했다. Keohane과 Nye도 마찬가지로 레짐을 "행위를 예측 가능하게 하는 규범, 규칙 및 절차의 네트워크를 포괄하는 장치(arrangement)"라고 정의했다. 레짐은 법적 규범이나 규칙이 중심을 이루나 이 밖에도 묵시적 행위규범 및 절차 등을 포함하는 넓은 개념이라고 규정했다. Krasner나 Keohane의 견해를 빌려 본다면, 휴전체제나 평화체제란 정전협정이나 평화협정보다는 포괄적인 개념이 분명하다. 한반도의 휴전체제는 1953년의 휴전협정을 바탕으로 지난 40여 년간 유지되어 온 체제로, 그 주요 특징은 군사정전기구 외의 남

다시 말하면 국가들 간에 갈등과 대립으로 인한 전쟁의 가능성을 제거하고, 상호 불신과 군비경쟁으로 초래된 적대관계를 청산하며, 상호 간에 공존과 공동번영을 추구하기 위해 평화를 관리·유지·구축해 나가도록 국가들 간에 협력·합의하는 절차, 원칙, 규범, 규칙 그리고 그것을 관할하는 기구 등을 의미한다.

이러한 의미의 평화체제 사례로는 이스라엘과 이집트 간의 평화협정, 이스라엘과 요르단 간의 평화협정, 이스라엘과 시리아 간의 평화협정 등을 들 수 있다. 이들은 대체로 대규모 전쟁을 몇 차례 치르고 나서 평화협정을 체결함으로써 평화체제가 이르게 된 사례들이다.[5]

그러나 평화협정을 체결했다고 해서 평화가 영구히 보장되는 것은 아니다. 역사적으로 평화협정을 체결하고 나서 잉크가 채 마르기도 전에 전쟁이 재발된 사례도 있다.

이스라엘과 주변국들 간의 평화협정도 유럽과 비교해서 짧은 시간 내에 평화협정을 체결했으나 아직도 테러 및 자살공격이 빈발하고 있어 실질적인 평화를 보장하는 평화체제가 되지 못하고 있다.

따라서 평화체제가 지속 가능하고 영구화하도록 새롭게 개념을 규정하고, 이를 실행화할 필요가 있다. 즉, 여기서의 평화체제는 단순히 국가들 간에 적대관계를 청산하기 위해 형성한 규정이나 기구를 의미하지 않는다. 평화가 실질적으로 지속 가능하고 영구화하기 위한 불가역적인 관행, 가치, 행동규범 등이 하나의 틀로서 정착된 것

북한 간 공식적 대화채널의 부재, 신뢰의 결여, 정치적·군사적 대결구조, 군비경쟁 등을 들 수 있다. 이는 '행위를 예측 가능하게 하는 규범, 규칙 및 절차에 네트워크'가 결핍되어 있어 불안정하고 긴장된 체제인 셈이다. 이에 반해 평화체제란 행위를 예측 가능하게 하는 규범, 규칙 및 절차 등의 네트워크를 구축, 평화를 보장하는 안정된 체제를 의미하며, 이러한 평화체제를 구축하는 데 바탕이 되는 것은 평화협정이라 할 수 있다.

5) 한용섭, "한반도 안보현안 해결과 평화체제 구축", 박종철 외 공저, 『평화번영정책의 이론적 기초와 과제』(서울: 통일연구원, 2003), 105~115쪽.

을 의미한다.

평화조약이나 평화협정만을 체결한 것을 의미하는 것이 아니라 이를 포함하여 평화가 실질적으로 견고하게 유지, 구축되어 가는 정군적·경제적·문화적 평화규범과 행태를 의미한다. 그러므로 평화체제는 단순히 정군적 협의의 개념에서 벗어나 정군적·경제적·문화적 공동체를 형성하여 평화공존과 복지번영을 적극적으로 추구하는 평화공동체를 운영해 가는 원리라고 할 수 있다.

지속 가능한 영구적인 평화체제 구축을 위해서는 무엇보다도 근본적인 패러다임6)의 방향 전환이 매우 절실하다. 특히 동북아 지역이나 중동 지역 등 전쟁 우려 지역은 과거 적대적 안보체제의 틀에서 벗어나 새로운 대안적 패러다임을 모색하여 평화체제를 구축해야 할 것이다.

한 패러다임에서 다른 패러다임으로의 전환은 토마스 쿤(Thomas Kuhn)의 과학혁명에서 언급했듯이 천동설에서 지동설로의 변화와 같은 개종을 의미한다. 지역안보 및 평화보장체제의 구축은 전쟁위기 구조를 극복할 수 있는 협력안보체제와 경제적·문화적 공동번영을 위한 평화공동체, 즉 지속 가능한 영구평화체제로 바꾸는 혁명적 전환을 의미한다.

한반도 및 동북아 지역은 한·미동맹, 중·조동맹 등 전쟁을 위한 동맹체제는 잘 갖추어져 있으나 평화를 위한 협력체제는 아직 구축되어 있지 않다. 동북아 지역은 오히려 탈냉전기임에도 불구하고 미－중, 중－일 등 잠재적 적대관계가 심화되어 가고 있다.

더구나, 중국의 민족주의와 일본의 우익화는 한반도 및 동북아 지

---

6) 패러다임이란 과학공동체에 주제선정, 모델, 방법론, 해답 등에 기본구도를 제공하는 과학공동체가 인정하고 공유하는 믿음, 가치, 기법, 시각을 포괄한 것으로 문제해결의 보편적 모델이라고 볼 수 있다.

역의 영토 및 역사분쟁을 상존케 하고 있다. 이에 따라 한반도 및 동북아 지역은 지구상에서 가장 분쟁 가능성이 높은 지역의 하나로 인식되고 있다.

이와 같은 상황에서 한반도와 동북아 지역 등 분쟁우려 지역의 평화체제 구축은 전쟁위기 구조를 극복하고 지역 평화와 공동번영을 위해서 매우 절박한 일이다.

갈등으로 인한 분쟁 우려 지역의 평화체제 구축은 그 지역의 전쟁위기 구조를 평화보장체제 구조로의 전환을 의미한다. 철학적으로 볼 때 지역의 평화공동체 구상은 경제교류 등을 통해 전쟁의 위기구조를 극복하고 평화를 유지한다는 칸트의 평화사상과도 연결되어 있다.[7]

지역의 평화체제 구축의 기저에 깔린 구상은 정군적 신뢰관계 개선과 경제·사회적 협력 확대, 평화공존을 위한 문화 확립 등의 선순환구조를 확립하는 것이다.

이것은 지역 국가만을 위한 배타적 공동체 대신 주변 국가는 물론 모든 국가의 참여도 허용하여 지역의 평화와 번영이 항구적으로 보장되고, 이의 긍정적 영향이 지구촌의 평화와 안정에 기여하는 것으로 나아가야 함을 의미한다.

특히 동북아 지역의 경우 동북아 평화체제 구축과 함께 선행 또는 동시에 고려되어야 할 것은 한반도 평화체제의 구축이다. 한반도 평화체제의 구축이란 우선 남북 간의 불안정한 정전상태가 전쟁이 완전히 종료한 평화상태로 전환하고, 미국과 중국 등 관련국 및 일본·러시아 등 주변국들이 이를 조약이나 협정을 체결하여 평화를 실질적이고 제도적으로 보장하는 체제를 말한다.

---

7) 유종일, "동북아구상과 전략: 세 가지 명제의 분석", 국가정보대학원 편 『동북아 신질서 – 경제협력과 지역안보』(서울: 백산서당, 2004), 144~145쪽.

그러나 한반도 평화체제가 지속 가능한 영구 체제가 되기 위해서는 이러한 평화협정의 수준에서 머무르지 않고, 보다 적극적으로 정군적·경제적·문화적 공동체를 형성하여 평화규범과 행태로 정착시켜야 한다.

한반도 평화체제의 구축은 동북아 지역의 전쟁위기 구조를 개선하는 단초를 제공한다는 측면에서 그 의미가 매우 크다. 한반도에서 평화체제를 구축하려면, 전쟁위기관리체제의 정착부터 시작해서 경제·문화적 교류를 통한 화해와 협력조치, 군사적 신뢰 구축과 군비 제한·군축 조치들이 남북한과 미국 등 관련국 사이에 합의되고 실천되어야 한다.

3. 평화체제 구축을 위한 새 분석틀: 평화복합체론

지속 가능한 영구평화와 평화체제(peace regime) 구축을 위한 접근 논리는 지구적 평화가 서로 관계가 있는 문제라는 사실에서부터 비롯된다. 지구적 평화는 주로 인간 집합체들이 전쟁 위협과 방지의 관점에서 어떻게 상호 관련되는가에 관한 것이다.

따라서 평화는 반드시 광범위한 맥락에서 연구되고 논의되어야 할 것이다. 가장 광범위한 범위인 지구적 수준은 강대국을 연구하는 데 그리고 세계경제, 국제문화 등에 관해 생각하는 데 유용하다.

평화연구에 있어서 평화분석의 소극적인 양식인 정치적·군사적 측면의 전쟁방지 양식에서, 지구적 평화는 대부분의 분석 단위들에게 별 의미가 없다. '평화가 복합체적인 경로(조건)를 통해 실현된다'는 평화복합체이론의 이론적 근거에 있어서 가장 적절한 규모는 지역수준과 복합체적 영역의 이론이다.

세계체계에 있는 모든 국가들은 평화의 상호 의존(peace interde
pendence)이라는 지구적 네트워크에 얽혀 있다. 그러나 대부분의 정군적
폭력(전쟁)과 위협들은 원거리보다는 근거리에서 발생하고, 단일한 평화
조건보다는 복합체적 평화조건에 따라 작동하기 때문에 전쟁에 대한 불
안은 종종 지리적 근접성과 복합체적 평화조건과 관련된다.8)

결과적으로 지구 전체로서의 국제체계를 가로지르는 평화의 상호
의존은 결코 획일적이지 않다고 볼 수 있다. 다양하고 무정부적인
국제체계에서 상호 의존적인 평화의 전형적인 형태는 지역적·복
합체적 평화조건에 기반을 둔 국가군이며, 이를 '평화복합체(peace
complexes)'라고 규정한다.

평화복합체를 형성하는 역학관계와 구조는 그 복합체 내의 국가들,
즉 서로에 대한 국가들의 평화의식과 상호 작용에 의해서 발생된다.

평화복합체로 형성된 평화체제는 정군적 힘의 배분(distribution of
power)과 적대성, 경제적 상호 의존, 문화적 우호에 의해 형성되는
독특한 지역적·조건적 유형을 야기하는 국가 간의 평화관계의 상대
성에 따라 그 강도가 결정된다.

따라서 평화복합체는 지역을 단위로 하여 전쟁을 방지하기 위해
정군적·경제적·문화적 평화조건들에 대한 주요 인식과 관심이 깊
이 상호 연계되어 국가적 평화문제가 독자적으로는 분석되거나 해결
될 수 없는 일련의 국가군이 참여하여 복합체적 평화조건들을 이행
해 가는 평화체제로 정의할 수 있다.

평화복합체는 국가들의 국지적 집단화(local goupings)를 통해 평

---

8) Barry Buzan, Ole Wæver and Jaap de Wilde., *Security: A New Framework for
Analysis*, pp.10~15.

화체제를 구축해 나가기 때문에, 그 구성국들 간의 관계에서 핵심적인 역할을 담당할 뿐만 아니라 보다 강력한 외부세력들이 그 지역에 어떻게 침투하고, 침투할 수 있는지를 제약한다.

평화복합체의 내적 역학관계는 평화의 상호 의존이 우호 혹은 적대 관계에 의해서 추동되었는지에 따라 한 스펙트럼을 따라 배치될 수 있다. 부정적인 극단에는 갈등 조성(conflict formation),9) 중간에는 평화레짐,10) 긍정적인 극단에는 다원적 평화공동체11)가 위치하고 있다.

평화복합체는 그 자체가 하부체계들이고, 그 자체의 구조를 가지고 있다. 평화복합체가 전반적인 무정부상태의 영구적인 특성이라기보다 지속성이 있기 때문에, 그것을 상호 작용의 구조와 유형들을 가진 하부체계로 보는 것은 지역적·조건적 평화 유형들에서의 변화를 확인하고 평가하기 위한 유용한 척도를 제공한다.

평화복합체에서 핵심적 구조는 평화의 조건에 대한 변화를 평가하는 기준이다. 평화복합체에서 핵심적 구조의 세 가지 중요한 평화의 조건들이 있다.

즉 ① 정군적 폭력의 부재와 관련된 주요 국가들 간의 세력 배분, ② 경제적 폭력의 부재와 관련된 국가들의 배열과 그들 간의 차별화, ③ 문화적 폭력의 부재에 대한 관련국들의 우호와 적대 관계의 유형 등이 그것이다.

이러한 접근방식을 통해 정태적·역동적인 관점에서 지역의 평화를 분석할 수 있다. 평화복합체의 평화의 조건들은 관련 국가군들이

---

9) 여기서의 상호 의존은 전쟁공포, 경쟁, 전쟁위협 등에 대한 상호 인지로부터 발생한다.

10) 평화레짐에서는 안보레짐과 마찬가지로 국가들은 여전히 상대국을 서로 잠재적인 위협으로 취급하지만 그들 간의 평화딜레마를 감소시키기 위해 재보장제도(reassurance arrangements)를 만든다.

11) 평화공동체 안에서 국가들은 그들의 상호 관계에 있어서 더 이상 군사력을 사용한 전쟁을 예상하거나 두려워하지 않는다.

이를 이행해 가는 과정에서 끊임없이 변화한다.

어떤 의미에서 평화복합체는 '현실(reality)'에 부여한 이론적 구조물이다. 그러나 이것은 이론 내에서 존재론적 지위를 갖는다. 즉 평화복합체는 세계정치의 현저한 평화의 유형화(patterning)를 반영하므로, 임의대로 구성될 수 없다.

평화복합체이론의 중요한 가치는 국가적 평화와 지구적 평화라는 양극단으로부터 관심을 전환시키고, 이 두 극단이 상호 작용하고 대부분의 행위가 발생하는 지역과 조건에 초점을 맞추는 것이다.

지역적·조건적 평화분석과 평화체제를 구축하기 위한 접근법은 한 집단의 단위들을 인접단위들과 구별할 수 없을 정도로 강력한 상호 의존적 평화유형들을 찾는 것이다.

평화복합체들은 그것의 구성단위들 간의 상호 작용에 의해서 내부로부터 형성된다. 평화복합체이론은 기본적으로 정치적·군사적 평화조건들에 대한 사고를 위해 체계화하기 때문에, 국가들이 이와 깊은 관련성을 맺게 된다.

따라서 지역 평화체제(regional peace regime)의 특징은 다음과 같이 정리할 수 있다. 첫째, 지역 평화체제는 둘 혹은 그 이상의 국가들로 구성된다. 둘째, 이러한 국가들은 지리적·평화 조건적으로 응집된 집합체(grouping)를 구성한다.

셋째, 이들 국가 간의 관계는 평화의 상호 의존에 의해서 특징지어진다. 상호 의존은 긍정적이거나 부정적일 수 있지만 그들과 외부 국가들 간의 그것보다는 그들 간에 훨씬 더 강해야만 한다.

넷째, 평화의 상호 의존 유형은 영구적이지는 않지만 깊고 지속적이어야만 한다. 다시 말해서, 지역 평화체제는 국제적인 하위체계의 한 유형이고, 상대적으로 자율적인 대규모 국제체계의 축소판이 된다.

평화복합체이론을 탈냉전 이후 변화된 평화조건에 적응시키기 위한 방법은 광범위한 범위의 조건들(conditions)에 그 분석을 복합화함으로써 가능하다. 평화복합체의 분석에 있어서 중요한 것은 소극적인 전쟁 방지만을 위한 국가주의적 입장에 더 이상 집착하지 않는 것이다.

즉, 정치·군사적 조건에만 특권을 부여하지 않고, 경제적·문화적 평화조건들을 복합적으로 실현해 나감으로써 지역적 평화체제를 지속화·영구화해 내는 것이다.

제3장

한반도 평화체제의 구축 방안

북한핵문제 해결을 위한 6자회담이 9·19베이징 공동성명을 채택하여 2년여의 진통 끝에 의미 있는 성과를 이루어 냈다. 이제는 관련국들이 구체적인 이행 실천을 통해 상호 신뢰를 강화해 나가는 일이 남아 있다.

어떻게 보면 한반도 평화는 이제부터라고 할 수 있다. 정부는 실현 가능한 북한핵문제 완전 해결과 한반도 평화체제의 구축 문제를 신중하게 추진해 나가야 할 것이다.

한반도 평화체제의 구축과 관련하여 중요한 매개변수 중의 하나는 미국이다. 미국은 북한이 핵폐기 전제조건으로 요구하는 '대북 적대시정책 철폐' 문제를 해결하기 위해 한반도 정전협정을 평화협정으로 전환하는 문제를 북측과 심도 있게 협의했으며, 4차 6자회담에서도 한국 및 중국 등과 본격적으로 협의했다.

특히 미국의 4차 6자회담의 수석대표인 크리스토퍼 힐 국무부 동아태 차관보는 "6자회담은 평화체제 논의를 위한 적절한 틀도, 시점도, 당사자들도 아니라며, 한국과 긴밀한 논의를 통해 평화체제 논의를 위한 여러 방식(mechanisms)을 살펴보고 있는 중"이라고 말했다.12)

---

12) 『연합뉴스』, 2005년 9월 28일.

그는 평화체제 논의 방식으로, "남북대화, 이들 (양자) 대화를 아우를 포괄 협정, 북한 및 미국과의 관계에서 미국의 역할, 모든 당사자들이 함께 앉는 전체 협상장" 등을 예시했다.

미국의 이러한 의도로 보아 한반도 평화를 위한 길은 아직 멀고 험난하다. 평화의 개념이 서로 다르고, 평화체제 구축 방안 역시 각 국가마다 다르기 때문이다. 특히 한반도의 평화를 위해서는 지속 가능한 영구평화체제를 구축할 필요가 있다.

평화체제 구축방안은 여러 가지로 모색될 수 있지만 큰 틀에서 다음 세 가지로 유형화할 수 있을 것이다. 이것은 평화복합체론과 관련하여 전제, 적용, 확대로 구분하여 분석해 볼 수 있다.

1. 평화복합체론의 전제: 한반도 평화조약 체결

한반도 평화를 위해서 우선적으로 필요한 일은 정전협정을 평화조약(평화협정)13)으로 전환하는 것이다. 한반도의 정전협정을 평화조약으로의 전환은 한국전쟁의 법적인 종결, 정전협정의 당사자 문제의 해결 등을 내포한다.

한국전쟁은 정전협정이 조인되고 전쟁이 사실상 종전되었음에도 불구하고, 전쟁 당사자들의 관계는 아직도 법적으로 휴전상태이다. 그러므로 한국전쟁을 완결하고 당사자들 간의 관계를 재정립하기 위

---

13) 평화협정이냐 평화조약이냐의 문제에 있어서 '협정'보다는 '조약'으로 규정하는 것이 더 타당하다. 협정(Agreement)은 비정치적인 전문적 기술적 주제를 다루는 경우에 사용한다. 남북 간 평화내용은 매우 정치적인 성격을 다루는 것이므로 협정이란 용어는 부적합하다. 조약(Treaty)은 가장 격식을 따지는 것으로서 정치·외교적 기존관계나 지위에 관한 실질적인 합의를 기록한 것이다. 이러한 해석과 적용의 주장은 김명기, 이장희 교수 등이 대표적이다.

해서는 정전협정을 평화조약으로 대체해야 할 것이다.

한반도의 정전협정을 평화조약으로 대체하는 것은 다음과 같은 점을 의미한다.14) 첫째, 정전협정은 군사적 적대행위의 일시적 정지를 의미하나 평화조약은 법적인 측면에서 전쟁의 완전한 종결을 의미한다.

둘째, 정전협정은 군사적 적대행위를 정지하는 단순히 군사적 의미의 조약인 반면 평화조약은 보다 포괄적인 정치적 의미의 조약이다.15) 셋째, 1953년 체결된 정전협정의 체결권자가 군사령관이었던 데 비하여 평화조약은 국가원수가 된다.

넷째, 정전협정은 비준을 필요로 하지 않으나 평화조약은 반드시 국회의 비준 동의를 필요로 한다. 더욱이 현행 정전협정이 북한의 무력화 시도에 의해 사실상 그 효력을 상실하고 있는 상태16)이기 때문에 정전협정을 대신할 평화조약의 체결이 매우 중요하다.

그런데 한반도 평화조약이 체결되면 정전협정이 자동 소멸되고 정전협정의 서명자 및 당사자도 그 자격을 잃는다. 이에 따라 여러 가지 국제법적인 문제가 제기된다.

우선 한국전쟁 정전협정의 서명 당사자인 유엔군사령부(United Nations Command: UNC, 유엔사)의 해체문제, 비무장지대의 관리문제, 주한미군철수문제 등이 제기된다.

---

14) 이철기, "한반도 평화체제와 정치·군사적 방안모색", 『북미관계 정상화와 한반도 평화체제 모색』(서울: 아시아사회과학연구원, 2001), 5~10쪽.

15) '휴전협정' 전문은 "…규정의 의도는 순전히 군사적 성질에 속하는 것이며…"라고 선언하고 있다. 또한 제60항에서는 정치문제의 해결을 위해 정치회담을 개최하기로 합의하고 있다. 이에 따라 1954년 4월 26일부터 6월 15일까지 제네바정치회담이 열렸다.

16) 북한은 1994년 4월 28일 '군사정전위원회'에서 북한 측 대표를 철수시켜 '군사정전위원회'를 무력화시켰을 뿐만 아니라, 1995년 2월 28일 '중립국감독위원회'를 폐쇄시키기도 했다. 또한 북한은 1995년 6월 25일에 일방적으로 정전협정의 파기를 선언하고, 1996년 4월 5일에는 비무장지대(DMZ) 의무포기를 선언하였다. 이에 따라 정전체제의 2대 기관이 이미 그 기능이 정지되고 정전협정이 사실상 사문화되어 있다.

그리고 한반도 평화조약의 체결은 남북한 및 당사자들이 이전에 체결한 양자 및 다자조약과의 충돌문제가 야기될 수 있다. 이들 중에서 먼저 검토해야 할 문제는 유엔사 해체문제와 주한미군 철수 문제이다.

먼저 유엔사의 해체문제는 1991년 9월 17일 남북한의 유엔 동시 가입과 함께 가장 먼저 제기되었다. 북한의 유엔 가입은 북한을 평화 애호국으로 인정한 것이 된다. 이것은 유엔군사령부 설치의 법적 토대인 북한이 평화파괴자임을 전제로 한 1950년 7월 7일 유엔 안보리 권고 결의의 존재의의에 대한 문제를 가져오게 했다.

북한은 이에 따라 유엔 가입 후 유엔군사령부의 해체문제를 더욱 강하게 제기했다. 북한은 1954년 제네바회의 이래 유엔사는 창설부터 유엔과 무관한 불법적인 국내문제 간섭의 도구라는 입장을 견지해 왔다.

특히 1973년 국제연합 한국통일부흥회(UNCURK) 해체 이후 유엔사 해체에 총력을 기울여, 1975년 11월 18일에는 유엔총회에서 유엔사 해체 및 유엔 깃발하의 주한외국군 철수를 주장하는 결의(3330 - B)를 통과시키기도 했다.

그리고 1991년 9월 유엔 동시가입 후 북한은 그들의 논거가 더 확실해지자 정전협정의 미·북한 간 평화협정으로의 대체, 주한미군 철수 논리로 강하게 발전시키고 있다.

반면 남한은 1970년대 초반까지는 유엔사의 유지 입장을 견지해 왔으나, 1970년대 중반부터는 정전협정체제를 유지한다는 전제 아래 유엔사를 대체할 기관이 마련된다면, 이를 대체할 용의가 있다는 쪽으로 선회했다.

1975년 11월 18일 유엔총회 결의(3390 - A)는 이러한 입장을 반영하고 있다. 그리고 1991년 9월 유엔 동시가입과 1991년 12월 남북기본합의서 채택 이후 남한은 더욱 유엔사 해체 대안마련과 정전체제를 평화협정체제로 전환하는 방안을 다각도로 검토해 왔다.

따라서 평화조약을 체결하려면 유엔사령부의 해체에 대체할 국제법적 대책이 필요하다. 여기에는 유엔 안보리가 정전협정의 남측 당사자를 유엔사령부에서 남한으로 위임·교체라는 새로운 결의도 생각해 볼 수 있다. 이 결의를 통해 과거 정전협정 당사자에 구속됨이 없이 남북한은 새로운 평화조약의 실질적 당사자로서 부상하게 될 것이다.

이 방안은 한반도의 정치·군사문제의 당사자를 법적으로 남북한으로 정상화시켜 평화공존의 제도화에 기여할 수 있을 것이다. 다만 유엔사 해체의 경우 일본에 있는 주일미군기지 반환문제 등이 발생할 소지가 있으므로 미국은 유엔사 해체 시 별도의 규정을 마련하여 재조정해야 할 것이다.

또 정전협정을 평화조약으로 전환하는 과정에서 검토해야 할 문제는 주한미군의 철수문제이다. 한국전쟁 '정전협정' 제60항은 "한국문제의 평화적 해결을 보장하기 위하여… 쌍방의 한 급 높은 정치회담을 소집하고, 한국으로부터의 모든 외국군대의 철거 및 한국문제의 평화적 해결 등 문제를 협의"한다고 규정하고 있다.

따라서 당사자들은 정치회담의 개최를 통해 외국군대의 철거와 한반도 평화문제를 논의하기로 약속하고 있으며, 이 같은 문제들에 대해 논의가 불가피하다.

남북 및 미·중의 4자회담 또는 남북 및 미·중·일·러의 6자회담은 '정전협정'이 규정하고 있는 '한 급 높은 정치회담'의 재개라는 성격을 지니고 있다고도 볼 수 있다.

정전협정이 규정하고 있는 외국군대인 주한미군의 문제는 논의를 통해 합리적으로 해결해야 한다. 더구나 남북관계 및 한반도 정세가 급변하는 상황에서, 주한미군의 지위 변경과 장래문제에 대한 논의는 더 이상 미룰 수 없는 문제이다.

이제 주한미군문제를 거론하는 것은 단순히 주한미군범죄에서 비롯되는 '반미감정'과 같은 감정의 문제 또는 외국군 주둔이 치욕적이라는 민족주의적 감상의 문제가 아니다. 한반도 평화문제의 핵심은 군사안보문제이며, 그 핵심 고리는 주한미군문제이다.

따라서 주한미군의 장래는 한반도 평화와 관련해 남북한과 미국 3자 간에 어떤 식으로든 협상과 합의를 통해 재정립이 불가피하다.

북한이 주한미군으로부터 군사적 위협을 느끼는 한, 한반도 평화체제와 남북 간 군축을 위한 협상에 적극적으로 응하려 하지 않을 것이다. 현실적으로 주한미군문제가 해결되지 않고는 남북한의 균형 군축도 불가능하다. 주한미군에 대한 북한의 입장 변화는 이 문제를 해결할 수 있는 호기를 제공하고 있다.

그런데 주한미군은 궁극적으로는 철수해야 하지만, 현재 '동북아 다자간평화기구'라는 대안이 마련될 때까지는 한반도 통일 이후에도 주한미군 철수문제는 동북아에서 일본과 중국의 패권주의를 야기할 우려를 고려하여 신중하게 다루어야 한다.

주한미군의 주둔문제가 과거에는 북한의 군사적 위협에 대한 대처였지만 동북아의 군사적 불안정성이 상존하고 있는 만큼 동북아에서의 균형자 또는 안정자의 역할로 전환되는 것이 필요하다.

그러나 주한미군의 성격이 확대되어 미국의 패권주의에 따라 운용되는 지역기동군화로 전환되지 않도록 할 필요가 있다. 동북아 지역군화로 성격이 변환되면 주한미군은 한반도 및 동북아의 전쟁을 억제하는 것이 아니라 오히려 전쟁의 위험성을 높일 것이다.

특히 미국의 부시군사독트린이 선제공격을 내세우고 있기 때문에 이라크전 침공처럼 확증 없이 미국의 전략에 따라 전쟁에 참여할 가능성도 있게 된다.

따라서 정전협정을 평화조약으로 전환하는 과정에서 논의해야 할 문제들은 당사자 문제 등 다양하지만 남북관계 및 한국전쟁의 특수성으로 인하여 합의가 쉽지 않을 것으로 보인다.

2. 평화복합체론의 적용: 남북기본합의서 체제 구축

한반도 평화체제 구축의 첫 출발은 1953년 7월에 체결된 정전협정을 평화조약으로 대체하고, 한반도에서 전쟁이 재발되지 않도록 안전보장협정을 체결하는 일이라고 할 수 있다.

그러나 관련국들이 문서 몇 장을 주고받아 평화협정을 체결했다고 하여 평화가 영원히 보장되지는 않는다. 그러므로 실질적인 한반도 평화를 위해서는 지속 가능한 영구평화체제를 구축해야 할 것이다.

한반도의 지속 가능한 영구평화체제를 구축하기 위해서는 '평화복합체론'을 적용하는 것이 매우 유용하다. 평화복합체론은 앞에서 언급했듯이 지역을 단위로 하여 전쟁을 방지하기 위해 정군적·경제적·문화적 평화조건들에 대한 주요 인식과 관심이 깊이 상호 연계되어 국가적 평화문제가 독자적으로는 분석되거나 해결될 수 없는 일련의 국가군(평화복합체)이 참여하여 복합체적 평화조건들을 이행하여 지속 가능한 영구평화체제를 구축할 수 있다는 이론이다.

한반도 평화복합체의 자주적 구축을 위해서는 주된 변수를 남과 북으로 규정하고 나머지 주변국들의 변수들은 일단 매개변수로 통제한다.

물론 주변국들의 변수를 강조하려면 한반도 평화와 동북아의 평화를 함께 논의해야 할 것이다.17) 한반도 평화복합체를 구축하려면 우선 남과 북이 정군적·경제적·문화적 평화조건들을 복합체적으로 확대시켜 나가야 한다.

이를 위해서는 경제부문이 커다란 평화의 지렛대가 될 수 있다. 경제부문의 교류와 협력 강화를 통해 상호 의존의 심화로 신뢰가 회복·구축되면 문화적 영역과 정군적 영역으로 확대할 수 있다. 이렇게 하여 정군적·경제적·문화적 공동체를 형성하고 나아가 온전한 공동체, 즉 평화공동체를 구축할 수 있다.

그런데 이러한 모델을 상정한 것은 아니겠지만 한반도에서 이를 가능하게 하는 것은 놀랍게도 1992년 남과 북이 체결한 남북기본합의서(정식명칭 '남북 사이의 화해와 불가침 및 교류·협력에 관한 합의서')이다.18)

남북기본합의서는 1991년 12월 13일 제5차 남북고위급 회담에서 합의된 이후 1992년 2월 19일 평양에서 개최된 제6차 남북고위급회담을 통해 교환·발효된 남북합의문서다.

남북기본합의서는 남북한의 총리를 수석대표로 하여 진행된 남북고위급회담에서 정군적 대결상태 해소와 경제 및 문화 교류협력 실시문제를 의제로 8차례 협상이 진행되었고, 그 결과 남북 간의 화해,

---

17) 필자는 이러한 의미에서 한반도만의 평화복합체보다는 동북아 평화복합체의 형성이 지속 가능한 평화체제라고 보고 있다. 그러나 현 단계에서 동북아 평화복합체의 형성이 쉽지 않기 때문에 그 하위구조인 한반도 평화복합화를 통한 동북아의 평화체제 구축도 매우 유용한 접근이라고 인식된다.

18) 1992년 남과 북이 체결한 남북기본합의서의 국회비준 동의문제와 관련하여 일각에서는 헌법 3조(영토조항)와 국가보안법 등과의 충돌문제로 국회비준 동의가 쉽지 않다고 주장하고 있다.

불가침, 교류·협력을 약속하는 남북기본합의서가 채택되었다.

이 합의서는 한반도 평화체제를 구축하면서 남북 간 정군·경제·문화 교류와 협력을 통하여 통일로 나아가기 위한 남북국가연합의 기초를 마련한 것으로 평가할 수 있다.

남북기본합의서는 전문과 제1장 남북화해(제1조~제8조), 제2장 남북 불가침(제9조~제14조), 제3장 남북교류·협력(제15조~제23조), 제4장 수정 및 발표(제24조~제25조) 등 총 4장 25조로 구성되어 있다.

남북기본합의서는 분량이 A4용지 2장 정도이지만 한반도의 정군적 평화, 경제적 평화, 문화적 평화 등 평화복합체적 조건과 경로를 통한 지속 가능한 영구평화체제 구축의 로드맵을 제시하고 있다. 남북기본합의서가 평화복합체적 평화체제 구축의 유용한 모델이 될 수 있는 구체적 내용은 다음과 같다.

첫째, 남북기본합의서는 정군적 측면에서 전쟁방지와 평화군축 등의 방안을 제시하여 남북한의 정군적 평화의 실현에 긍정적인 기능을 하도록 했다.

남북기본합의서의 전문에는 "정치군사적 대결 상태를 해소하여 민족적 화해를 이룩하고, 무력에 의한 침략과 충돌을 막고 긴장 완화와 평화를 보장한다"고 선언하고 있다.

제1장 '남북화해'에서는 평화공존, 불가침, 평화를 강조하여 구조적으로 전쟁방지를 위한 장치를 마련했다. 제1조에서 "상대방의 체제를 인정하고 존중한다"고 선언했고, 제4조에선 "상대방을 파괴·전복하려는 일체 행위를 하지 아니한다"고 규정했다.

또 제8조에선 "남북 정치분과위원회를 구성하여 남북화해에 관한 합의의 이행과 준수를 위한 구체적 대책을 협의한다"고 규정했다.

남북기본합의서의 제2장 '남북 불가침'에서는 무력사용 금지와 침략을 부인하고 평화적 해결을 규정했다. 제9조에 "남과 북은 상대방에 대하여 무력을 사용하지 않으며 상대방을 무력으로 침략하지 아니한다"고 했으며, 제10조에선 "남과 북은 의견 대립과 분쟁문제들을 대화와 협상을 통하여 평화적으로 해결한다"로 명시했다.

그리고 제12조에선 남과 북은 불가침의 이행과 보장을 위하여 남북군사공동위원회를 구성·운영하도록 했다. 남북군사공동위원회에서는 대규모 부대 이동과 군사연습의 통보 및 통제문제, 비무장지대의 평화적 이용 문제, 군 인사교류 및 정보교환 문제, 대량살상무기와 공격능력의 제거를 비롯한 단계적 군축실현 문제, 검증 문제 등 군사적 신뢰 조성과 군축을 실현하기 위한 문제를 협의·추진하도록 했다.

제13조에선 "우발적인 무력충돌과 그 확대를 방지하기 위하여 쌍방 군사당국자 사이에 직통전화를 설치·운영"하도록 했고, 제14조에선 남북군사분과위원회를 구성하여 불가침에 관한 합의의 이행과 준수 및 군사적 대결상태를 해소하기 위한 구체적 대책을 협의하도록 했다.

둘째, 남북기본합의서는 경제적 측면에서 남과 북의 교류와 협력으로 민족경제의 균형화와 공동발전 방안을 제시하여 남북한 간의 경제적 평화의 실현에 기여하도록 했다.

남북기본합의서의 전문에는 "다각적인 교류 협력을 실현하여 민족공동의 이익과 번영을 도모한다"고 규정하여 경제협력을 통한 남과 북의 공동발전을 모색하도록 했다.

제3장 '남북교류·협력'의 제15조에서는 "남과 북은 민족경제의 통일적이며 균형적인 발전과 민족 전체의 복리 향상을 도모하기 위하여 자원의 공동개발, 민족 내부 교류로서의 물자교류, 합작투자 등

경제교류와 협력을 실시한다”고 규정했다.

제19조에선 “끊어진 철도와 도로를 연결하고 해로, 항로를 개설”하도록 했고, 제20조에선 “우편과 전기통신교류에 필요한 시설을 설치·연결하며, 우편·전기통신 교류의 비밀을 보장한다”고 규정했다.

셋째, 남북기본합의서는 문화적 측면에서 상호 교류와 협력의 강화로 분단체제로 인한 이질성을 극복하고 동질성을 회복시키는 방안을 제시하여 남북한 간의 문화적 평화에 긍정적인 기능을 하게 했다.

제16조에선 “과학·기술, 교육, 문학·예술, 보건, 체육, 환경과 신문, 라디오, 텔레비전 및 출판물을 비롯한 출판·보도 등 여러 분야에서 교류와 협력을 실시한다”고 규정했다. 그리고 제17조에서는 “민족구성원들의 자유로운 왕래와 접촉을 실현한다”고 밝혔다.

제18조에선 “흩어진 가족·친척들의 자유로운 서신거래와 왕래와 상봉 및 방문을 실시하고 자유의사에 의한 재결합을 실현하며, 기타 인도적으로 해결할 문제에 대한 대책을 강구한다”로 되어 있다.

남북기본합의서는 특히 경제적·문화적 평화실현을 위하여 제21조에 “국제무대에서 경제와 문화 등 여러 분야에서 서로 협력하며 대외에 공동으로 진출한다”고 규정했다.

또 제22조에 “경제와 문화 등 각 분야의 교류와 협력을 실현하기 위한 합의의 이행을 위하여 남북경제교류·협력공동위원회를 비롯한 부문별 공동위원회를 구성·운영”하도록 했다.

남북기본합의서는 이처럼 한반도의 지속 가능한 영구평화체제 구축에 기여할 수 있도록 체계적으로 규정한 평화의 대장전이다. 그러나 남북기본합의서는 북측의 경우 국회의 비준 동의를 받아 적법한 효력을 발휘하고 있으나 남측은 아직 국회비준 동의를 받지 않아 그 성격이 정치적 선언 정도로 폄하되고 있다.

한반도의 지속 가능한 영구평화를 위해서는 남북기본합의서의 법적 효력을 부여하여 '평화조약화'해야 한다. 남과 북의 평화체제 구축을 위한 신뢰의 옷을 입히는 첫 단추기 때문이다.

남북기본합의서가 국회의 비준 동의를 받아 국내적으로 실정법으로 자리매김되면 냉전법령정비의 기초로 활용할 수 있어 남북갈등을 최소화할 수 있다.

특히 국제적으로는 남북기본합의서를 평화조약화하여 유엔에 등록하면 평화체제의 당사자로서 남북한 인정, 작계 5029 – 5 · 전략적 유연성 · MD와 같은 미국의 평화위협적 요구 배제 등을 자연스럽게 해결할 수 있다.[19] 한반도 평화체제 구축의 골동품적 가치가 있는 보물이라고 할 수 있다.

따라서 한반도의 평화체제 구축을 위한 첫 조치로서 1992년 2월 남과 북이 체결한 '남북기본합의서'에 대한 효력을 실정법화하여 평화조약화하는 것이다. 북한은 이미 국회의 동의를 받았기 때문에 남한만 국회비준 동의를 받고 남북정상이 만나 제2차 회담을 통해 이를 보완하여 문서화하면 된다.

이것은 북 · 미 간의 변수를 남 – 북변수로 통제하여 남북관계 및 한반도 평화를 자주적 · 평화적 민족대단결로 풀어 간다는 측면에서 매우 유용한 방법이 된다.

---

19) 이장희, "남북기본합의서의 법적 성격과 국회비준 동의 필요성"(평화통일시민연대 자료집, 2005년 9월), 14~15쪽.

3. 평화복합체론의 확대: 동북아 평화공동체 구축

한반도의 평화가 지속 가능한 영구평화체제로 구축되려면 동북아의 평화가 확대되어야 할 것이다. 동북아 지역은 현재 군사적 경쟁이 이루어지고 있는 반면 협력과 공동발전을 모색하고 있어 '불안한 평화'가 유지되고 있다.

동북아 지역은 20세기의 국가주도형 경쟁을 지양하고 지역 평화복합체에 의한 공동번영을 적극 모색할 필요가 있다. 지역 평화복합체란 국가를 초월하여 지역을 단위로 하여 몇 개의 국가가 결속되어 안보·경제·문화 등 복합공동체를 형성하는 것을 말한다. 이러한 평화복합체를 형성하여 평화체제를 구축하는 것은 평화복합체적 평화체제 모델이라 할 수 있다.

평화복합체적 평화체제 모델 구축의 궁극적인 목적은 영구평화보장과 공동번영이다. 동북아의 평화복합체적 평화체제를 구축하기 위해서는 북한핵문제를 해결하기 위해서 구성됐던 '6자회담'을 확대 개편할 필요가 있다.

즉, 6자회담은 북한핵문제를 평화적으로 해결하고, 나아가 한반도의 비핵화, 평화군축을 실현할 수 있는 정치·군사적 합의를 위한 대화의 장이 될 수 있다. 나아가 동북아의 경제적·문화적 공동발전과 항구적이고 공고한 평화를 이루기 위한 국제적 체제를 구축해 내는 주춧돌이 될 수 있다.

평화복합체적 평화체제의 모델의 대표적인 예로 유럽연합(EU)을 들 수 있다. 세계를 주도했던 영국, 프랑스, 독일 등 유럽 국민국가들이 국가의 범위를 넘어선 하나의 정군적·경제적·문화적 평화공동체인 유럽공동체(United States of Europe)를 형성하고 있다.

EU는 영국의 문명사가인 다우손(Christof Dauson)의 말대로 "나폴레옹과 히틀러가 칼과 총으로 이룩하지 못한 유럽공동체를 펜을 가지고 지혜를 모아 공동체를 이룩하려는 것"이다.

유럽공동체는 장미전쟁을 비롯하여 제1, 2차 세계대전 등 수백 년 간 싸워 왔던 전쟁을 종식시키고 평화와 공동번영을 위한 하나의 공동체가 절실하다는 공동인식에서 형성된 역사적·문화적 결과물이라고 할 수 있다.

지구촌의 세계화 경향이 확대되면서 유럽연합(EU)과 같은 지역 평화복합체적 평화체제 모델을 구축해 가는 현상이 강화될 것으로 보인다. 특히 안보·경제적 평화체제 모델들은 이 모델로 발전할 가능성이 높다.

동북아 지역도 유럽공동체의 통합모델을 토대로 평화복합체를 구성하여 지속 가능한 영구평화체제를 구축해 갈 수 있다. 한반도 평화체제의 구축도 동북아 국가들과 함께 논의해 가며 지역 평화복합체의 틀 내에서 모색해 갈 수 있다.

한국은 이를 위해서 적극적인 제안을 하고 있고, 중국과 미국도 전략적 입장에 따라 강온을 보이고 있지만 전혀 불가능한 것도 아니다.

4. 소결: 남북기본합의서의 재발효

한반도 평화체제를 구축하는 문제는 결코 쉬운 문제가 아니다. 한국전쟁으로 인하여 수백만 명의 인명이 희생됐고, 이로 인해 대립과 불신이라는 냉전구조가 정전체제와 함께 고착되어 왔다.

이 과정에서 북한핵문제가 불거졌고, 이를 해결하기 위한 6자회담이 구성되어 2년여 동안 유지되어 왔다. 다행히 9·19베이징 공동성명을 통해 북한핵문제 해결과 한반도 평화체제 구축이라는 희망적인 '평화 이정표'를 마련했다.

한반도 평화체제의 구축을 위한 방안은 여러 가지로 접근할 수 있다. 미시적으로 정전협정을 평화조약(평화협정)으로 전환하여 추진할 수도 있고, 거시적으로 동북아의 공동체를 형성하여 한반도 평화를 이끌어 낼 수 있다.

그러나 전자의 경우는 유엔사나 주한미군, 참가국의 문제 등 산적한 문제로 인하여 체결이 쉽지 않다. 후자의 경우도 패권경쟁, 과거사 문제와 민족주의, 경제적 수준차 등으로 조만간에 평화공동체를 형성되기는 어렵다.

특히 한반도 평화협정이 체결되었다고 하여 영구평화가 보장되는 것은 아니다. 북한은 1994년 4월 28일 이후 대미평화협정(peace treaty), 평화보장체계(peace ensuring mechanism), 새로운 평화체계(new peace arrangement) 등의 용어를 혼용하고 있으나 평화보장체계나 새로운 평화체계가 무엇을 의미하는지는 구체적으로 밝히지 않고 있다.[20]

그러나 다양한 용어를 사용하고 있음에도 한 가지 분명한 것은 이러한 평화 제안이 미국에 대한 것, 즉 북미평화협정 체결을 시사하고 있다는 점이다. 그러나 북·미만의 평화협정에 체결은 미국 등의 거부로 쉽지 않고, 또한 체결되었다고 하여도 평화체제가 완전히 보장되지는 않을 것이다.

한반도의 정전체제를 평화체제로 대체하는 문제는 장기간에 걸쳐 실질적·단계적·점진적으로 해결될 문제이다. 이런 이유에서 평화

---

20) 백진현, "남북한 평화체제 구축 방향", 『군비통제 연구지』 제18집(1995년 12월) (http://mnd.go.kr/html/04/m_0203_18.htm: 검색일 2005년 10월 5일).

체제는 평화협정이라는 용어보다는 포괄적이고 지속적 · 실천적인 평화유지와 구축을 요구한다고 할 수 있다. 즉 한반도의 평화 정착의 핵심은 협정이나 조약의 체결(treaty－making)이 아니라 체제의 구축(regime－formation)에 있다고 할 수 있다.

한반도 평화체제의 구축 과정에서 중요한 것은 협정의 체결과 같은 형식적인 문제가 아니라 남북한 양측 간 평화의지와 평화실천의 확인, 군비통제 등을 통한 정군적 신뢰 구축, 경제적 · 문화적 교류협력 등과 같은 실질적 평화의 구축이다.

정전협정을 평화협정이나 여타 협정으로 대체하는 것은 평화체제 구축과정의 한 단계이며, 특히 실질적 평화가 어느 정도 구축된 후에 이루어지는 것이 바람직하다.

따라서 현실적으로 보다 유용한 방안은 남북기본합의서를 통한 평화복합체적 평화체제 구축이라고 할 수 있다. 한반도 정전체제의 대체와 평화체제의 구축은 남북기본합의서를 바탕으로 남북한 간에 자주적으로 논의되어야 한다.

남북한은 한국전쟁의 교전 당사자로 한국전쟁을 매듭짓는 평화체제의 구축은 의당 남북한 간에 논의되어야 하며, 또 한반도문제의 본질은 결국 남북한 관계이며 이 문제는 남북한만이 풀 수 있다.

남북한 당사자 해결의 원칙은 이미 남북기본합의서와 화해부속합의서에도 명백히 규정되어 있다. 즉 남북기본합의서 제5조는 '남과 북'은 현 정전상태를 남북 사이의 공고한 평화상태로 전환시키기 위하여 공동으로 노력한다고 규정했으며, 화해부속합의서 역시 마찬가지 취지로 규정하고 있다.21) 남북기본합의서에 의한 한반도의 평화체제 구축은 남과 북이 자주적으로 평화조약을 체결하고, 이를 미국

---

21) 화해부속합의서, 제18조 및 19조.

과 중국이 보장하는 형태(2＋2)로 추진하는 것이다. 물론 경우에 따라서는 2＋4(일본, 러시아 포함)이나 다른 방안을 검토할 수 있을 것이다.

따라서 한반도의 평화체제를 구축하기 위해서는 우선 남북기본합의서를 국회비준 동의를 받아 국내적으로 실정법화하고, 국제적으로 평화조약화를 추진해야 할 것이다.

물론 평화복합체적 평화체제는 정군적 측면의 법적 제도화만을 의미하지 않는다. 보다 중요한 것은 경제적·문화적 교류와 협력을 통해 상호 의존을 심화시켜 신뢰 회복과 평화군축을 실현하는 것이다. 남북기본합의서에는 이 같은 것을 모두 담고 있기 때문에 한반도 평화체제의 구축을 위한 매우 유용한 대안이 된다.

제4장

한반도 평화체제 구축 실행전략

1. 남북기본합의서 의의와 평화조약화 필요성

남북기본합의서의 평화조약화의 기본 전제는 '국회비준 동의'이다. 남북기본합의서가 국회의 비준 동의를 받으면 법적 실효성을 갖게 되고, 나아가 남과 북이 체결한 국제법적 성격을 갖게 되는 조약적 성격도 지니게 된다.

그러므로 남북기본합의서의 국회비준 동의는 곧 평화조약화와 같다고 볼 수 있다. 한반도 평화체제 구축의 법적 제도화 측면에서 남북기본합의서에 평화조약적 효력을 부여하는 것은 매우 중요하다. 1991년 남과 북이 합의한 남북기본합의서는 분단 46년 만에 남북 쌍방이 최초로 민족 화해와 협력[22])을 약속한 민족의 평화통일 대장전이다.

그러므로 남북기본합의서는 남과 북이 화해와 협력 및 불가침을 약속하고 경제적·문화적 교류와 협력을 통한 단계적인 국가통합과 공동발전을 국내외에 천명한 우리 민족의 평화선언서이자 평화통일의 이정표라고 할 수 있다.

---

22) 남북기본합의서는 평화공존보다는 가장 초보적으로 화해와 협력에 합의한 것이다.

남북기본합의서 채택 이후 남한 측은 기조연설문에서 "남북기본합의서가 당사자 해결원칙에 입각하여 남북한의 자주적 노력으로 탄생했다"고 지적23)했다.

즉, 남북기본합의서의 체결은 첫째, 남북 간의 오랜 적대와 대결에 종지부를 찍고 화해와 협력의 새 시대를 열어 나가는 것, 둘째, 남북한의 긴장상태를 해소하고 이 땅의 평화를 정착시켜 나가자는 것, 셋째, 경제를 비롯하여 각 분야에 걸쳐 교류와 협력을 활성화해 나감으로써 공존·공영을 통해 민족공동체를 건설해 나가자는 것, 넷째, 평화통일의 기초를 마련할 뿐만 아니라 평화통일을 앞당겨 달성하자는 것 등으로 의미를 부여했다.

남북관계의 측면에서 볼 때 남북기본합의서 서명은 매우 중요한 민족사적·통일사적 의미를 지닌다. 첫째, 적대적 남북관계를 청산하고 화해협력의 개선과 평화통일의 기틀이라고 할 수 있는 '평화복합체적 평화체제' 구축의 기초를 제시한 것이다.

즉, 남북기본합의서에서 평화공존과 상호 존중, 불가침, 파괴·전복행위 금지 조항 등은 평화공존에 관한 원칙의 합의이다. 둘째, 군사적 측면에서는 현 정전상태를 남북 간의 공고한 평화상태로 전환시키기 위한 토대를 마련함으로써 대결과 긴장 완화에 크게 기여할 수 있게 되었다.

셋째, 남북경제 및 문화교류와 협력의 길이 트이고 통행·통신시설이 연결될 수 있게 됨으로써 민족적 유대감 형성과 동질성 회복에 기여할 수 있게 되었다.

남북기본합의서는 정군적 평화, 경제적 평화, 문화적 평화 등 평화의 실질적 조건들을 이행함으로써 남북 평화복합체를 구성하여 지속

---

23) 이장희, "남북기본합의서의 법적 성격 및 국회비준 동의 필요성", 1~3쪽.

가능한 영구평화체제를 구축하는 기반을 달성하는 데 이바지할 수 있는 역사적인 평화대정전이다.

따라서 한반도 평화체제를 자주적·민족적 대단결로 구축하려면 남북기본합의서를 국회의 비준 동의를 받아 평화조약화해야 할 것이다. 남북기본합의서를 국회의 비준 동의를 통해 평화조약화해야 할 이유는 다음과 같다.

첫째, 남북기본합의서의 충실한 이행을 위해서 남과 북은 각자의 국내법 절차에 따라 국회의 비준 동의를 받아 국내적 효력은 물론 남북 쌍방을 평화행위자가 되도록 해야 할 필요가 있다. 남북기본합의서는 민족적·국가적·국제적으로 중요한 조약이기 때문이다.

북한은 1991년 12월 26일 최고인민회의 상설회의와 중앙인민위원회 연합회의에서 승인절차를 받았고, 당시 북한헌법(1972년 헌법) 제96조에 근거하여 김일성 주석이 비준을 하였다. 남한도 조속히 국회비준 동의를 통해 평화조약으로서 효력을 부여해야 할 것이다.

둘째, 남북기본합의서를 UN 등록을 하여 국제무대에서 남북한 관계를 법제도화하는 데 큰 역할을 할 수 있다. 즉 첫째, 남북한이 합의한 상호 간의 내부적 관계를 '잠정적 특수 관계'로 본다는 것을 국제기구에서 공인받는다. 둘째, 남북기본합의서 제10조에 분쟁의 평화적 해결 합의의 국제적 이행 보장을 받는다. 셋째, 남북기본합의서 제15조 민족 내부 간의 거래를 공인받아 WTO를 비롯한 국제기구에서 원용할 수 있다.24)

평화조약화한 남북기본합의서의 UN 등록은 UN회원국으로서 헌장상의 의무이다. 또 UN 등록은 남북기본합의서에 대한 국제적 관심을 제고시킬 수 있다.

---

24) 이장희, "남북기본합의서의 법적 성격 및 국회비준 동의 필요성", 8~12쪽.

즉, 남북기본합의서는 분단국인 독일의 선례나 국제법적으로 형식면에서 평화조약으로 보아, 법적 구속력 있는 문서로 발전시키는 것이 한반도의 평화체제 구축에 중요하다. 이러한 측면에서 13년이란 세월이 흘렀지만 남북기본합의서를 국회비준 동의를 받아 국제법상 평화조약화하는 것이 필요하다.

2. 남북기본합의서 평화조약화 운동: 전개와 성과

1) 평화조약화 준비 및 문제 제기기(1992~2001년)

남북기본합의서가 1992년 2월 체결되었지만 남한은 국회비준 동의를 받지 않아 법적 효력을 부여받지 못했다. 그러나 학계 및 시민사회에서는 남북기본합의서의 중요성을 인식하고 문제를 제기하기 시작했다. 특히 2000년 6·15공동선언을 계기로 한반도의 정전협정을 평화체제로 전환하는 문제가 강조되었다.

통일관련 단체들은 남북관계의 변화와 발전이 가속화되면서 한반도 평화체제를 어떻게 구축할 것인가가 구체적으로 논의하기 시작했다. 평화협정 체결을 위해 남북기본합의서를 평화의정서로 해야 한다는 주장도 제기되었다.

남북기본합의서는 이미 제2장에 불가침을 약속하고 있기 때문에 국회비준 동의를 받아 국제법적 효력이 있는 조약화를 추진해야 국제적 보장을 받을 수 있다는 것이다. 즉, 한반도의 평화를 위해 남북기본합의서에 기초하여 교류협력을 체계적으로 제도화하여 평화체제를 구축해야 한다는 주장 등이 활발하게 제시되었다.[25]

2) 한반도 평화체제의 틀로서 중요성 인식기(2002~2004년)

평화통일관련 시민단체들은 2002년 6월 29일 발발한 제2차 서해 교전 사태에 대응하여 7월 18일 종로 탑골 공원에서의 평화 결의대회를 개최하고, 남북기본합의서에 의한 한반도 평화체제 구축을 촉구했다.

통일관련 단체들은 한반도에서의 돌발사태가 일어날 가능성이 크다고 보고 서해교전과 같은 사태가 재발되지 않도록 한반도의 평화체제 구축이 중요함을 강조했다.

평화통일 단체들은 7월 23일 서해교전 근본 해법 마련 위한 토론회 등을 통하여 근본적으로 한반도에서의 전쟁 상태 종식과 평화의 제도화가 시급하다는 인식을 공유했다.

그리고 4일 후인 7월 27일 '정전협정 체결 49주년 맞으며 7천만 겨레에 드리는 호소문'을 통하여 반세기 동안 지속된 정전체제에 대한 국민적 문제의식과 각성 촉구, 평화협정체결, 남북평화 선언 등을 제안했다. 또한 당시 김대중 대통령에게 임기 중 제2차 남북 정상회담과 평화선언 채택을 촉구하는 서한을 발송하기도 했다.

평화통일 단체들은 나아가 2002년 7월 30일부터 2002년 9월 30일까지 5차에 걸쳐 '한반도 전쟁위기 예방'을 위한 토론회를 잇따라 열고 평화의 제도화 방안을 모색했다.

이어 2002년 12월 10일 '비무장지대 군사분계선 월선 승인권 및 한반도 평화체제 구축에 대한 세미나'를 개최하고 현 정전체제 관리에 있어서의 문제점과 대안에 관하여 토론을 하기도 했다.

---

25) 이장희, "한반도 평화체제에 대한 국제법적 검토와 그 해결방안", 『북미관계 정상화와 한반도 평화체제 모색』(서울: 아시아사회과학연구원, 2001), 53~54쪽.

남북기본합의서에 의한 한반도 평화체제가 본격적으로 대안으로 제시된 것은 2003년부터라고 할 수 있다. 이장희 교수는 2003년 3월 26일 국가인권위원회 11층 배움터에서 열린 '한반도 평화체제 구축'을 주제로 한 토론회에서 남북기본합의서가 평화협정에 대한 대안이 될 수 있다고 주장했다.

그 이후 남북기본합의서에 의한 한반도 평화체제 구축은 2004년 6·15공동선언 실천과 연계함으로써 보다 탄력을 받기 시작했다. 평화통일관련 시민단체들은 2004년 7월 6일 6·15정신 실천을 위한 시민단체협의회를 구성하고 6·15공동선언 4주년 평가와 향후 과제 토론회를 개최하여 남북기본합의서의 국회비준 동의와 평화조약화의 필요성을 역설했다.

3) 법적 효력화를 위한 본격 활동기(2005년)

평화통일시민연대(평화연대) 등 평화통일 관련 단체들은 수년 동안의 연구와 토론을 통해 한반도 평화체제의 구축을 위해서는 남북기본합의서의 국회비준 동의와 평화조약화가 절실하다고 판단하게 되었다.

평화연대는 2005년 2월 정기총회에서 '남북기본합의서에 의한 한반도 평화체제 구축'을 핵심사업으로 결정하였다. 평화연대는 이에 따라 2005년 3월부터 남북기본합의서에 대한 기존의 연구결과와 내용을 토대로 운동계획을 설정하고 본격적으로 추진하기 시작했다.[26]

2005년 4월 북한의 내란 등 혼란에 대비하여 한미연합군이 마련한 '작전계획 5029'가 보도되면서 이를 철폐하기 위한 필요성이 제

---

26) 평화연대는 이 일의 책임을 장영권 집행위원장에게 맡겼다.

기되었다. 작계5029는 바로 남북기본합의서가 국회비준 동의되어 법적 효력을 갖게 되면 국제법적으로 폐기시킬 수 있는 사안이었다.

평화연대를 비롯하여 평화와 통일을 여는 사람들(평통사), 경실련통일협회, 민주사회를 위한 변호사모임(민변) 등 27개 단체들은 4월 28일 대학로 흥사단 강당에서 '작계 5029폐기와 남북기본합의서 국회비준 동의 촉구 공동기자회견'을 개최했다. 27개 단체들은 기자회견을 통해 남북기본합의서 국회비준 동의를 촉구하고 다양한 운동을 전개해 나가기로 밝혔다.

평화연대 장영권 집행위원장은 4·28기자회견에 참여한 단체를 중심으로 남북기본합의서 국회비준 동의와 한반도 평화체제 구축을 위한 연대기구인 '(준)한반도평화국민연대' 결성했다.

장영권 집행위원장은 한반도평화국민연대 공동집행위원회를 구성[27]하여 9월 말까지 10차례의 회의개최를 통해 다양한 사업들을 전개했다. 주된 사업은 남북기본합의서에 관한 질의청원서 발송, 국회의원 대상 설문조사 실시, 통일부 장관 면담 요청, 연대기구 확대 등이었다.

(1) 정부에 대한 국회비준 동의안 상정 요구

남북기본합의서가 국회비준 동의를 받으려면 먼저 정부가 국회비준 동의안을 국회에 상정해야 한다. 평화연대는 정부에 국회비준 동의안을 상정하기에 앞서 4·28공동기자회견에 참여한 27개 단체들의 이름으로 5월 9일과 10일 양일간에 걸쳐 '남북기본합의서에 관한

---

27) 평화연대 장영권 집행위원장이 주도한 한반도평화국민연대 공동집행위원회에는 경실련통일협회, 남북경협국민운동본부, 민족화합운동연합, 정신개혁시민협의회, 평화만들기, 평화연대 등이 참석했다.

질의 청원서’를 대통령비서실, 통일부, 법무부 등에 발송했다.

대통령 비서실 및 법무부는 소관부처인 통일부에 이첩했다고 회신해 왔다. 통일부는 1개월여 후에 “남북기본합의서 국회비준 동의안 상정이 성격상 불가하다”고 회신해 왔다.

한반도평화국민연대는 통일부의 1차 청원서 회신을 분석하고, 통일부가 기존의 입장을 되풀이한 것에 불과하다고 판단했다. 한반도평화국민연대는 통일부의 입장을 논박하는 2차 질의 청원서를 8월 11일 통일부에 보냈다.

통일부는 2차 답변에서도 종전과 같은 주장을 되풀이했다. 즉 남북기본합의서의 법적 성격과 그에 따른 국회의 비준 동의 문제는 체결 당시의 상황 및 남북관계의 특수성, 헌법 해석 및 국제법 원리 등 법적 검토, 체결권자의 의지 등 여러 요소를 고려하여 판단할 필요가 있다고 밝혔다.

평화통일 관련 단체들은 통일부의 논리가 소극적 해석에 바탕을 두고 있다고 판단하고 보다 적극적으로 해석할 필요성을 환기시키기 위해 통일부 장관에 대한 면담을 요청했다. 그러나 통일부 장관에 두 차례의 면담 요청에도 불구하고 통일부는 묵묵부답이었다.

한반도평화국민연대는 9월 초 국회 국정감사를 앞두고 공동집행위원회 회의를 열어 통일외교통상위원회 국정감사 시 질의를 통해 통일부를 압박하기로 했다. 그 결과 9월 22일 통일부 국감장에서 통일부장관으로부터 ‘남북기본합의서 국회비준 동의를 검토해 보겠다’는 답변을 이끌어 냈다. 통일부는 10월 6일 남북기본합의서 관련 전문가 및 시민단체 인사와 논의하여 국회비준 동의 여부를 검토하겠다는 계획서를 보내 왔다.

(2) 여야 정당에 대한 국회비준 동의 요구

남북기본합의서가 실정법적 효력을 가지려면 정부의 국회비준 동의안 상정에 대해서 국회가 동의해야 한다. 또한 정부가 체결한 조약이나 이에 준하는 것을 체결한 경우 국회는 비준 동의안 상정을 요구해야 한다. 특히 각 정당은 당론으로 남북기본합의서에 대한 국회비준 동의를 채택할 필요가 있다.

이에 따라 평화통일 관련 27개 단체는 5월 9일과 10일 정부에 남북기본합의서에 관한 질의 청원서와 유사하게 열린우리당, 한나라당, 민주당, 민주노동당 등 여야 각 정당의 대표 또는 당의장에게 발송했다.

한나라당만 뒤늦게 민원실에서 접수해 한나라당 통일외교통상위원회에 이첩했다고 공문을 보내 왔다. 그러나 한나라당 통외통위에서는 아무런 응답이 없었다. 전화로 확인한 결과 통외통위 심의위원은 사견임을 전제로 "현재 당론으로 정할 수 없는 문제라서 어떠한 입장도 밝히기 힘들다"고 양해를 구했다.

(3) 국회의원에 대한 국회비준 동의 요구

남북기본합의서의 국회비준 동의를 위해서는 거당적인 지원 외에 개별 국회의원들의 비준 동의 의지가 중요하다. 국회의원들의 남북기본합의서에 대한 기본 인식과 비준 동의 의지 수준을 알아보기 위해서 국회의원 299명 전원을 대상으로 설문조사를 실시했다.

남북기본합의서에 관한 국회의원 설문조사는 모두 3차례 실시했는데 총 29명이 응답했다. 1차 설문조사는 6월 22일부터 27일까지 6일간 실시했고, 그 결과 모두 15명만 응답에 회신해 왔다.

<표 10-1> 국회의원 정당별 인원 및 설문응답 현황

<2005년 8월 30일 현재>

소　속	의원 수	응답자	응답률	응답의원 현황
열린우리당	146명	19명	13.0%	〈1차〉 윤호중, 김원웅, 지병문, 이광철, 문학진, 정청래, 안영근, 김춘진(8명) 〈2차〉 강혜숙, 김영춘, 우제창, 김태홍, 임종석, 유선호, 최재성, 강기정, '무기명' 1명(9명) 〈3차〉 이경숙, 유선호(2명)
한나라당	125명	5명	4.1%	〈1차〉 이인기, 박재완, 엄호성, 정문헌(4명) 〈2차〉 이규택(1명)
민주노동당	10명	3명	30.0%	〈1차〉 강기갑(1명) 〈2차〉 이영순(1명) 〈3차〉 권영길(1명)
민주당	10명	2명	20.0%	〈1차〉 최인기, 이낙연(2명) 〈2차〉 － 〈3차〉 －
자민련	3명	－	0.0%	－
무소속	5명	－	0.0%	김원기, 유근찬, 신국환, 정몽준, 정진석
총계	299명	29명	9.7%	

　　2차 설문조사는 7월 5일부터 11일까지 7일간 실시했는데 1차보다 더 적은 11명만이 응답해 왔다. 3차 설문조사는 8월 22일부터 30일까지 9일간 실시했는데 3명만이 응답했다.

　　국회의원 대상으로 설문조사를 실시한 결과 남과 북의 남북기본합의서 체결은 29명 응답자 가운데 1명을 제외하고는 모두(96.5%) '잘한 일이다'라고 밝혔다.

　　또 남북기본합의서가 현재도 남과 북이 준수해야 할 유효한 문서냐고 보느냐는 질문에 26명(89.7%)이 '준수 이행해야 한다'고 답변했다. 3명은 남북 간의 관계에 따라 적절히 이용하면 된다고 밝혔다.

　　남북기본합의서의 법적 효력을 갖기 위해서 지금이라도 국회의 비준 동의 절차를 받아야 하는가 하는 질문에 대해 22명(75.9%)이 '꼭 밟아야 한다'고 밝혔고, 국회의 찬성결의안 수준에 만족한다는 답변이 3명이었다. 그러나 국회비준 동의안 발의 시 27명(93.1%)이 '동의하겠다'고 응답했다.

◇ 국회의원 대상 남북기본합의서 관련 설문지 및 설문조사 결과
(응답자 299명 중 29명)

1. 의원님께서는 1992년 1월 남북한의 총리들이 조인한 '남북 사
이의 화해와 불가침 및 교류협력에 관한 합의서'(이하 남북기
본합의서)를 어떻게 생각하십니까?

1) 잘한 일이다. (28명/96.6%)

2) 보통이다.

3) 잘못한 일이다.

4) 모르겠다. (1명/3.4%)

2. 의원님께서는 '남북기본합의서'가 현재도 남한과 북한이 준수해
야 할 유효한 문서라고 보십니까?

1) 그렇다. 준수 이행해야 한다. (26명/89.7%)

2) 남북 간의 관계에 따라 적절히 이용하면 된다. (3명/10.3%)

3) 신사협정이기 때문에 반드시 비준할 필요는 없다.

4) 유효성 없는 정치문서로 준수할 필요가 없다.

5) 기타

3. '남북기본합의서'는 국회의 비준 동의를 받지 못하여 실질적으
로 법적 구속력이 없으므로 그 법적 효력을 갖기 위해서 지금
이라도 국회의 비준 동의절차를 받아야 한다는 주장이 있습니
다. 이에 대한 의원님의 견해는 무엇입니까?

1) 국회비준 동의 절차를 꼭 밟아야 한다. (22명/75.9%)

2) 국회의 찬성결의안 수준에 만족한다. (3명/10.3%)

3) 정부가 임의로 판단해서 하면 된다. (2명/6.9%)

4) 거론할 필요가 없다. (1명/3.4%)

5) 기타 (1명/3.4%)

4. 의원님은 남북기본합의서 국회비준 동의안 발의 시 어떻게 하
   시겠습니까?
   1) 동의한다. (27명/93.1%)　　2) 반대한다.
   3) 기권한다.　　　　　　　　4) 잘 모르겠다. (2명/6.9%)

5. '남북기본합의서'에 대하여 당시 북은 최고인민회의와 중앙인민
   위원회 연합회의에서 이를 비준 동의하였는데 대한민국 국회는
   아직도 비준 동의를 하지 않고 있습니다. 의원님께서는 그 원인
   이 어디에 있다고 보십니까?
   1) 국회의 찬성결의안 수준으로 족하다고 생각한다. (1명/3.4%)
   2) 국가보안법상의 '반국가단체' 조항을 고려해서 미루어 왔다
      고 생각한다. (9명/31.0%)
   3) 미국의 압력이나 미국과의 관계 때문에 미루어 왔다고 생각
      한다. (1명/3.4%)
   4) 모르겠다. (7명/24.1%)
   5) 기타: 내용을 밝혀 주세요(정치적 및 복합적 요인 등). (11
      명/37.9%)

남북기본합의서에 대한 국회의원들의 설문조사 응답이 저조한 것
은 우선 정치적 부담 등으로 기명을 기피한 이유로 풀이된다. 남북
기본합의서에 대한 충분한 인식을 하지 못한 상황에서 성명과 소속

을 밝혀 달라고 요구하여 상당한 정치적 부담을 가졌을 것이다.

둘째는 남북기본합의서가 13년 전에 체결된 것으로 현재 이슈화되고 있지 않기 때문에 관심도가 매우 저조한 것으로 보인다. 대다수 국회의원들이 설문의 중요성에 대한 기본 취지조차 동의하지 못하고 있는 실정이었다. 상당수 국회의원들은 현 단계에서 6·15에 대한 이행과 실천문제에 더욱 주목했다.

(4) 국회비준 동의 촉구 시민참여 운동전개

평화연대는 남북기본합의서 국회비준 운동에 시민대중의 참여를 확대하기 위하여 5월 20일 국가인권위원회에서 '한반도평화를 위한 시민토론회'를 개최했다.

전문가 및 시민 등 70여 명이 참석하여 남북기본합의서의 국회비준 동의가 절실하다고 강조하고 국회비준 동의운동의 참여를 거듭 촉구했다.

또 경실련통일협회, 민변, 민족화합운동연합, 평화만들기, 평화연대 등 27개 단체로 구성된 '(준)한반도평화국민연대'가 주축이 되어 국회의원들을 대상으로 남북기본합의서 국회비준 동의를 촉구활동을 전개할 시민을 모집하여 '남북기본합의서 국회비준 동의 시민촉구단'[28]을 구성하고 6월 20일부터 활동에 돌입했다.

'시민촉구단'은 국회의원을 대상으로 남북기본합의서 관련 여론조사 설문지를 배포 및 회수하여 분석하는 작업을 했다. 연령이나 성별에 관계없이 '남북기본합의서 국회비준을 꼭 받아야 한다'는 데

---

28) 남북기본합의서 국회비준 동의 촉구단은 2005년 6월 20일 오후 7시 평화연대 회의실에서 첫 모임을 갖고 활동에 들어갔다.

동감하면 참여를 할 수 있었지만 시민촉구단으로 결합한 사람은 그리 많지 않았다.

3. 남북기본합의서 평화조약화 운동: 과제와 전망

1) 남북기본합의서 평화조약화 운동의 과제

(1) 조직역량의 강화와 운동비전의 창출

한반도 평화체제 구축을 위한 남북기본합의서의 국회비준 동의와 평화조약화 운동에서 가장 큰 문제는 조직역량의 강화와 운동비전의 창출이라고 할 수 있다.

남북기본합의서의 평화조약화 운동을 어느 특정 단체가 혼자서 전개하기란 사실상 쉬운 문제가 아니다. 이에 따라 운동 초기부터 연대의 틀을 꾸려 공동전선을 확장하려 했지만 각 단체마다 이견[29]이 드러나 이마저도 쉬운 것이 아니었다.

따라서 일단 큰 틀에서 합의하여 같이 운동을 전개할 수 있는 단체 중심으로 공동집행위원장 회의를 구성하여 운동을 전개했다. 당초 공동집행위원장 회의에 운동성이 강한 실무형 단체로 5~10개 단체를 참가를 유도했지만, 운동비전의 제시 부족으로 성공을 거두지 못했다.

---

29) 일부의 시민단체들도 남북기본합의서의 국회비준 동의 운동에 그 취지는 동감하지만 효과 면에서 부정적 입장을 나타냈다. 즉 13년이 지난 문건을 효력화한다는 것은 현실성이 없다는 주장이었다. 특히 한반도 평화체제의 구축에 대한 입장도 달랐다. 어느 단체는 평화협정을 우선 체결해야 한다고 주장하는가 하면 미국을 배제한 시각도 있었다.

연대의 틀 확대를 위해서는 한반도 평화체제를 위한 최상의 방책이 남북기본합의서의 비준 동의에서 시작해야 한다는 비전 공유가 선행되어야 한다. 이를 토대로 범통일 관련 단체들의 연대확대를 통해 운동의 집중성을 높여 나가야 한다.

남북기본합의서 국회비준 동의와 한반도 평화체제의 구축을 위한 한반도평화국민연대를 구성했지만 사실상 공식 발족을 하지 못한 채 다소 위축된 활동을 해 왔다. 따라서 운동의 성공을 위해서는 비전 창출과 연대 확대가 이루어져야 할 것이다.

(2) 국민들의 참여 확대와 핵심 이슈화 필요

남북기본합의서 국회비준 동의와 평화조약화를 위해서는 국민들의 참여가 대폭 확대되어야 한다. 많은 국민들의 참여와 문제제기로 사회적 이슈로 제기되어야 정부와 국회가 보다 적극적인 태도를 취할 수 있다. 국민들의 참여 확대를 위한 다양한 사업들을 개발, 전개할 필요가 있다.

남북기본합의서 국회비준 동의를 위한 사업은 기존의 사업들을 재평가하고, 이를 보강하는 차원에서 진행되어야 할 것이다. 국회 및 청와대 앞에서 남북기본합의서 국회비준 동의 및 남북 평화조약화를 촉구하는 1인 릴레이 시위 및 대중집회 등도 적극 추진해야 할 것이다.

(3) 남북기본합의서의 평화조약화를 위한 홍보 강화

남북기본합의서가 국회비준 동의와 평화조약화를 통해 한반도평화체제의 중요한 틀로서 작용하기 위해서는 대언론 및 국민홍보 활동을 강화해야 할 것이다.

남북기본합의서의 법적 효력화를 위해 중심적 활동을 해 온 한반도평화국민연대는 지속성과 대중성, 성과성을 견지하기 위해 독자적인 활동을 적극적으로 전개해 나갈 필요가 있다.

이를 위해서는 보다 다양한 대언론 및 국민 홍보활동을 추진해야 한다. 특히 남북기본합의서 국회비준 동의 및 평화조약화를 촉구하는 기자회견 및 집회를 개최하여 여론화해야 한다.

나아가 남북기본합의서 국회비준 동의 촉구 '사이버평화운동'을 대대적으로 전개해야 한다. 이미 보도자료를 통해 약속한 바 있는 '100만 명 서명운동'도 조직화하여 추진할 필요가 있다.

(4) 국제활동 강화를 통한 한반도평화의 중요성 제고

한반도의 평화를 위해서는 주변국들의 도움이 절실하다. 남과 북이 자주적으로 평화와 통일을 이루려고 해도 주변국들이 방해하면 쉽지 않다. 그러므로 주변국의 정부, 의회, 국민들을 대상으로 한반도 평화가 실질적으로 주변국의 평화와 발전에 기여한다는 점을 지속적으로 강조할 필요가 있다.

한반도 평화의 중요성을 주변국들에 인식시키기 위해서는 다양한 활동을 전개할 수 있다. 예를 들어 영문판 인터넷 웹진을 제작하여 미국 등 여론 주도층에게 발송하여 한반도에 대한 인식을 개선하는 일이다. 이미 일부에서 시도하고 있는 만큼 좋은 결실을 기대하지만 범국민적 차원으로 확대, 승화시킬 필요가 있다.

제5장

결론: 평화행동이 평화세상을 만든다

한반도 평화는 멀지만 반드시 이루어야 할 우리의 최대 과제이다. 한반도에서 더 이상 전쟁의 참혹함이 되풀이되어서는 안 된다. 한반도의 지속 가능한 영구평화체제가 구축되어야 하는 당위성과 필연성은 여기에 있다.

그렇다면 한반도의 지속 가능한 영구평화체제를 어떻게 구축해야 할 것인가? 한반도 평화는 정전협정을 평화협정이나 평화조약으로 체결한다고 해서 곧장 이루어지는 것은 아니다.

평화조약화는 하나의 필요한 요건이지만 충분한 요건은 되지 못한다. 그러므로 한반도의 필요 충분한 평화를 위해서는 평화복합체적 평화체제를 구축해야 할 것이다.

평화복합체적 평화체제는 지역을 단위로 하여 전쟁을 방지하기 위해 정군적·경제적·문화적 복합적 평화조건들을 이행하여 지속 가능한 영구평화체제를 구축해 가는 것이다.

한반도의 이러한 평화복합체적 평화체제 구축의 기본 로드맵이 남북기본합의서에 잘 제시되어 있다. 따라서 남북기본합의서의 국회비준 동의와 평화조약화를 이루어 내고 이를 적극적으로 실천해 나가야 할 것이다.

한반도평화를 위해 통일관련 몇몇 단체들은 1991년 남북기본합의가 합의한 이후 13년간 체계적인 연구와 논의를 통해 남북기본합의서에 의한 한반도의 평화체제 구축이 가장 바람직하다고 판단하고 남북기본합의서 국회비준 동의운동을 전개해 왔다.

현재까지 특별한 성과를 이루었다고 보기는 힘들지만 국회에서 문제를 제기하고 있고, 정부에서 소극적이지만 검토하게 된 점은 매우 의미 있는 일이다.

앞으로 보다 폭넓은 연구와 적극적인 운동을 통해 국민들의 참여를 확대하고, 언론의 이슈화로 남북기본합의서가 늦게라도 국회비준 동의를 받도록 해야 할 것이다.

한반도 평화를 위해서는 조금도 늦출 수 없는 일이다. 국민 모두가 평화의 주체가 되어 평화행위자자로 적극 나서야 할 때이다. 이를 위해서 우리가 해야 할 일은 세 가지이다.

하나는 강한 평화의지를 키우는 일이다. 한반도 평화체제 구축의 관건은 '평화에 대한 강한 의지'의 문제이지 정전체제를 여하히 평화체제로 전환시킬 것인지의 '방안'의 문제는 아니라는 점이다.

미국 등 주변국의 평화의지도 중요하지만 가장 중요한 것은 남한과 북한의 평화구축 의지이다. 특히 남한의 평화의지에 따라 한반도의 평화체제 구축은 크게 영향을 받는다. 남한의 정부, 정치권뿐만이 아니라 시민사회의 평화의지가 강조되어야 한다.

다음은 적극적인 평화행위자로 나서는 일이다. 그동안의 평화체제 구축 논의가 지나치게 정전협정 대체문제에 초점을 맞추어 진행되어 마치 정전협정을 평화협정으로 대체하기만 하면 평화체제가 구축된다는 식으로 이해되어 왔다.

평화는 관련 당사국 사이에 몇 장의 문서를 주고받으면 이루어지는 것은 아니다. 평화는 문건주의식 또는 형식주의적 접근은 별로 의미가 없다는 것은 과거의 역사에서 많은 경험을 했다.

결국 한반도의 지속 가능한 영구평화체제를 구축하기 위해서는 모두가 평화행위자로 나서야 가능하다는 것을 명심해야 한다.

끝으로 지속 가능한 영구평화체제 구축을 위해서는 정치·군사적 접근만으로는 불가능하다는 점이다. 경제적·문화적 접근 등 평화복합체적 접근을 통해서 평화체제를 구축해야 견고해진다.

한국미래 재도약 전략 발표
평화연구기관인 '한국평화미래연구소'와 평화실천단체인 한국미래연대·관악미래연대의 통합 총회인 '한국미래 2011년 정기총회'가 2011년 2월 26일 오후 4시 서울시 관악구 관악통일빌당 5층 대강당에서 성황리에 개최되었다.
회원과 내빈 등 100여 명이 참석한 가운데 열린 이날 총회에서 장영권 대표가 만장일치로 통합 대표로 재선출되었다. 이에 따라 장영권 대표는 향후 2년간 한국평화미래연구소와 한국미래연대·관악미래연대의 모든 사업을 총괄 운영하게 된다.

정군적 평화구조는 유리병처럼 취약한 구조를 가지고 있기 때문에 경제적 이해관계, 문화적 가치 대립 등으로 깨질 가능성이 크다. 그러므로 한반도의 지속 가능한 영구평화체제를 구축하기 위해서는 정군적·경제적·문화적 평화 등의 조건을 실행함으로써 평화복합체적 평화체제를 구축해야 할 것이다.

151-848 서울시 관악구 봉천동 1621-24호 ・홈페이지 : www.ourkipf.org

❏ 한국평화미래연구소 설립 취지와 참여 안내

평화를 준비해야 평화가 찾아온다

"평화를 원하거든 평화를 준비하라(If you want peace, prepare for peace).”

이 말은 "평화를 원하거든 전쟁을 준비하라"는 로마제국의 장군인 베제티우스의 유명한 금언을 '전쟁' 대신 '평화'로 바꿔 표현한 것이다. 인류는 수천 년 동안 베제티우스의 '주술'에 걸려 전쟁을 준비해 왔고, 그 결과 전쟁이 끊일 날이 없었다.

아직도 지구촌 곳곳에는 베제티우스의 후예들이 "평화를 원하거든 전쟁을 준비하라"고 외치며 전쟁 준비를 촉구하고 있다.

인류의 역사는 오히려 이로 인해 전쟁으로 점철되어 온 전쟁의 역사라 해도 과언이 아니다. 이제 우리는 베제티우스의 전쟁 주술을 깨고 평화를 준비해야 한다. 그리고 이제부터 새로운 평화의 역사를

만들어 가야 한다.

21세기 시작과 함께 발발한 최강대국 미국의 아프가니스탄 침공은 '평화의 세기'를 갈구했던 전 세계에 충격과 동시에 평화의 소중함을 절실히 깨닫게 해 주었다. 그러나 21세기의 전쟁은 그것이 끝이 아니라 또 다른 전쟁의 시작이었다.

전쟁 없는 평화의 세상은 영원히 실현 불가능한 것인가? '전쟁을 준비하는 자에게 전쟁이 찾아오고, 평화를 준비하는 자에게 평화가 찾아온다'는 새로운 인식 전환이 필요하다. 우리 인류는 이제 전쟁을 영원히 종식시키고 지속 가능한 평화, 그리고 영구평화를 위한 새로운 패러다임을 준비해야 한다.

평화연구기관인 <한국평화미래연구소>는 이와 같은 취지에서 인류가 대립과 갈등, 폭력 및 착취, 전쟁으로 인한 공멸을 막고 평화가 미래인 세상을 만들기 위해 설립된 순수 비영리 민간 연구기관이다.

<한국평화미래연구소>는 독자적으로 창안한 평화이론인 '상생평화국가론'과 '평화복합체론(Peace Complexes Theory)'을 토대로 3대 '평화조건', 즉 경제평화 – 문화평화 – 정군평화를 이행하며 지속 가능한 평화와 평화체제를 구축하는 방안을 중점적으로 연구하고 있다.

상생평화와 영구평화를 실현하려면 우선 일정한 지역을 단위로 하여 참여하는 단위(지역, 국가, 국제사회)들이 평화조건들을 이행하며 지속 가능한 평화체제를 구축하여 평화공동체를 형성해야 한다. 특히 지역을 단위로 하여 구성국가들이 평화조건을 복합적으로 이행해 가는 역학을 '평화복합체(peace complexes)'라고 한다.

그러므로 우리에게 중요한 것은 평화복합체 내에서 상생을 위한 평화조건을 이행하는 적극인 평화행위자가 되어 상생평화국가를 건설하고, 평화공동체를 구축하는 것이다.

<한국평화미래연구소>는 모든 사람들이 영구적인 상생평화를 위한 지속 가능한 평화체제를 구축하기 위해 평화연구, 평화운동, 평화교육, 평화언론, 평화대화 등의 활동을 적극적으로 전개하는 한국의 대표적인 평화의 기관차가 되고자 한다.

평화를 사랑하는 여러분의 적극적인 참여와 성원을 기대한다.

2007년 1월 10일

한국평화미래연구소 연구위원 일동

21세기 상생평화시대를 창출한다

우리 대한민국은 분단을 극복하고 남북통일을 통한 대륙 진출을 하지 않고는 도약하기 어렵다. 분단으로 인한 민족적 갈등과 모순을 해소하고 국가적 도약을 위해서는 대륙 진출이 우리의 유일한 대안이다. 우리는 한반도통일을 통해 대륙에 진출하고 동북아 평화번영의 시대를 창출해야 한다.

대륙 진출의 길은 부산, 목포에서 출발하여 서울과 평양을 경유하고, 만주를 거쳐 중국과 중앙아시아로 달리거나 시베리아를 거쳐 러시아와 유럽으로 달리는 '대륙종단철도'를 건설하는 것이다.

소위 '유라시아 평화프로젝트'를 통해 물류혁명을 일으켜 제2의 산업혁명을 추진하는 것이다. 국제사회가 평화협력을 통해 에너지와 자원을 공동개발하고 지구촌의 지속 가능한 개발을 통해 평화공동체를 만들어 가야 한다.

21세기는 소위 세계화 · 정보화 · 지식화 · 복합화라는 인류 역사상 최대의 혁명적 변화시대에 돌입하고 있다. 이와 같이 급변하는 21세기에 대한민국의 비전과 도약을 위한 도전과제는 '한반도통일의 실현과 지속 가능한 동북아 평화의 구축'이라 할 수 있다.

평화연구기관인 <한국평화미래연구소>는 21세기 한반도통일과 동북아 평화를 통한 인류의 평화발전이라는 비전과 목표를 향하여 여러분과 함께 힘차게 정진하고자 한다.

✍ 주요 사업 및 활동

○ 상생평화국가 건설

'평화국가(peace state)'란 평화행위자로서 평화가치를 지향하는 국가를 말한다. 평화국가는 '전쟁국가(war state)'의 상대 개념이다. 역사적으로 국가는 전쟁 속에서 탄생했다.

그러므로 국가는 기본적으로 전쟁 지향적이었다. 그러나 민주주의 국가일수록 평화를 지향하는 속성이 강하다. 이러한 의미에서 평화국가란 국가의 기본 운영원리가 평화를 지향하는 나라라고 할 수 있다.

- 상생평화국가론 이론화
- 평화국가에 대한 비전, 구상, 전략 제시
- 평화국가 실현 활동화

○ 지속 가능한 평화체제의 구축

항구평화를 위해서는 지속 가능한 평화체제가 구축되어야 한다. 지속 가능한 평화체제를 구축하기 위해서는 평화의 3가지 조건인 경제평화, 문화평화, 정군평화가 단계적 또는 복합체적으로 이루어져야 한다.

<한국평화미래연구소>는 경제평화, 문화평화, 정군평화에 대한 다양한 연구를 통해 지속 가능한 평화체제를 적극적으로 구축하고자 한다.

- 3대 평화조건(경제평화, 문화평화, 정군평화)과 평화복합체론에 의한 상생평화공동체 실현

○ 평화복합체론에 의한 상생평화연구

영구평화와 지속 가능한 평화체제의 구축을 위한 접근 논리는 지구적 평화가 서로 관계가 있는 문제라는 사실에서부터 비롯된다. 세

계체제에 있는 모든 국가들은 평화의 상호 의존이라는 지구적 평화의 네트워크에 얽혀 있기 때문이다.

그러나 대부분 정치군사적 폭력(전쟁)과 위협들은 원거리보다는 근거리에서 발생하고, 단일한 평화조건보다는 복합체적 평화조건에 따라 작동하기 때문에 전쟁에 대한 불안은 종종 지리적 근접성과 복합체적 평화조건과 관련된다.

즉, 다양하고 무정부적인 국제체제에서 상호 의존적인 평화의 전형적인 형태는 지역적·복합체적 평화조건에 기반을 둔 국가군이며 이를 평화복합체(peace complexes)라고 규정한다. 평화복합체를 형성하는 역학관계와 구조는 그 복합체 내의 국가들, 즉 서로에 대한 국가들의 평화의식과 상호 작용에 의해서 발생된다.

평화복합체로 형성된 평화체제는 정치군사적 우호성(정군평화), 경제적 상호 의존성과 배분(경제평화), 역사·가치·이념 등 문화적 동질성(문화평화) 정도에 따라 독특한 지역적, 복합체적 평화조건을 야기하는 국가 간의 평화관계의 상대성에 따라 그 강도가 결정된다.

<한국평화미래연구소>는 지속 가능한 평화체제를 구축하기 위해 3대 평화조건인 정군평화, 경제평화, 문화평화에 대한 심층적인 연구를 수행하고자 한다.

<경제평화>

경제평화는 분배적 정의, 빈곤추방 및 빈부격차 해소, 국가 간 무역 불균형 해결 등을 통해 공동번영을 이루어 가는 것을 의미한다. 경제평화를 통하여 상호 의존성의 심화와 통합화로 평화발전을 이루어 가야 한다.

- 국가 간 빈부격차 및 무역 불균형 해결

- 사회적 분배 정의 실현 및 빈곤추방

<문화평화>

문화평화는 역사, 가치, 이념 등에 대한 갈등과 대립을 해결하는 것을 의미한다. 남북 간의 문화평화를 위해서는 화해와 협력을 통해 이념과 가치, 역사적 화해를 통해 동질성을 확대해야 한다.

동북아의 문화평화를 위해서는 역사에 대한 용서와 화해를 통해 가치, 이념에 대한 차이를 인정하고 서로 존중해야 한다. 특히 문화평화에서 중요한 것은 폭력과 착취의 습성을 평화의 습성으로 전환하여 평화의 가치를 확산하는 것이다.

- 침략과 약탈의 역사에 대한 사죄와 용서를 통한 화해
- 인권, 민주, 자유 등 인류의 보편적 가치 중시

<정군평화>

정군평화는 상대국에 대한 주권의 상호 존중과 군사적 위협, 테러·전쟁 등 직접적 폭력의 방지를 핵심 목표로 한다. 비핵화, 군비 축소, 비군사화 등을 통해 지역 간, 국가 간 비폭력과 평화공존체제를 구축해야 한다.

정군평화를 위해서는 한반도의 평화협정 체결과 동북아 다자안보기구를 구성해야 한다.

- 신뢰 구축 및 군비 축소, 다자적 안보협력기구 구성

○ 평화활동 – 평화운동, 평화교육, 평화언론, 평화대화

평화활동에서 가장 중요한 것은 평화적 방법에 의한 평화의 확장이다. 평화적 방법에 의한 평화의 확장을 위해서는 평화운동, 평화교육, 평화언론, 평화대화가 동반되어야 한다. 평화의 소중함을 일깨우

고, 이를 전파하는 것은 평화를 보다 풍요롭게 한다.

○ 평화연구

평화연구는 다른 연구와 달리 기본적으로 가치 지향적 실천을 전제로 하고 있다. 평화연구가 기본적으로 평화운동, 평화교육, 평화대화를 동반하고 있는 것은 바로 이 때문이다. 실천 없는 평화연구는 아무 의미가 없다.

평화는 연구, 운동, 교육, 대화 등의 선순환 속에서 꽃이 피고 열매를 맺는 나무라고 할 수 있다. 우리 연구소의 평화운동, 평화교육, 평화대화 등 다양한 평화활동에 대한 관심과 참여를 기대한다.

- 평화운동과 평화실천을 위한 한국미래연대, 관악미래연대 등 활동조직 구성 및 지원
- 평화언론과 평화대화를 위한 대중매체인 평화미래신문 창간 및 운영

◻ 한국평화미래연구소 참여 및 후원

○ 참여안내

"함께 아름다운 평화세상을 만들어 갑시다."

평화는 참여와 행동입니다. 우리 <한국평화미래연구소>는 문이 활짝 열려 있습니다. 누구든지 참여를 환영합니다. 평화의 역사를 만드는 데 적극적으로 동참해 주시길 기대합니다.

　- 문의 이메일: jangyk21@korea.com

○ 후원안내

"평화의 나무에 물을 주십시오."

우리 <한국평화미래연구소>는 '평화가 있는 미래'를 위해 적극 앞장서고 있습니다. 든든한 후원자가 되어 평화세상을 함께 만들어 가길 기대합니다.

☞후원방법＝ 후원계좌로 계좌이체

본인이 직접 통장과 도장(서명)을 가지고 은행에 직접 가서 계좌이체 약정서를 작성하면 됩니다.

　- 입금 계좌번호: 국민은행 816901－04－090092

　- 예금주: 한국평화미래연구소(장영권)

◻ 한국평화미래연구소 ◻

- 151－848 서울시 관악구 봉천동 1621－24
- 홈페이지: www.ourkipf.org
- 이메일: jangyk21@korea.com

장영권

1959년 충남 보령에서 태어났다.

'대한민국의 미래는 교육에 있다'고 생각하고, 고려대학교 사범대 국어교육과에 입학했다. 대학 졸업 후 대일고등학교 등 일선 교단에서 입시 위주의 교육에서 벗어나 창의성, 국제감각, 리더십, 역사통찰력, 통일 미래관 등을 갖춘 글로벌 인재상을 강조하는 등 참교육을 실천했다.

그 뒤 '교육이 바로 서려면 언론이 바로 서야 한다'고 생각하고 신문기자가 되었다. 경기일보, 국민일보 기자로 활동하며 언론의 공적 역할을 강조하고 언론개혁에 앞장서기도 했다. 특히 언론인의 공동체적 국가관, 평화적 세계관을 강조하고 언론이 '함께 사는 평화공동체' 만들기에 적극 노력해야 한다고 역설했다.

1999년에는 보다 실질적인 국가 개혁과 변화를 위하여 당시 제5의 힘으로 등장한 한국 시민단체에 들어가 시민운동가로 활동하기 시작했다. 시민단체의 맏형 격인 경실련(경제정의실천시민연합)을 비롯하여 참여연대, 평화연대 등에서 활약하며 한반도 통일, 경제정의, 교육 및 언론개혁운동 등에 적극적으로 참여했다.

1990년에 고려대학교 정책대학원에 입학하여 국제관계를 전공하며 한반도 통일과 동북아의 평화를 위해서는 대한민국의 외교 패러다임을 바꿔야 한다고 주장했다. 그는 미국의존적 안보 중심의 외교에서 벗어나 상생평화와 경제협력외교, 한반도 통일과 동북아 평화체제 구축 등 신외교를 추진할 것을 역설했다.

2000년 이후 한반도 통일 및 평화운동을 이끌기 위해 한반도평화연대의 결성을 추진했으며, 전문성을 강화하기 위해 성균관대학교 대학원 박사과정에 진학했다. 2007년에 집필한 그의 박사학위논문「지속 가능한 평화체제 구축 모델과 방안: 동북아지역 분석」은 이러한 노력의 결실이다.

지금까지 인재교육, 공정언론, 경제정의, 생태환경, 참여자치, 정치개혁, 국가전략, 남북통일, 국제평화, 인류미래 등 소위 10대 국가개혁과제를 위해 활동하며 일관되게 대한민국의 항구적 평화미래를 모색해 왔다.

2008년 2월에 저술한『상생평화국가와 한국외교강국론』에서 인류의 지속 가능한 평화를 위해서는 모든 국가들이 상생평화국가를 지향하고, 평화협력을 강화하여 인류의 꿈인 평화공동체를 건설해야 한다고 역설하고 있다.

현재 평화연구기관인 한국평화미래연구소 대표와 평화실천단체인 한국미래연대 대표인 저자는 교육과 언론, 시민사회를 넘어 정치결사체를 통해 대한민국과 인류의 평화미래를 설계하고 이를 대한민국에서 먼저 실현하려고 노력하고 있다.

저서로『시민이 세상을 바꾼다』,『상생평화국가와 한국외교강국론』,『대한민국, 그 미래를 말하다』가 있으며, 논문으로「남한과 북한의 경제협력 확대 방안과 전략」외 다수가 있다.

홈페이지: www.ourkipf.org
이메일: jangyk21@korea.com

이론 · 구상 · 전략

한반도 평화

초 판 인 쇄 | 2011년 7월 20일
초 판 발 행 | 2011년 7월 20일

지 은 이 | 장영권
펴 낸 이 | 채종준
펴 낸 곳 | 한국학술정보㈜
주   소 | 경기도 파주시 교하읍 문발리 파주출판문화정보산업단지 513-5
전   화 | 031) 908-3181(대표)
팩   스 | 031) 908-3189
홈 페 이 지 | http://ebook.kstudy.com
E-mail | 출판사업부 publish@kstudy.com
등   록 | 제일산-115호(2000. 6. 19)

ISBN   978-89-268-2454-2 93340 (Paper Book)
        978-89-268-2455-9 98340 (e-Book)

내일을여는지식 은 시대와 시대의 지식을 이어 갑니다.